T. 2230.
A n—l.

804.

20520

# ŒUVRES
## DE MONSIEUR
## DE SAINT-EVREMOND

Publiées sur les Manuscrits de l'Auteur.

*Nouvelle édition revûë, corrigée & augmentée de la vie de l'Auteur.*

## TOME QUATRIEME.

## A LONDRES,

Chez JACOB TONSON, Libraire, à Grais-Inn-Gate,

Et se vendent chez les Libraires François, dans le Strand.

---

M. DCCXXV.

TOME QUATRIÈME.

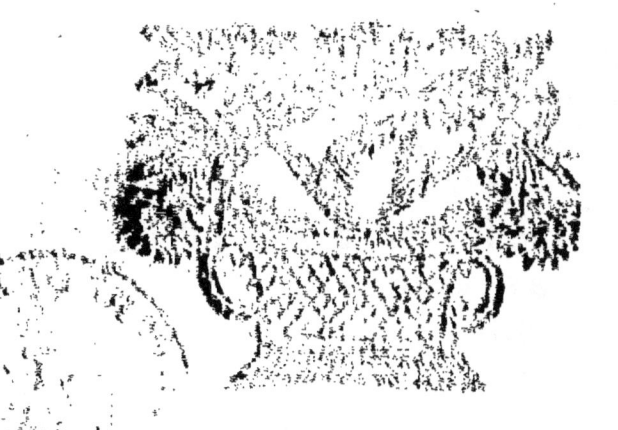

À LONDRES,

Chez Jacob Tonson, Libraire, à Grays-Inn-Gate,

Et se vendent chez les Libraires François, dans le Strand.

M. DCCXXV.

# TABLE DES PIECES

Contenuës dans ce quatriéme Tome.

I. Dissertation sur le mot de Vaste, A Messieurs de l'Académie Françoise. 1
II. Lettre à Madame la Duchesse Mazarin. J'ai entrepris de vous donner un conseil, &c. 27
III. Pour Mademoiselle de Beverwveert. 33
IV. Lettre à Mademoiselle de Beverwveert. Je me suis assez mal justifié. 41
V. Défense de quelques Pieces de Théatre de M. Corneille. 44
    I. A Mr. de Barillon. 44
    II. A Madame la Duchesse Mazarin. 47
    III. A Messieurs de ***. 51
VI. Lettre à Madame la Duchesse Mazarin. Si vous trouvez des Extravagances, &c. 55
VII. L'Homme sur le Retour: Tircis, le bel Age nous laisse, &c. 59
VIII. Lettre à M. le Comte de Saint-Albans.

*Tome IV.*     á 2     J'ai

# TABLE

J'ai failli à mourir, Mylord, &c. 61

IX. Lettre à M. le Duc de Buchingham. Mr. Burnet est si fort persuadé. 66

X. Lettre à Madame la Duchesse Mazarin, contenant des Refléxions sur l'Esprit de Religion. 69

XI. Portrait de Madame la Duchesse Mazarin. 74

XII. Epître de M. le Duc de Nevers, à M. l'Abbé Bourdelot. 79

XIII. Lettre à Madame la Duchesse Mazarin. Je viens de lire avec M. Van Beuning, &c. 83

XIV. Epître au Roi. 89

XV. Lettre à M. le Comte d'Olonne. Je ne sai pas pourquoi vous admiriez, &c. 93

XVI. Lettre à Madame la Duchesse Mazarin: Si je venois un jour penetré de vos Charmes, &c. 96

XVII. L'Amitié sans Amitié. A M. le Comte de Saint-Albans. 100

XVIII. La Prude & la Précieuse. 113

XIX. Lettre à Mademoiselle de l'Enclos. Vôtre vie, ma tres chere, a été trop illustre. 116

XX. Lettre à Mr. Justel. Je suis ravi, Monsieur, de vous voir en Angleterre. 118

XXI. Epître à Madame la Duchesse Mazarin,

# DES PIECES.

*rin, sur la Bassette.* 131

XXII. *Lettre à la même.* J'ai toûjours eu la conscience, &c. 139

XXIII. *Pensées, Sentiments, Maximes.*
*Sur la Santé.* 147
*Sur l'Amour.* 148
*Sur la Devotion.* 149
*Sur la Mort.* 151

XXIV. *Lettre à Madame la Duchesse Mazarin, le premier jour de l'An.* 152

XXV. *A la même, pour la détourner du dessein qu'elle avoit de se retirer dans un Convent.* Je ne sai, Madame, si le Titre d'Amitié, &c. 157

XXVI. *Sur la Retraite que méditoit Madame la Duchesse Mazarin. Stances.* 170

XXVII. *Lettre à Madame la Duchesse Mazarin.* On m'a dit comme une chose assurée, &c. 174

XXVIII. *A la même.* Je me donne l'honneur de vous écrire, Madame, &c. 180

XXIX. *A la même.* Vous ne doutez pas, Madame, que je ne sois, &c. 184

XXX. *A Madame la Duchesse Mazarin.* Vous avez un Merite extrême, &c. 187

XXXI. *Observations sur le Goût & le Discernement des François.* 188

XXXII. *Lettre à Madame la Duchesse Mazarin.* Il n'y a point de jour, Madame, que vous ne me marquiez, &c.

# TABLE

&c. 196

XXXIII. *Lettre à Monsieur ****, qui ne pouvoit souffrir l'Amour du Comte de Saint-Albans à son âge.* 201

XXXIV. *Sur l'Absence de Madame la Duchesse Mazarin, le Jour de la Naissance de la Reine.* 204

XXXV. *A Madame la Duchesse Mazarin:* Noires Ondes du Styx, &c. 205

XXXVI. *Lettre à Madame Harvey.* Dans ce malheureux Cabinet, &c. 206

XXXVII. *Epître à Madame la Duchesse Mazarin.* Après mes Services passés, &c. 209

XXXVIII. *Oraison Funebre de Madame la Duchesse Mazarin.* 214

XXIX. *A Madame la Duchesse Mazarin:* Avec humble reverence, &c. 235

XL. *Lettre à Mr. le Comte de Grammont.* J'ai appris de Mr. le Maréchal de Crequi, &c. 238

XLI. *A Madame la Duchesse Mazarin:* Duchesse en tous lieux adorable, &c. 242

XLII. *Parodie d'une Scene de l'Opera de Roland, sur les Joüeurs & Joüeuses de Bassette de la Banque de Madame Mazarin.* 245

XLIII. *Lettre au jeune Dery* 249

XLIV. *Sur la Retraite de Mr. le Prince de Condé à Chantilly. Stances.* 251

XLV.

## DES PIECES.

XLV. *A Madame la Duchesse Mazarin.* Nous serions consumez du feu de vos regards, &c. 252

XLVI. *Reflexions sur la Religion.* 254

XLVII. *Que la Devotion est le dernier de nos Amours.* 259

XLVIII. *Discours.* Que d'ennuis, de chagrins accompagnent la Vie, &c. 263

XLIX. *Dialogue entre Mr. de S. Evremond & Madame la Duchesse Mazarin.* 267

L. *Sur la Mort de Charles II, Stances.* 270

LI. *Sur les Poëmes des Anciens* 273

LII. *Du Merveilleux qui se trouve dans les Poëmes des Anciens.* 284

LIII. *Lettre à Mr. le Maréchal de Crequi.* Je vous envoye, Monseigneur, la Lettre. 292

LIV. *Sur le Gouvernement de Jacques II. Stances.* 294

LV. *Sur le Jour de la Naissance de la Reine, Stances.*

LVI. *Compliment de Madame la Duchesse Mazarin à la Reine :* Les sans Appas ont un air trop &c. 298

LVII. *Eclaircissement sur ce qu'on a dit Musique des Italiens.* 299

LVIII. *A Mademoiselle de l'Enclos. Sonnet,* Passer

# TABLE DES PIECES.

Passer quelques heures à lire, &c. 301

LIX. *Sur les vaines Occupations des Savans & des Controversistes.* Stances.. 302

LX. *Sur la mort de Mr. le Prince & sur son Catafalque.* Stances. 306

LXI. *A Madame la Duchesse Mazarin. Horace amoureux de son Bois*, &c. 309

LXII. *A la même: Quand je songe au respect que j'eus toujours pour vous*, &c. 310

LXIII. *Dialogue entre Mr. de St. Evremond & Morin.* 311

LXIV. *A Mr. Lulli: A Lulli seul le Monde est redevable*, &c. 317

LXVII. *Lettre à Madame la Duchesse Mazarin. Je suis trop discret pour vous demander*, &c. 319

LXVIII. *Sur la Verdure qu'on met aux Cheminées en Angleterre.* 322

LXIX. *Dialogue sur l'Absence de Madame Mazarin, qui étoit partie de Windsor pour aller à Londres avec Mr. de Bonrepeaux.* 323

DISSERTATION

# DISSERTATION I.
## SUR LE MOT
# DE VASTE
## A MESSIEURS
## DE L'ACADEMIE
## FRANCOISE.

APRE'S m'être condamné sur le mot de VASTE, je me persuadois qu'on devoit être content de ma rétractation : mais puis que Messieurs de l'Académie ont jugé à propos que leur censure fut ajoûtée à la mienne, je declare que mon des-aveu n'étoit pas sincere. C'étoit un pur effet de docilité, & un assujettissement volontaire de mes sentimens à ceux de Madame Mazarin. Aujourd'hui je reprens contre eux la raison que j'avois quitté pour elle,

& que tout honnête-homme feroit vanité d'avoir perduë.

On peut difputer à Meffieurs de l'Académie le droit de regler nôtre langue comme il leur plaît. Il ne dépend pas des auteurs d'abolir de vieux termes par dégoût, & d'en introduire de nouveaux par fantaifie : tout ce qu'on peut faire pour eux, c'eft de les rendre maîtres de l'ufage, lors que l'ufage n'eft pas contraire au jugement & à la raifon. Il y a des auteurs qui ont perfectionné les langues : il y en a eu qui les ont corrompuës ; & il faut revenir au bon-fens pour en juger. Jamais Rome n'a eu de fi beaux efprits que fur la fin de la republique : la raifon en étoit qu'il y avoit encore affez de liberté parmi les romains pour donner de la force aux efprits, & affez de luxe pour leur donner de la politeffe & de l'agrément. En ce tems où la beauté de la langue étoit à fon plus haut point ; ce tems où il y avoit à Rome de fi grands génies, Céfar, Salufte, Ciceron, Hortenfius, Brutus, Afinius-Pollio, Curion, Catulle, Atticus, & beaucoup d'autres qu'il feroit inutile de nommer ; en ce tems, il étoit jufte de fe foûmettre à leur fentiment, & de recevoir avec docilité leurs décifions : mais lors que la langue eft venuë à fe corrompre fous les empereurs ; lors que l'on préferoit Lucain à Virgile, & Seneque à Ciceron, étoit-on obligé d'affujettir la liberté de fon jugement à l'autorité de ceux qui fai-

foient

soient les beaux esprits? Et Petrone n'est-il pas loüé par tous les gens de bon goût, d'en avoir eu assez pour tourner en ridicule l'éloquence de son tems; pour avoir connu le faux jugement de son siecle; pour avoir donné à Virgile & à Horace toutes les loüanges qui leur étoient düés? *Homerus testis & Lyrici, Romanusque Virgilius, & Horatii curiosa fœlicitas.*

Venons des latins aux françois. Quand Nerveze (1) faisoit admirer sa fausse éloquence, la cour n'auroit-elle pas eu obligation à quelque bon esprit, qui l'eût détrompée? Quand on a vû Coëffeteau charmer tout le monde par les métaphores, & que les *maîtresses voiles de son éloquence* (2) passoient pour une merveille: quand la langue fleurie de Cohon (3), qui n'avoit ni force ni solidité, plaisoit à tous les faux polis, aux faux délicats: quand l'affectation de Balzac qui ruinoit la beauté naturelle des pensées, passoit pour un stile majestueux & magnifique; n'auroit-on pas rendu un grand service au public, de s'opposer à l'autorité que ces Messieurs se donnoient; & d'empêcher le mauvais goût que chacun d'eux a établi differemment dans son tems?

J'avoüe

---

(1) *Nerveze a publié un volume d'Epitres morales toutes pleines de phœbus & de galimatias.*

(2) *Expression de Coëffeteau.*

(3) *Célèbre prédicateur, & ensuite évêque de Nîmes.*

J'avoüe qu'on n'a pas le même droit contre Messieurs de l'Académie. Vaugelas, Ablancourt, Patru, ont mis nôtre langue dans sa perfection ; & je ne doute point que ceux qui écrivent aujourd'hui ne la maintiennent dans l'état où ils l'ont mise. Mais si quelque jour une fausse idée de politesse rendoit le discours foible & languissant ; si pour aimer trop à faire des contes, & à écrire des nouvelles, on s'étudioit à une facilité affectée, qui ne peut être autre chose qu'un faux naturel ; si un trop grand attachement à la pureté produisoit enfin de la sécheresse ; si pour suivre toûjours l'ordre de la pensée, on ôtoit à nôtre langue le beau tour qu'elle peut avoir, & que la dépoüillant de tout ornement, on la rendît barbare, pensant la rendre naturelle ; alors ne seroit-il pas juste de s'opposer à des corrupteurs, qui ruineroient le bon & le veritable stile, pour en former un nouveau aussi peu propre à exprimer les sentimens forts, que les pensées délicates ?

Qu'ai-je affaire de rappeller le passé, ou de prévoir l'avenir ? Je reconnois la jurisdiction de l'Académie : qu'elle décide si VASTE est en usage, ou s'il n'y est pas, je me rendrai à son jugement : mais pour connoître la force & la propriété du terme ; pour sçavoir si c'est un blâme ou une loüange, elle me permettra de m'en rapporter à la raison. Ce petit discours fera voir si je l'ai euë.

J'avois

J'avois soûtenu qu'esprit vaste se prend en bonne ou en mauvaise part, selon les choses qui s'y trouvent ; qu'un esprit vaste, merveilleux, penetrant, marquoit une capacité admirable, & qu'au contraire un esprit vaste & démesuré, étoit un esprit qui se perdoit en des pensées vagues, en de belles, mais vaines idées; en des desseins trop grands, & peu proportionnés aux moyens qui nous peuvent faire réüssir. Mon opinion me paroissoit assez moderée. Il me prend envie de nier que VASTE puisse jamais être une loüange, & que rien soit capable de rectifier cette qualité. Le *grand* est une perfection dans les esprits : le vaste toûjours un vice. L'étendüe juste & reglée, fait le *grand*: la grandeur démesurée fait le vaste. *VASTITAS*, grandeur excessive. Le vaste & l'affreux ont bien du rapport : les choses vastes ne conviennent point avec celles qui font sur nous une impression agréable. *VASTA SOLITUDO*, n'est pas de ces solitudes qui donnent un repos délicieux, qui enchantent les maux des miserables : c'est une solitude sauvage, où nous nous étonnons d'être seuls ; où nous regrettons la perte de la compagnie ; où le souvenir des plaisirs perdus nous afflige ; où le sentiment des maux presens nous tourmente. Une maison vaste a quelque chose d'affreux à la vûë : des appartemens vastes n'ont jamais donné envie à personne d'y loger : des jardins vastes ne sçauroient avoir ni l'agrément qui

vient

vient de l'art, ni les graces que peut donner la nature : de vastes forêts nous effrayent ; la vûë se perd à regarder de vastes campagnes. Les rivieres d'une juste grandeur nous font voir des bords agréables, & nous inspirent insensiblement la douceur de leur cours paisible : les fleuves trop larges, les débordemens, les inondations nous déplaisent par leurs agitations : nos yeux ne sçauroient souffrir leur vaste étenduë. Les païs sauvages qui n'ont pas encore reçû de culture ; les païs rüinés par la désolation de la guerre ; les terres desertes & abandonnées ont quelque chose de vaste, qui fait naître en nous comme un secret sentiment d'horreur. *VASTUS, quasi vastatus.* VASTE est à peu près la même chose que gâté, rüiné. Passons des solitudes, des forêts, des campagnes, des rivieres, aux animaux & aux hommes.

Les baleines, les élephans se nomment *VASTÆ & immanes bellua.* Ce que les poëtes ont feint de plus monstrueux, les cyclopes, les géans sont nommés vastes.

*Vastosque ab rupe cyclopas*
*Prospicio.*
*Vasta se mole moventem*
*Pastorem Polyphemum.* (1)

Parmi les hommes, ceux qui excedoient nôtre

(1) *Virg. Æneid Lib. III.*

tre stature ordinaire ; ceux que la grosseur ou la grandeur distinguoit des autres, étoient nommez chez les latins, *Vasta corpora.*

*Vastus* a passé jusqu'aux coutumes & aux manieres. Caton, qui avoit d'ailleurs tant de bonnes qualitez, étoit un homme *vastis moribus*, à ce que disoient les romains. Il n'y avoit aucune élegance en ses discours ; aucune grace, ni en sa personne, ni en ses actions : il avoit un air rustique & sauvage en toutes choses. Les allemands aujourd'hui civilisés & polis en beaucoup de lieux, vouloient autrefois que ce qui étoit chez eux & autour d'eux, eût quelque chose de vaste. Leur habitation, leur train, leur suite, leur équipage, leurs assemblées, leurs festins, *vastum aliquid redolebant :* c'est-à-dire, qu'ils se plaisoient à une grandeur démesurée, où il n'y avoit ni politesse ni ornement. J'ai remarqué que le mot de VASTE à quatre ou cinq significations dans Ciceron, toutes en mauvaise part : *vasta solitudo* (1), *vastus & agrestis* (2), *vasta & immanis bellua* (3), *vastam & hiantem orationem* (4). La signification la plus ordinaire de *vastus*, c'est, *trop spacieux ; trop étendu ; trop grand ; démesuré.*

On

(1) *Cic. in Somn. Scip.* §. 6.
(2) *De Oratore, Lib. I.* §. 25.
(3) *De Divin. Lib. I.* §. 24.
(4) *Rhetor ad Herenn. Lib. IV.* §. 12.

On me dira peut-être que VASTE ne signifie pas en françois, ce que *vastus* peut signifier en latin, dans tous les sens qu'on lui a donnés. Je l'avouë ; mais pourquoi ne conservera-t'il pas sa signification la plus naturelle, comme douleur, volupté, liberté, faveur, honneur, affliction, consolation, & mille [mots] de cette nature-là, conservent la leur ? Encore y a-t'il une raison pour VASTE, qui ne se trouve point pour les autres ; c'est qu'il n'y a jamais eu de terme françois qui exprimât véritablement ce que le *vastus* des latins sçavoit exprimer ; & nous ne l'avons pas rendu françois pour augmenter un nombre de mots qui signifient la même chose ; c'est pour donner à nôtre langue ce qui lui manquoit ; ce qui la rendoit défectueuse. Nous pensons plus fortement que nous ne nous exprimons : il y a toûjours une partie de nôtre pensée qui nous demeure : nous ne la communiquons presque jamais pleinement ; & c'est par l'esprit de pénétration, plus que par l'intelligence des paroles, que nous entrons tout-à-fait dans la conception des auteurs. Cependant, comme si nous appréhendions de bien entendre ce que pensent les autres, ou de faire comprendre ce que nous pensons nous-mêmes, nous affoiblissons les termes qui auroient la force de l'exprimer. Mais en dépit que nous en ayïons, VASTE conservera en françois la véritable signification qu'il a en latin. On dit, trop vaste, comme me on dit trop insolent, trop extravagant, trop avare; & c'est l'excès d'une méchante qualité: on ne dit point, assez vaste, parce qu'assez, marque une situation, une consistance, une mesure juste & raisonnable; & du moment qu'une chose est vaste, il y a de l'excès, il y a du trop; assez, ne sçauroit jamais lui convenir. Venons à examiner particulierement l'esprit vaste, puis que c'est le sujet de la question.

Ce que nous appellons l'esprit, se distingue en trois facultez, le jugement, la memoire, l'imagination. Un jugement peut être loüé d'être solide, d'être profond, d'être délicat à discerner; juste à définir; mais, à mon avis, jamais homme de bon sens ne lui donnera la qualité de vaste. On dit qu'une memoire est heureuse; qu'elle est fidele; qu'elle est propre à recevoir & à garder les especes: mais il n'est pas venu à ma connoissance qu'on l'ait nommée vaste, qu'une fois (1) à mon avis, mal-à-propos. Vaste, se peut appliquer à une imagination qui s'égare, qui se perd, qui se forme des visions & des chimeres.

Je n'ignore pas qu'on a prétendu loüer Aristote, en lui attribuant un génie vaste. On a crû que cette même qualité de vaste, étoit une grande loüange pour Homere. On dit qu'Alexandre, Pyrrhus, Catilina, Cesar, Charles-

(1) *Patru.*

Charles-Quint, le Cardinal de Richelieu ont eu l'esprit vaste : mais si on prend la peine de bien examiner tout ce qu'ils ont fait, on trouvera que les beaux ouvrages, que les belles actions doivent s'attribuer aux autres qualitez de leur esprit, & que les erreurs & les fautes doivent être imputées à ce qu'ils ont eu de vaste. Ils ont eu ce vaste ; je l'avouë : mais ç'a été leur vice, & un vice qui ne leur est pardonnable qu'en consideration de leurs vertus. C'est une erreur de nôtre jugement, de faire leur mérite d'une chose qui ne peut être excusée que par indulgence : s'ils n'étoient presque toûjours grands, on ne leur permettroit pas d'être quelquefois vastes. Venons à l'examen de leurs ouvrages & de leurs actions, donnons à chaque qualité les effets qui veritablement lui appartiennent, commençons par les ouvrages d'Aristote.

Sa poëtique en est un des plus achevez; mais à quoi sont dus tant de préceptes judicieux, tant d'observations justes, qu'à la netteté de son jugement : on ne dira pas que c'est à son esprit vaste. Dans sa politique, qui régleroit encore aujourd'hui les legislateurs, c'est comme sage, comme prudent, comme habile, qu'il régle les diverses constitutions des états : ce ne fut jamais comme vaste. Personne n'est jamais entré si avant que lui dans le cœur de l'homme, comme on le peut voir dans sa morale, & dans sa rhetorique, au chapitre
des

des paſſions, mais c'eſt comme pénétrant qu'il y eſt entré comme un philoſophe qui ſçavoit faire de profondes reflexions, qui avoit fort étudié ſes propres mouvemens, & fort obſervé ceux des autres. Ne fondez pas le mérite du vaſte là-deſſus; il n'y eut jamais aucune part. Ariſtote avoit proprement l'eſprit vaſte dans la phyſique, & c'eſt de-là que ſont venuës toutes ſes erreurs; par-là il s'eſt perdu dans les principes, dans la matiere premiere, dans les cieux, dans les aſtres, & dans le reſte de ſes fauſſes opinions.

Pour Homere, il eſt merveilleux tant qu'il eſt purement humain, juſte dans les caracteres, naturel dans les paſſions, admirable à bien connoître, & à bien exprimer ce qui dépend de nôtre nature. Quand ſon eſprit vaſte s'eſt étendu ſur celle des dieux, il en a parlé ſi extravagamment, que Platon l'a chaſſé de ſa république comme un fou.

Seneque a eu tort de traiter Alexandre d'un témeraire, qui devoit ſa grandeur à ſa fortune. Plutarque me paroît avoir raiſon, lors qu'il attribuë ſes conquêtes à ſa vertu plus qu'à ſon bonheur. En effet, conſiderez Alexandre à ſon avenement à la couronne, vous trouverez qu'il n'a pas eu moins de conduite que de courage pour s'établir dans les états de ſon pere. Le mépris que l'on faiſoit de la jeuneſſe du Prince, porta ſes ſujets à remuer,

muer, & ses voisins à entreprendre ; il punit des séditieux, & assujettît des inquiets. Toutes choses étant pacifiées, il prit des mesures pour se faire élire general des Grecs contre les Perses, & ces mesures furent si bien prises, qu'on n'en eût pas attendu de plus justes du politique le plus consommé. Il fut élû ; il entreprit cette guerre ; il fit faire mille fautes aux lieutenans de Darius, & à Darius même, sans en faire aucune. Si la grandeur de son courage ne l'avoit fait passer pour téméraire par les perils où il s'exposoit, sa conduite nous auroit laissée l'idée d'un Prince prudent, d'un Prince sage. Je vous le dépeins grand & habile en tout ce qu'il a fait de beau. Vous le voulez vaste ; & c'est à ce vaste qu'il a dû tout ce qu'il a entrepris mal-à-propos. Un désir de gloire que rien ne bornoit, lui fit faire une guerre extravagante contre les Scythes : une vanité démesurée lui persuada qu'il étoit fils de Jupiter ; le vaste s'étendit jusqu'à sa douleur, lors que sa douleur le porta à sacrifier des nations entieres aux mânes d'Ephestion. Après qu'il eut conquis le grand empire de Darius, il pouvoit se contenter du monde que nous connoissons ; mais son esprit vaste forma le dessein de la conquête d'un autre : comme vaste, il entreprit son expedition des Indes, où l'armée le voulut abandonner, où sa flotte faillit à se perdre ; d'où il revint à Babilone triste,

triste, confus, incertain, se défiant des dieux & des hommes. Beaux effets de l'esprit vaste d'Alexandre!

Peu de Princes ont eu l'esprit si vaste que Pyrrhus : sa conversation avec Cinéas ; cette conversation qui n'est ignorée de personne, le témoigne assez. Sa valeur, son expérience à la guerre lui faisoient gagner des combats : son esprit vaste qui embrassoit toutes choses, ne lui permit pas de venir à bout d'aucune ; c'étoit entreprise sur entreprise, guerre sur guerre : nul fruit de la guerre. Vainqueur en Italie ; vainqueur en Sicile, en Macédoine, vainqueur par tout, nulle part bien établi ; sa fantaisie prévalant sur sa raison par de nouveaux desseins chimériques, qui l'empêchoient de tirer aucun avantage des bons succès.

On parle de Catilina comme d'un homme détestable ; on eût dit la même chose de César, s'il avoit été aussi malheureux dans son entreprise que Catilina le fut dans la sienne. Il est certain que Catilina avoit d'aussi grandes qualitez que nul autre des romains : la naissance, la bonne mine, le courage, la force du corps, la vigueur de l'esprit : *Nobili genere natus, magna vi & animi & corporis, &c.* Il fut lieutenant de Sylla, comme Pompée ; d'une maison beaucoup plus illustre que ce dernier, mais de moindre autorité dans le parti. Après la mort de Sylla, il aspira aux emplois que l'autre sçût obtenir ; & si rien n'étoit trop
grand

grand pour le crédit de Pompée, rien n'étoit assez élevé pour l'ambition de Catilina. L'impossible ne lui paroissoit qu'extraordinaire, l'extraordinaire lui sembloit commun & facile : *Vastus animus, immoderata, incredibilia, nimis alta cupiebat.*

Et par-là vous voyez le rapport qu'il y a d'un esprit vaste aux choses démesurées. Les gens de bien condamnent son crime ; les politiques blâment son entreprise, comme mal conçuë ; car tous ceux qui ont voulu opprimer la république, excepté lui, ont eu pour eux la faveur du peuple, ou l'appui des légions. Catilina, n'avoit ni l'un ni l'autre de ces secours : son industrie & son courage lui tinrent lieu de toutes choses, dans une affaire si grande & si difficile. Il se fit lui-même une armée de soldats ramassez, qui n'avoient presque ni armes ni subsistance ; & ces troupes combattirent avec autant d'opiniâtreté, que jamais troupes ayent combatu. Chaque soldat avoit l'audace de Catilina dans le combat, Catilina la capacité d'un grand capitaine, la hardiesse du soldat le plus résolu, & le plus brave. Jamais homme ne mourut avec une fierté si noble. Il est difficile au plus homme de bien qui lira cette bataille, d'être fort pour la république contre lui : impossible de ne pas oublier son crime pour plaindre son malheur. Il eût pû acquérir sûrement une grande autorité selon les loix : cet ambitieux si vaste dans ses projets,

jets, aspira toûjours à la puissance, & se porta à la fin à cette conspiration funeste qui le perdit.

Qui fut plus grand, plus habile que César ? quelle adresse, quelle industrie n'eut-il pas pour renvoyer une multitude innombrable de suisses, qui cherchoient à s'établir dans les Gaules ? Il eut besoin d'autant de prudence que de valeur pour défaire, & chasser loin de lui les allemans : il eut une dexterité admirable à ménager les gaulois, se prévalant de leurs jalousies particulieres pour les assujettir les uns par les autres. Quelque chose de vaste qui se mêloit dans son esprit avec ses belles qualitez, lui fit abandonner ses mesures ordinaires pour entreprendre l'expédition d'Angleterre. Expédition chimérique, vaine pour sa réputation, & tout-à-fait inutile pour ses interêts. Que de machines n'a t'il pas employées pour lever les obstacles qui s'opposoient au dessein de sa domination ? Il ruina le crédit de tous les gens de biens qui pouvoient soûtenir la république. Il fit bannir Ciceron par Clodius qui venoit de coucher avec sa femme. Il donna tant de dégoût à Catulus & à Lucullus, qu'ils abandonnerent les affaires : il rendit la probité de Caton odieuse, & la grandeur de Pompée suspecte. Il souleva le peuple contre ceux qui protegoient la liberté. Voilà ce qu'a fait César contre les défenseurs de l'état. Voici ce qu'il fit avec ceux qui lui aiderent à le renverser.

Son inclination pour les factieux se découvrit à la conjuration de Catilina ; il fut des amis de Catilina, & complice secret de son crime. Il rechercha l'amitié de Clodius, homme violent & téméraire. Il se lia avec Crassus, plus riche que bon citoyen. Il se servit de Pompée pour acquerir du crédit. Dès qu'on songea à donner des bornes à son autorité, & à prévenir l'établissement de sa puissance, il n'oublia rien pour ruiner Pompée. Il mit Antoine dans ses interêts. Il gagna Curion & Dolabella : il s'attacha Hirtius, Oppius, Balbus, & tout autant qu'il put de gens inquiets, audacieux, entreprenans, capables de travailler sous lui à la ruine de la république. Des mesures si fines, si artificieuses ; des moyens si cachés & si délicats, une conduite si étudiée en toutes choses ; tant de dissimulation, tant de secret, ne peuvent s'attribuer à un esprit vaste ; ses fautes, ses malheurs, sa ruine, sa mort ne doivent s'imputer qu'à cet esprit. Ce fut cet esprit qui l'empêcha d'assujettir Rome, comme il le pouvoit, ou de la gouverner comme il l'eût dû. C'est ce qui lui donna fantaisie de faire la guerre aux Parthes, quand il falloit s'assurer mieux des romains. Dans un état incertain, où les romains n'étoient ni citoyens, ni sujets, où César n'étoit ni magistrat, ni tyran, où il vio-

loit

loit toutes les loix de la république, & ne sçavoit pas établir les siennes ; confus, égaré, dissipé dans les vastes idées de sa grandeur, ne sçachant régler ni ses pensées, ni ses affaires, il offensoit le Sénat, & se fioit à des sénateurs, il s'abandonnoit à des infideles, à des ingrats, qui, préferant la liberté à toutes les vertus, aimerent mieux assassiner un ami & un bienfacteur, que d'avoir un maître. Loüez, Messieurs, loüez l'esprit vaste, il a coûté à César l'empire & la vie.

Bautru, qui étoit un assez bon Juge du mérite des grands-hommes, avoit coûtume de préferer Charles-Quint à tout ce qu'il y avoit eu de plus grand dans l'Europe, depuis les romains. Je ne veux pas décider, mais je pourrois croire que son esprit, son courage, son activité, sa vigueur, sa magnanimité, sa constance, l'ont rendu plus estimable qu'aucun Prince de son tems. Lors qu'il prît le gouvernement de ses états, il trouva l'Espagne révoltée contre le cardinal Ximenès, qui en avoit la régence. L'humeur austere, & les manieres dures de ce cardinal étoient insupportables aux espagnols : Charles fut obligé de venir en Espagne, & les affaires étant passées des mains de Ximenès dans les siennes, tous les grands se remirent dans leur devoir, & toutes les villes rentrerent bien-tôt dans l'obéïssance. Charles-Quint fut plus habile ou plus heureux que François I. dans leur concurrence pour l'empire. François se trouvoit plus riche & plus puissant ; Charles l'emporta par sa fortune, ou par la superiorité de son génie. Le gain de la bataille de Pavie, & la prise de Rome, laisserent prisonniers entre ses mains un roi de France & un Pape : triomphe qui a passé tous ceux des romains. La grande ligue de Smalcalde fut ruïnée par sa conduite & par sa valeur. Il changea toute la face des affaires d'Allemagne : transfera l'électorat de Saxe d'une branche à une autre, de Frederic vaincu & dépoüillé, à Maurice qui avoit suivi le parti du victorieux. La religion même fut soûmise à la victoire, & elle reçût de la volonté de l'Empereur le fameux INTERIM (1) dont on parlera toûjours. Mais cet esprit vaste embrassa trop de choses pour en regler aucune : il ne fit pas reflexion, qu'il pouvoit plus par autrui que par lui-même ; & dans le tems qu'il croyoit avoir assujetti Rome & l'Empire, Maurice tournant contre lui les armées qu'il sembloit commander pour son service, faillit à le surprendre à Inspruck, l'obligea de se sauver en chemise, & de se retirer en toute diligence à Villach. Il est certain que Charles-Quint avoit de grandes qualitez,

(1) C'étoit une espece de reglement que Charles-Quint fit en 1548. sur les articles de foi qu'il vouloit qu'on crût generalement en Allemagne, en attendant qu'un Concile en eût décidé.

lités, & qu'il a fait de très-grandes choses; mais cet esprit vaste dont on le loüe, lui a fait faire beaucoup de fautes, & lui a causé bien des malheurs. C'est à cet esprit que sont dûës de funestes entreprises en Afrique : c'est à lui que sont dûs divers desseins aussi mal conçûs que mal suivis : à lui que sont dûs ces voyages de nations en nations, où il entroit moins d'interêt que de fantaisie. C'est cet esprit vaste qui l'a fait nommer Chevalier errant par les espagnols, & qui a donné le prétexte aux mal-affectionnés, de l'estimer plus grand voyageur que grand conquerant. Admirez, Messieurs, admirez la vertu de cet esprit vaste. Il tourne les héros en chevaliers errans, & donne aux vertus héroïques l'air des avantures fabuleuses.

Je pourrois faire voir que cet esprit vaste fut cause de toutes les disgraces du dernier duc de Bourgogne, aussi-bien que de celles de Charles-Emanuël duc de Savoye : mais j'ai impatience de venir au cardinal de Richelieu, pour démêler en sa personne les differens effets du grand & du vaste.

On peut dire du cardinal de Richelieu, que c'étoit un fort grand génie; & comme grand, il apporta des avantages extraordinaires à nôtre état : mais comme vaste ( ce qu'il étoit quelquefois ) il nous a mené bien près de nôtre ruine. Entrant dans le ministere il trouva que la France étoit gouvernée par l'esprit de Rome & par celui de Madrid. Nos ministres recevoient toutes les impressions que Monsieur de Marquemont (1) leur donnoit : le Pape inspiroit toutes choses à cet ambassadeur ; les espagnols toutes choses au Pape. Le Roi jaloux de la grandeur de son état, autant qu'un Roi le peut être, avoit intention d'en suivre les intérêts : les artifices de ceux qui gouvernoient, lui faisoient suivre ceux des étrangers & si le cardinal de Richelieu ne se fût rendu maître des conseils, le Prince naturellement ennemi de l'Espagne & de l'Italie, eût été bon espagnol & bon italien, malgré toute son aversion. Je veux rapporter une chose peu connuë, mais très-veritable. Monsieur de Marquemont écrivit une grande lettre au cardinal de Richelieu sur les affaires de la Valteline ; & pour se rendre necessaire auprès du nouveau ministre, il l'instruisit avec soin des mesures délicates qu'il falloit tenir, lors qu'on avoit à faire aux italiens & aux espagnols. Pour réponse, le cardinal de Richelieu lui écrivit quatre lignes, dont voici le sens :

*Le Roi a changé de conseil, & le conseil de maxime. On envoyera une armée dans la Valteline, qui rendra le Pape plus facile, & nous fera avoir raison des espagnols.*

Monsieur

---

(1) Denis - Simon de Marquemont, archevêque de Lyon, alors ambassadeur de France à Rome, ensuite élevé au Cardinalat.

Monsieur de Marquemont fut fort surpris de la sécheresse de cette lettre, & plus encore du nouvel esprit qui alloit regner dans le ministere. Comme il étoit habile homme, il changea le plan de sa conduite, & demanda pardon au ministre d'avoir été assez présomptueux pour vouloir donner des lumieres, lors qu'il en devoit recevoir ; avoüant l'erreur où il avoit été, d'avoir crû qu'on pouvoit réduire les espagnols à un traité raisonnable, par la seule négociation. Monsieur de Senectere a dit souvent, que cette petite lettre du cardinal de Richelieu à Monsieur de Marquemont, a été la premiere chose qui a fait comprendre le dessein qu'avoit le Cardinal d'abaisser la puissance d'Espagne, & de rendre à nôtre nation la superiorité qu'elle avoit perduë. Mais pour entreprendre au dehors, il falloit être assuré du dedans ; & le parti huguenot étoit si considerable en France, qu'il sembloit faire un autre état dans l'état. Cela n'empêcha pas Richelieu de le réduire. Comme on avoit fait la guerre assez malheureusement, durant le ministere du connétable de Luynes, il fallut faire un plan tout nouveau, & ce plan produisit des effets aussi heureux, que l'autre avoit eu des succès peu favorables. On ne doutoit point que la Rochelle ne fût l'ame du parti : c'est-là que se faisoient les déliberations, que les desseins se formoient, que les interêts de cent & cent villes venoient à s'unir ; & c'étoit
de

de là qu'un corps composé de tant de parties séparées, recevoit la chaleur & le mouvement. Il n'y avoit donc qu'à prendre la Rochelle: la Rochelle tombant faisoit tomber tout. Mais lors qu'on venoit à considerer la force de cette place; lors que l'on songeoit au monde qui la défendroit, & au zele de tous ces peuples; quand on consideroit la facilité qu'il y avoit à la secourir, qu'on voyoit la mer toute libre, & par-là les portes ouvertes aux étrangers; alors on croyoit imprenable ce qui n'avoit jamais été pris: Il n'y avoit qu'un cardinal de Richelieu qui n'eût pas désesperé de le pouvoir prendre. Il espere, & ses esperances lui firent former le dessein de ce grand siege. Dans la deliberation, toutes les difficultés furent levées; dans l'execution, toutes vaincuës. On se souviendra éternellement de cette digue fameuse, de ce grand ouvrage de l'art qui fist violence à la nature, qui donna de nouvelles bornes à l'Ocean. On se souviendra toûjours de l'opiniâtreté des assiegés, & de la constance des assiegeans. Que serviroit un plus long discours? On prît la Rochelle; & à peine se fut-elle renduë, que l'on fit une grande entreprise au dehors.

Le duché de Mantouë étant échû par succession au duc de Nevers, la France l'y voulut établir, & l'Espagne assembla une armée pour l'en empêcher. L'Empereur, sous prétexte de ses droits, mais en effet pour servir
l'Espagne,

l'Espagne, fit passer des troupes en Italie, & & le duc de Savoye, qui étoit entré dans les interêts de la maison d'Autriche, nous devoit arrêter au passage des montagnes, pour donner loisir aux espagnols & aux allemands d'executer leurs desseins. Tant d'oppositions furent inutiles : le pas de Suse fut forcé ; l'armée de l'Empereur se perdit ; Spinola mourut de regret de n'avoir pas pris Casal ; & le duc de Nevers reconnu duc de Mantouë, demeura paisible possesseur de son Etat. Tandis que l'armée de l'Empereur se ruinoit en Italie, on fit entrer le roi de Suede en Allemagne, où il gagna des batailles, prit des villes, étendit ses conquêtes depuis la mer Baltique jusques au Rhin. Il devenoit trop puissant pour nous, lors qu'il fut tué : sa mort laissa les Suedois trop foibles pour nos interêts. Ce fut-là le chef-d'œuvre du ministere du cardinal de Richelieu. Il retint des troupes qui vouloient repasser en Suede : il fortifia les bonnes intention d'une jeune Reine mal établie, & s'assura si bien du general Banier, que la guerre se fit sous le nouveau regne avec la même vigueur qu'elle s'étoit faite sous ce grand Roi. Quand le duc de Weymar & le maréchal de Horn eurent perdu la bataille de Nortlingue, le cardinal de Richelieu redoubla les secours, fit passer de grandes armées en Allemagne, arrêta les progrès des imperiaux, & donna
moyen

moyen aux Suedois de rétablir leurs affaires dans l'empire.

Voilà ce qu'a fait le cardinal de Richelieu, comme grand, comme magnanime, comme sage, comme ferme. Voyons ce qu'il a fait par son esprit vaste.

La prison de l'électeur de Tréves nous fournit le sujet ou le prétexte de déclarer la guerre aux espagnols ; & ce dessein êtoit digne de la grande ame du cardinal de Richelieu : mais cet esprit vaste qu'on lui a donné, se perdit dans l'étenduë de ses projets. Il prit de si fausses mesures pour le dehors, & donna un si méchant ordre au dedans, que nos affaires vraisemblablement en devoient être ruinées. Le cardinal se mit en tête le dessein le plus chimérique que l'on ait jamais vû ; c'êtoit d'attaquer la Flandre par derriere, & lui ôter toute la communication qu'elle pouvoit avoir avec l'Allemagne par le moyen de la Meuse. Il s'imagina qu'il prendroit Bruxelles, & feroit tomber les Pays-bas en même tems. Pour cet effet il envoya une armée de trente cinq mille hommes joindre celle du prince d'Orange dans le Brabant. Mais au lieu d'enfermer la Flandre entre la Meuse & la Somme, il enferma nôtre armée entre les places de la Flandre & celle de la Meuse ; en sorte qu'il ne venoit ni vivres ni munitions dans nôtre camp ; & sans exageration, la misere y fut si grande,

qu'aprés

qu'après avoir levé le siege de Louvain, soûtenu par de simples écoliers, les officiers & les soldats revinrent en France, non pas en corps comme des troupes, mais separés, & demandans par aumône leur subsistance, comme des pelerins. Voilà ce que produisit l'esprit vaste du Cardinal, par le projet chimérique des deux armées de la jonction. La seconde campagne, ce même esprit dissipé en ses idées, prit moins de mesures encore. Les ennemis forcerent Monsieur le comte de Soissons, qui défendoit le passage de Bray avec un corps peu considerable. La Somme passée, ils se rendirent maîtres de la campagne, prirent nos villes, qu'ils trouverent dépourvuës de toutes choses, porterent la désolation jusqu'à Compiegne, & la frayeur jusques dans Paris. Belle loüange pour le cardinal de Richelieu d'avoir été vaste dans ses projets! Cette même qualité que Messieurs de l'Académie font tant valoir, ne lui fit pas faire moins de fautes la campagne d'Aire. Il entreprit un grand siege en Flandre, au même temps que Monsieur le Comte entroit en Champagne avec une armée. A peine eûmes-nous pris Aire, que le maréchal de la Meilleraye fut poussé, & la ville assiegée par les ennemis. Que si Monsieur le Comte n'eut pas été tué après avoir gagné la bataille de Sedan (1),

Sedan (1), on pouvoit s'attendre au plus grand désordre du monde, dans la disposition où étoient les esprits. Si Messieurs de l'Academie avoient connu particulierement Monsieur de Turenne, ils auroient pû voir que l'esprit vaste du cardinal de Richelieu n'avoit aucune recommandation auprès de lui. Ce grand general admiroit cent qualitez de ce grand ministre, mais il ne pouvoit souffrir le vaste dont il est loüé. C'est ce qui lui a fait dire que *le cardinal Mazarin étoit plus sage que le cardinal de Richelieu ; que les desseins du cardinal Mazarin étoient justes & reguliers, ceux du cardinal de Richelieu plus grands & moins concertés pour venir d'une imagination qui avoit trop d'étenduë.*

Voilà, Messieurs, une partie des raisons que j'avois à vous dire contre le VASTE. Si je ne me suis pas soûmis au jugement que vous avez donné en faveur de Madame Mazarin ; c'est que j'ai trouvé dans vos écrits une censure du VASTE beaucoup plus forte que celle qu'on verra dans ce discours. En effet, Messieurs, vous avez donné des bornes si justes à vos esprits, que vous semblez condamner vous-mêmes le mot que vous défendez.

LET-

---

(1) *Louis de Bourbon, comte de Soissons, fut tué à la bataille de la Marfée, près de Sedan, en 1641.*

# LETTRE II.

## A MADAME LA DUCHESSE MAZARIN.

J'Ai entrepris de vous donner un conseil, Madame, quoi que les femmes n'aiment pas à en recevoir. Mais il n'importe, je suis trop dans l'interêt de vôtre beauté, pour ne vous avertir pas du tort que vous lui ferez, s'il vous arrive de vous parer à la naissance de la Reine. Laissez les ornemens pour les autres : les ornemens sont des beautés étrangeres qui leur tiennent lieu des naturelles ; & nous leur sommes obligés de donner à nos yeux quelque chose de plus agréable que leurs personnes. Nous ne vous aurions pas la même obligation, Madame, si vous en usiez comme elles. Chaque ornement qu'on vous donne cache une beauté, chaque ornement qu'on vous ôte vous rend une grace, & vous n'êtes jamais si bien que lors que l'on ne voit en vous que vous-même.

La plûpart des Dames se perdent avantageusement sous leur parure. Il y en a qu'on trouve fort bien avec leurs perles, qu'on trouveroit fort mal avec leurs cols. Le plus beau collier du monde feroit un méchant effet sur le vôtre. Il en arriveroit quelque changement en vôtre personne, & tout changement qui se fait dans une chose parfaite, ne lui sauroit être avantageux. Que ceux qui retiennent vos pierreries, servent bien vôtre beauté ! Je suis plus vôtre serviteur qu'homme du monde ; mais tout vôtre serviteur que je suis, je trouve des jours à excuser Monsieur Colbert, & Monsieur Dumets (1). Si vous étiez dans la condition où vous devriez être, on ne démêleroit pas si aisément les avantages de vôtre mérite d'avec ceux de vôtre fortune. Ces Messieurs nous en ôtent l'embarras : graces au soin qu'ils ont de bien séparer ces deux choses, nous voyons nettement que vous n'avez obligation qu'à vous-même de tous les sentimens qu'on a pour vous. Laissez, laissez ruiner les autres en pierreries & en habits, la nature a fait pour vous toutes les dépenses. Vous seriez une ingrate, & nous aurions méchant goût, si nous n'étions également

contens

---

(1) *Mr. Colbert & Mr. Dumets, Gardes du Trésor Royal, avoient* en garde les pierreries de *Madame Mazarin.*

contens des liberalités qu'elle vous a faites.

Je voudrois bien vous voir faire à la naissance de la Reine, ce que fist autrefois Bussi d'Amboise (1) à un tournois. Ayant sçû que tous les grands Seigneurs de la cour devoient faire des dépenses extraordinaires pour leurs équipages

(1) Loüis d'Amboise, seigneur de Bussi, marquis de Reinel, capitaine de cinquante hommes d'armes du Roi, gouverneur & lieutenant general en Anjou, premier gentilhomme de la chambre du duc d'Alençon, se rendit illustre par son savoir, par son courage, & par sa politesse. La reine Marguerite en parle avec éloge dans ses Memoires, & comme d'une personne qui ne lui étoit pas indifferente : elle avouë même qu'on disoit hautement au Roi Henry IV. son mari, qu'il la servoit. Bussi fut malheureusement assassiné en 1579. dans son gouvernement d'Anjou, à l'âge d'environ 28 ans. Le comte de Monsoreau ayant sçû qu'il voyoit sa femme, la força le poignard sur la gorge de lui écrire de se rendre incessamment auprès d'elle. Bussi vint, & dès que le Comte sçût qu'il étoit dans la chambre de sa femme, il s'y jetta avec cinq ou six hommes armés. Bussi ne trouvant pas la partie égale, sauta par une fenêtre dans la cour : mais il s'y vit bien-tôt attaqué par d'autres personnes. Il se défendit long-temps avec une vigueur & une fermeté incroyable, & leur vendit bien cherement sa vie. Brantome n'a pas osé s'étendre sur la mort tragique de Bussi d'Amboise, dans l'abregé qu'il a donné de sa vie au tome III. des Hommes illustres.

équipages & pour leurs habits, il habilla ses gens comme des seigneurs, & marcha vêtu fort simplement au milieu de ce train si magnifique. La nature fit valoir tellement ses avantages en la personne de Buffi, que Buffi fut pris seul pour un grand seigneur, & tous les seigneurs qui s'étoient fiés à la magnificence ne passerent que pour des valets. Reglez-vous, Madame, sur l'exemple de Buffi, faites habiller Fanchon & Grenier (1) en Duchesses, & marchez vêtuë comme une simple Demoiselle avec le seul charme de vôtre beauté. Toutes les Dames seront prises pour des Fanchons, & la simplicité de vôtre habit n'empêchera pas que vous ne soyez au dessus de toutes les Reines.

Je n'aime pas à faire des contes, & une vanité peut-être assez mal fondée, me fait préferer l'expression de ce que j'imagine au recit de ce que j'ai vû. Le métier de conteur est une puerilité dans les jeunes gens, & une foiblesse dans les vieillards. Quand l'esprit n'a pas encore acquis sa force, ou qu'il commence à la perdre, il aime à dire ce qui ne coûte rien à penser. Je renonce au plaisir que me donne mon imagination, pour vous conter une petite avanture que j'ai vû arriver à la Haye.

Dans le tems que je demeurois à la Haye,

(1) *Deux Demoiselles de Madame Mazarin.*

il prit envie un jour à Monsieur le comte de Guiche (1) & à Monsieur de la Valiere (2) de se parer pour attirer les yeux du peuple, & ils voulurent que la parure eût également de la magnificence & de l'invention. Le comte de Guiche se distingua par beaucoup de singularités. Il portoit une aigrette à son chapeau ; & une boucle de diamans qu'il eût souhaités plus gros pour cette occasion, tenoit le chapeau retroussé. Il avoit au col du point de Venise, qui n'étoit ni cravate ni colet : c'étoit une espece de petite fraise qui pouvoit contenter l'inclination secrete qu'il avoit prise pour la Golille à Madrid. Après cela, vous eussiez attendu une roupille à l'espagnole, & c'étoit une veste à la hongroise. Ici l'antiquité lui revint en tête, pour lui mettre aux jambes des brodequins : mais plus galant que les romains, il y avoit fait écrire le nom de sa maîtresse en lettres assez bien formées dans une broderie de perles. Du chapeau jusqu'à la veste ; la Bizarria de l'Amirante avoit tout reglé : le comte de Serin regnoit à la veste, & l'idée de Scipion lui avoit fait prendre les brodequins.

Pour

(1) *Armand de Grammont, mort sur la fin de l'année 1672.*

(2) *Frere de Madame la duchesse de la Valiere.*

Pour la Valiere il se mit le plus extrordinairement qu'il lui fut possible : mais il sentoit trop le françois, & pour dire la verité, il ne put s'élever à la perfection de la bizarrerie.

Telle étoit la parure de nos Messieurs, quand ils entrerent dans le Voorhout, lieu destiné pour la promenade à la Haye. A peine y étoient-ils entrés, qu'on accourut de toutes parts pour les regarder, & le monde surpris de la nouveauté, ne sçavoit encore s'il la falloit admirer comme extraordinaire, ou s'en moquer comme d'une chose extravagante. Dans cette petite suspension où l'on songeoit à se déterminer, Monsieur de Louvigny (1) arriva. Il avoit un habit noir tout simple ; & de beau linge faisoit sa parure : mais on lui voyoit la plus belle tête du monde, le plus agréable visage, & le meilleur air. Sa modestie insinuoit le mérite de ses qualitez ; les femmes étoient touchées ; il plaisoit aux hommes. Disons la verité, il touchoit tout. Sans vous, Madame, la question seroit décidée, & les avantages de vôtre sexe seroient perdus. Vous êtes la seule femme qui puissiez faire sur nous des impressions plus fortes. Après vous avoir dépeint

_____
(1) *Antoine - Charles de Grammont, comte de Louvigny, ensuite duc de Grammont.*

peint ses charmes, vous n'aurez pas de peine à en deviner les effets. Tous les spectateurs furent aussi touchés, que Monsieur le comte de Guiche & Monsieur de la Valiere furent cofondus. On se souvient encore à la Haye de l'avantage de Monsieur de Louvigny, & de la défaite de ces Messieurs. Si je n'étois pas en Angleterre, il m'en souviendroit plus qu'à personne ; mais vous ruinez tous objets & toutes idées ; vous déferiez cent Midletons & cent Louvignys : que reste-t'il dans l'un & dans l'autre sexe à vous opposer ?

## POUR MADEMOISELLE
## DE BEVERWEERT (1).

II

A Peine étions nous à une lieuë d'Euston (2), que nous nous repentîmes de l'avoir quitté. La beauté du lieu ; la commodité de la vie qu'on y méne ; le mérite & l'honnêteté

(1) *Charlote de Nassau, dont on a déja parlé, tome III. piece XXII. Elle étoit sœur des comtesses d'Arlington & d'Osseri, de Messieurs d'Odyck, d'Ouvverkerck, &c. Le Roi Guillaume III. donna à Mademoiselle de Bevervveert le rang de fille de Comte.*

(2) *Maison de campagne du Comte d'Arlington, dans le comté de Suffolck.*

l'honnêteté du maître & de la maîtresse de la maison ; les charmes de la belle Egyptienne ; les agrémens d'une indifférente pour qui on ne peut jamais être indifférent ? celle qu'on voit toûjours avec plaisir, & qu'on entend toûjours avec surprise, cet esprit si vif & si juste, cette humeur si libre avec une conduite si reglée : toutes ces personnes ; toutes ces choses se présenterent à nôtre imagination, & nous firent comprendre que les biens sont moins connus quand on les possede, que lors qu'on les perd.

L'affliction endormit Monsieur l'ambassadeur de Portugal (1) par conformité peut-être avec Madame de Beverweert, qui ne dort jamais si bien que dans le tems qu'elle se trouve fort affligée. Comme les constitutions sont différentes, ma douleur me tint éveillé, pour songer à ce que nous perdions. J'entretins assez long-tems ces tristes pensées, qui n'étoient pas sans douceur : mais passant d'une rêverie à une autre, je me trouvai à la fin dans celle de Dom Quichote, & l'esprit de chevalerie venant à me transporter, je m'écriai tout haut ; *Chevaliers de Suffolc, Palmerins de Bury* (2), *venez confesser au chevalier du Tage, & au Mancheque*

_____

(1) *Dom Fransisco, Comte de Miles.*

(2) *Petite ville du comté de Suffolck.*

*cheque Normand, que toutes les Orianes & les Angeliques du monde ne sont pas dignes de déchausser la sans-pareille Caroline d'Euston.*

Transporté comme j'étois, & plus Dom Quichote que Dom Quichote même, je vis venir deux marchands, que je pris aussi-tôt pour deux chevaliers. Ils avoient des bâtons qui me parurent des lances, & des bonnets rabattus comme celui de Mylord Touwnsend, qui passerent dans mon esprit pour des casques, dont la visiere étoit abaissée. Cet équipage qui me sembloit un vrai appareil de guerre, ne me laissa pas douter du combat; & dans cette pensée je criai trois fois, *ami Sancho, selle rossinante, & accommode le grison.*

Le docteur (1) qui étoit derriere le carosse, croyant que je l'appellois, descendit en diligence, & vint me demander ce qu'il me plaisoit. *Selle rosinante, Sancho, & dépêche-toi; car voici assurémet une avanture.* Le bon docteur pensa que je demandois une monture, & que pour être ennuyé du carosse, je voulois monter à cheval; ce qui lui fit dire, qu'il n'y avoit pas même assez de chevaux pour le train de son Excellence. La réponse du docteur me fit rappeller mes esprits, &
la

_____
(1) *Un laquais de Mylord Arlington, à qui on avoit donné le nom de docteur.*

la machine de chevalerie qui s'étoit formée dans ma tête, commençant à se dissiper, le chevalier du Tage redevint peu-à-peu l'ambassadeur de Portugal, le Mancheque Normand se changea en Saint-Evremond, & les marchands passerent paisiblement auprès de nous avec des bâtons & des bonnets.

Ce n'étoit pas faire un grand sacrifice à Mademoiselle de Beverweert, que de perdre mon jugement pour l'amour d'elle. Le peu que j'en ai n'en rendoit pas la perte considerable. Celui de l'ambassadeur étoit important ; aussi le ménagea-t'il beaucoup mieux que je n'avois fait le mien ; & vous allez voir qu'il le conserva aussi sain & aussi entier dans sa douleur, que s'il avoit été dans l'état le plus tranquille.

Comme nous arrivâmes à une riviere dont les eaux se débordoient par l'abondance de la pluye qui étoit tombée, je lui représentai la facilité qu'il auroit de satisfaire à ce que les vers de Mademoiselle de la Roche (1) désiroient de son amour ; c'étoit peu de chose ; ce n'étoit que de chercher à mourir, pour se

―――――――――――

(1) *Mademoiselle de la Roche Guillien étoit alors auprès de la fille unique du comte d'Arlington, mariée ensuite au duc de Grafton. Cette Demoiselle est auteur de quelques traductions, & de plusieurs romans.*

pour se donner la gloire des héros amoureux. « Si j'avois, me dit-il, une passion sale & vilaine pour Mademoiselle de Beverweert, je ne refuserois pas de me noyer dans une eau si trouble : mais tous mes désirs sont honnêtes, & méritent bien que je me noye dans une belle eau, claire, nette & digne de la pureté de mes pensées. » Vivez, repris-je, vivez, Monsieur l'ambassadeur, s'il vous faut pour vous noyer un eau aussi nette que la lumiere de vôtre jugement, vous ne vous noyerez de longtems.

Nous sortions de la riviere avec ces sortes de discours quand Charles parut, & il poussa son cheval vers nous de si bonne grace, qu'on l'auroit plûtôt pris pour un chevalier qui entroit en lice, que pour un laquais qui venoit rendre compte d'une commission. A la verité, son éloquence fut assez confuse quand il vint à parler ; car trente Monseigneur, mêlez avec autant de Monsieur Jermyn, de Bury, de Mylord Crofts & de Chively, laisserent deviner à peine, que Charles n'avoit trouvé personne à la maison.

Si le déplaisir d'avoir quitté Euston avoit laissé place à d'autres chagrins, j'en aurois eu beaucoup de voir le méchant succès de toutes mes lettres ; mais il ne m'étoit permis de m'affliger que d'une chose ; je laissois le soin à Monsieur l'ambassadeur de faire des reflexions sur la maladie de Mylord Crofts, & sur l'absence de Monsieur Jermyn.

Nous quittions la pensée d'aller à Chively (1), croyant que Monsieur Jermyn n'y êtoit plus, quand nous trouvâmes un de ses gens à Newmarket, qui me rendit une lettre de sa part. Cette lettre nous disoit, qu'ayant appris à son retour de Bury le dessein que nous faisions de l'aller voir, il nous conjuroit autant qu'il lui étoit possible de n'y manquer pas. Nous y allâmes, & fûmes très-bien reçûs par un homme, qui renonçant à la cour, en avoit porté la civilité & le bon-goût à la campagne.

Pendant que Monsieur l'ambassadeur admiroit le bois, les jardins & les espaliers ; pendant qu'il loüoit l'écurie, abatoit quelque muraille, achevoit la maison, & changeoit l'entrée ; je me représentois Mademoiselle de Beverweert, joüant au billard, joüant à l'hombre ; & quelquefois il me sembloit que je lui voyois mettre une perle à l'oreille de certain chevalier, comme un ornement convenable à son air galant, & qui
pouvoit

---

(1) *Henry Jermyn, créé baron de Douvre en 1685. mort en 1708.* | *Chively, étoit sa maison de campagne, à deux milles de Newmarket.*

pouvoit relever le mérite de ses agréables courtoisies.

Après avoir fait un fort grand repas, où j'avois porté plus de rêverie que d'appetit, il fallut nous séparer de Monsieur Jermyn, & poursuivre le voyage que nous avions commencé. Au sortir du bois, Monsieur l'ambassadeur reprit la tristesse qu'il avoit suspenduë, & je continuai celle que je n'avois pas quittée. Ce ne fut que mélancolie, & une mélancolie si grande, qu'un long chemin & un tems fâcheux n'y purent rien ajoûter.

L'ennui d'Audley-End (1) eut plus de force. Cette grande maison, vaste & solitaire, inspira de nouveaux chagrins, & mit le comte de Melos en tel état, qu'à peine sçût-il loüer la galerie, blâmer les appartemens & les jardins. Alors je crus qu'il étoit tems de faire une seconde tentative ; & pour n'oublier aucun des secours qui se peuvent offrir au désespoir d'un ami, je lui proposai officieusement de se pendre à quelqu'un de ces longs & tristes arbres que Mademoiselle de Beverweert fait ressembler à Mylord Suffolck : mais je trouvai un ambassadeur au lieu d'un héros amoureux ; & un esprit politique, capable de négocier à Nime-

_____
(1) *Maison de campagne du comte de Suffolck.*

Nimegue (1), plûtôt qu'un amant déseſperé propre à finir tragiquement la violence d'une paſſion. Peut-être que le comte de Melos n'a pas voulu mourir de douleur dans l'abſence, pour mourir de joye au retour : peut-être eſpere-t'il qu'après qu'il aura donné la paix à l'Europe, Mademoiſelle de Beverweert ne refuſera pas de lui donner ce repos heureux, que ſes longs ſervices ont bien merité. Pour moi, j'ai voulu vivre, je l'avoüe, & je voudrois vivre éternellement, pour honorer Mademoiſelle de Beverweert & la ſervir.

LET-

(1) *Le comte de Melos venoit d'être nommé par le roi de Portugal, ſon ambaſſadeur plénipotentiaire au traité de Nimegue.*

# LETTRE IV.

## A MADEMOISELLE DE BEVERWEERT.

JE me suis assez mal justifié auprès de vous, du méchant usage que j'ai fait des droits que nous avions sur la vie de son Excellence. Si vous vous contentiez d'une petite mort subalterne, je vous offrirois la mienne, pour en faire faire ce qu'il vous plairoit à Mademoiselle de la Roche : mais ma mort ne mérite pas d'être considerée. Je suis peu de chose en quoi que ce soit ; petit joüeur auprès de Madame Mazarin, petit mortel auprès de vous, indigne de mourir pour vôtre service. Je veux vivre, & joindre mes ressentimens aux vôtres, pour vous venger de l'ambassadeur, & rétablir par nôtre vengeance l'honneur de vos charmes. Je n'espere plus rien aux rivieres, ni aux arbres d'Audley-End. Son Excellence n'est pas Excellence à se noyer, ni à se pendre : elle engraisse de vos rigueurs, & vôtre indifference lui donne une allure si ferme & si assurée, que je lui trouve de la santé pour faire quatre paix generales au lieu.

lieu d'une (1). Il pourroit enterrer tous les Plénipotentiaires de Nimegue, si vous continuez à le maltraiter : *ma lasciate far a me, son fourbo*; & je vous donnerai une invention à réduire le comte de Melos au plus pitoyable état du monde. J'ai observé que vos cruautez le font vivre : il faut que vos faveurs le fassent périr. Il me souvient de certaines amours, où son Excellence eut contentement ; mais il ne se moqua pas des graces de la belle, comme il fait de vos rigueurs ; car il en devint malade à un tel point, que les medecins eurent bien de la peine à le guérir. Quand on a de bons exemples, il n'est pas mal-aisé de se conduire : je vous conseille, Mademoiselle, de vous régler sur celui-ci ; & ne me croyez jamais, si quatre jours de bon traitement ne reculent plus le voyage de Nimegue, que l'opposition des espagnols, & celle de tous les confederés ensemble ne feroient. Je vais vous expliquer la chose en vers, aussi-bien vous en dois-je quelques-uns pour ceux que vous m'avez envoyez. Vous aurez nom Caliste,

s'il

_____

(1) *Le comte de Melos étoit d'une extrême maigreur : il avoit une démarche si chancelante, qu'on eût dit qu'il alloit tomber à chaque pas. Il mourut à Londres dans le tems qu'il se preparoit à passer la Mer pour se rendre à Nimegue.*

s'il vous plaît : le nom est beau, grand, & sonore ; non pas comme ceux d'une chétive Philis, & d'une mince Iris, qui ne sçauroient me donner jamais une grande idée.

    Caliste à ses vœux trop rebelle,
    Semble avoir resolu sa mort,
    Mais Caliste se trompe fort
    De faire avec lui la cruelle.
    Les rigueurs assurent ses jours ;
    Pour en finir bien-tôt le cours
    Il faut contenter son envie ;
    Il vivroit cent ans de désirs ;
    Mais je croi qu'il n'a pas de vie,
    Pour cinq ou six jours de plaisirs.

    Commencez d'être favorable,
    Demain augmentez l'amitié,
Venez aux pleins effets d'une bonne pitié,
C'est-là le vrai moyen de punir le coupable.
    Il peut souffrir tous les tourmens
    Qu'amour fait donner aux amans
    D'une constance non commune ;
    Philosophe en adversité,
    Peu capable en prosperité
De soutenir long-tems une bonne fortune.

V. **DÉFENSE**

de quelques piéces de théatre.

## DE Mr. CORNEILLE

A Mr. DE BARILLON (1).

1. JE n'ai jamais douté de vôtre inclination à la vertu : mais je ne vous croyois pas scrupuleux jusqu'au point de ne pouvoir souffrir Rodogune sur le théatre, parce qu'elle veut inspirer à ses amans le dessein de faire mourir leur mere, après que la mere a voulu inspirer à ses enfans le dessein de faire mourir une maîtresse. Je vous supplie, Monsieur, d'oublier la douceur de nôtre naturel, l'innocence de nos mœurs, l'humanité de nôtre politique, pour considerer les coutumes barbares, & les maximes criminelles des princes de l'Orient. Quand vous aurez fait reflexion qu'en toutes les familles Royales de l'Asie, les peres se défont de leurs enfans sur le plus leger soupçon ; que les enfans se défont de leurs peres par
l'impatience

---

(1) *Ambassadeur extraordinaire de France* auprès du Roi Charles II.

l'impatience de regner; que les maris font tuer leurs femmes, & les femmes empoisonner leurs maris; que les freres comptent pour rien le meurtre des freres; quand vous aurez consideré un usage si détestable, établi parmi les Rois de ces nations, vous vous étonnerez moins que Rodogune ait voulu venger la mort de son époux sur Cléopatre; qu'elle ait voulu assurer sa vie, recouvrer sa liberté, & mettre un amant sur le trône, par la perte de la plus méchante femme qui fut jamais. Corneille a donné aux jeunes Princes tout le bon naturel qu'ils auroient dû avoir pour la meilleure mere du monde: il a fait prendre à la jeune Reine le parti qu'exigeoit d'elle la necessité de ses affaires.

Peut-être, me direz-vous, que ces crimes-là peuvent s'executer en Asie, & ne se doivent pas representer en France. Mais quelle raison vous oblige de refuser nôtre théatre à une femme qui n'a fait que conseiller le crime pour son salut, & de l'accorder à ceux qui l'ont fait eux-même sans aucun sujet? Pourquoi bannir de nôtre scéne Rodogune, & y recevoir avec applaudissement Electre & Oreste? Pourquoi Atrée y fera-t'il servir à Thyeste ses propres enfans dans un festin? Pourquoi Neron y fera-t'il empoisonner Britannicus? Pourquoi Herode Roi des Juifs, Roi de ce peuple aimé de Dieu, fera-t'il t'il mourir sa femme ? Pourquoi Amurat fera-t'il étrangler Roxane & Bajazet ? Et venant des Juifs & des Turcs aux Chrétiens, pourquoi Philippe II. ce prince si catholique, fera-t'il mourir Dom Carlos sur un soupçon fort mal éclairci ? La nouvelle la plus agréable que nous ayions (1), a renouvellé la mémoire d'une chose ensevelie, & a produit une tragédie en Angleterre (2), dont le sujet a sçû plaire à tous les Anglois. Rodogune, cette pauvre princesse opprimée, n'a pas demandé un crime pour un crime : elle a demandé sa sureté, qui ne pouvoit s'établir que par un crime ; mais un crime à l'égard d'un capucin, plus qu'à l'égard d'un ambassadeur ; un crime, dont Machiavel auroit fait une vertu politique, & que la méchanceté de Cléopatre peut faire passer pour une justice légitimement exercée.

Une chose que vous trouviez fort à redire, Monsieur, c'est qu'on ait rendu une jeune Princesse capable d'une si forte résolution. Je ne sçai pas bien son âge : mais je sçai qu'elle étoit Reine, & qu'elle étoit veuve. Une de ses qualités suffit pour faire

_____

(1) *Dom Carlos, nouvelle historique, par l'abbé de Saint-Real.*

(2) *Composée par Mr. Otvvay.*

perdre le scrupule à une femme à quelque âge que ce soit. Faites grace, Monsieur, faites grace à Rodogune. Le monde nous fournira de plus grands crimes que le sien, où vous pourrez faire un meilleur usage de la vertueuse haine que vous avez pour les méchantes actions.

*A Madame la Duchesse Mazarin.*

II. IL me semble que Rodogune n'est pas mal justifiée ; faisons la même chose pour Emilie auprès de Madame Mazarin. Suspendez vôtre jugement, Madame ; Emilie n'est pas fort coupable d'avoir exposé Cinna aux dangers d'une conspiration. Ne la condamnez pas de peur de vous condamner vous-même : c'est par vos propres sentimens que je veux défendre les siens ; c'est par Hortence que je prétens justifier Emilie.

Emilie avoit vû la proscription de sa famille ; elle avoit vû massacrer son pere, & ce qui étoit plus insupportable à une romaine, elle voyoit la république assujettie par Auguste. Le désir de la vengeance, & le dessein de rétablir la liberté, lui firent chercher des amis, à qui les mêmes outrages pussent inspirer les mêmes sentimens, & que les mêmes sentimens pussent unir pour perdre un usurpateur. Cinna neveu de Pompée,

& le seul reste de cette grande maison, qui avoit péri pour la république, joignit ses ressentimens à ceux d'Emilie ; & tous deux venant à s'animer par le souvenir des injures, autant que par l'interêt du public, formerent ensemble le dessein hardi de cette illustre & celebre conspiration.

Dans les conferences qu'il fallut avoir pour conduire cette affaire, les cœurs s'unirent aussi-bien que les esprits : mais ce ne fut que pour animer davantage la conspiration ; & jamais Emilie ne se promit à Cinna, qu'à condition qu'il se donneroit tout entier à leur entreprise. Ils conspirerent donc avant que de s'aimer, & leur passion, qui mêla ses inquiétudes & ses craintes à celles qui suivent toûjours les conjurations, demeura soûmise au désir de la vengeance, & à l'amour de la liberté.

Comme leur dessein étoit sur le point de s'executer, Cinna se laissant toucher à la confiance & aux bienfaits d'Auguste, fit voir à Emilie une ame sujette aux remors, & toute prête à changer de résolution : mais Emilie plus romaine que Cinna, lui reprocha sa foiblesse, & demeura plus fortement attachée é son dessein que jamais. Ce fut-là qu'elle dit des injures à son amant ; ce fut-là qu'elle imposa des conditions que vous n'avez pû souffrir, & que vous approuverez,

rez, Madame, quand vous vous serez mieux consultée. Le désir de la vengeance fut la premiere passion d'Emilie : le dessein de rétablir la république se joignit au désir de la vengeance ; l'amour fut un effet de la conspiration, & il entra dans l'ame des conspirateurs, plus pour y servir que pour y regner.

*Joignons à la douceur de venger nos parens,*
*La gloire qu'on remporte à punir les Tyrans,*
*Et faisons publier par toute l'Italie,*
*La liberté de Rome est l'œuvre d'Emilie.*
*On a touché son ame, & son cœur s'est épris ;*
*Mais elle n'a donné son amour qu'à ce prix* (1).

Vous êtes née à Rome, Madame, & vous y avez reçû l'ame des Porcies & des Arries (2), au lieu que les autres qu'on y voit naître n'y prennent que le génie des italiens. Avec cette ame toute grande, toute romaine, si vous viviez aujourd'hui dans une république qu'on opprimât, si vos parens y étoient proscrits, vôtre maison désolée ; &, ce qui est le plus odieux à une personne libre, si vôtre égal étoit devenu vôtre maître ; ce couteau que vous avez acheté pour vous tuer, quand vous verriez la ruine de vôtre patrie ; ce couteau ne seroit-il pas essayé
contre

_____
(1) *Vers d'Emilie à sa confidente dans le Cinna.*    (2) *Femmes de Brutus & de Petus.*

contre le tyran, avant que d'être employé contre vous même ? Vous conspireriez sans doute : & un miserable amant qui voudroit vous inspirer la foiblesse d'un repentir, seroit traité plus durement par Hortence, que Cinna ne le fut par Emilie.

Je m'imagine que nous vivons dans une même république, dont un citoyen ambitieux opprime la liberté. En cet état déplorable je vous offrirois un vieux Cinna, qui feroit peu d'impression sur vôtre cœur ; mais quand vous lui auriez ordonné de punir le tyran, il ne reviendroit pas vous trouver avec des remors ; avec cette vertu apparente qui cache des mouvemens de crainte, & des sentimens d'interêt. Il recevroit la confidence & les bienfaits du nouvel Auguste comme des outrages : les perils ne feroient que l'animer à vous servir ; il se porteroit enfin si genereusement à l'execution de l'entreprise, que vous le plaindriez mort pour avoir obéi à vos ordres, ou le loüeriez vivant après les avoir executés.

Que la condition du vieux philosophe est malheureuse ? Il ne se soucie point de gloire, & le mieux qu'il lui puisse arriver, c'est qu'un peu de loüange soit le prix de tous ses services. Encore cette apparence de grace, toute vaine qu'elle est, ne lui est accordée que bien rarement : il voit même beaucoup
plus

plus de dispositions à lui donner des chagrins que des loüanges. Et Dieu conserve Monsieur l'ambassadeur de Portugal (1) ! S'il n'étoit plus au monde, le philosophe seroit exposé le premier aux mauvais traitemens que son Excellence essuye tous les jours.

*A Messieurs de ****

III. SI je dispute quélquefois avec vous, Messieurs, ce n'est que pour remplir le vuide du jeu, & pour vous ôter l'ennui d'une conversation trop languissante. Je conteste à dessein de vous ceder, & vous oppose de foibles raisons, tout préparé à reconnoître la superiorité des vôtres.

Dans cette vûë j'ai soutenu que le menteur étoit une bonne comédie : que le sujet du Cid étoit heureux, & que cette piéce faisoit un très-bel effet sur le théatre, quoiqu'elle ne fût pas sans défauts ; j'ai soutenu que Rodogune étoit un fort bel ouvrage, & que l'Oedipe devoit passer pour un chef-d'œuvre de l'art. Pouvois-je vous faire un plus grand plaisir, Messieurs, que de vous donner une si juste occasion de me contredire, & de faire valoir la force & la netteté de vôtre jugement aux dépens du mien ?

J'ai

(1) *Le comte de Melos.*

J'ai soûtenu que pour faire une belle comédie il falloit choisir un beau sujet ; le bien disposer, le bien suivre, & le mener naturellement à sa fin ; qu'il falloit faire entrer les caractéres dans les sujets, & non pas former la constitution des sujets après celle des caractéres : que nos actions devoient préceder nos qualités & nos humeurs ; qu'il falloit remettre à la philosophie de nous faire connoître ce que sont les hommes, & à la comédie de nous faire voir ce qu'ils font ; & qu'enfin ce n'est pas tant la nature humaine qu'il faut expliquer, que la condition humaine qu'il faut représenter sur le théatre.

Ne vous ai-je pas bien servi, Messieurs, quand je me suis rendu ridicule par de si sottes propositions ? Pouvois-je faire plus pour vous que d'exposer à vôtre censure la rudesse d'un vieux goût, qui a fait voir le rafinement du vôtre ? Vous avez raison, Messieurs, vous avez raison de vous moquer des songes d'Aristote & d'Horace ; des rêveries de Heinsius & de Grotius ; des caprices de Corneille & de Ben-Johnson ; des fantaisies de Rapin & de Boileau. La seule regle des honnêtes gens, c'est la mode. Que sert une raison qui n'est point reçûë, & qui peut trouver à redire à une extravagance qui plaît ?

J'avoûë qu'il y a eu des tems où il falloit
choisir

choisir de beaux sujets, & les bien traiter : il ne faut plus aujourd'hui que des caractéres ; & je demande pardon au poëte de la comédie de Mr. le duc de Buckingham, s'il m'a paru ridicule quand il se vantoit d'avoir trouvé l'invention de faire des comédies sans sujet (1). J'ai les mêmes excuses à vous faire, Messieurs : comme vous avez le même esprit, je vous ai tous offensés également, ce qui m'oblige à vous donner une pareille satisfaction. Mais je ne prétens pas de me raccommoder simplement avec vous sur la comédie ; j'espere que vous me ferez à l'avenir un traitement plus favorable en tout, & que Madame Mazarin me sera moins opposée qu'elle n'est.

Que vous ai-je fait, Madame la Duchesse, pour me traiter de la façon que vous me traitez ? Il n'y a que moi & le diable de Quevedo à qui l'on impute toutes les qualités contraires. Vous me trouvez fade dans les loüanges, vous me trouvez piquant dans les verités. Si je veux me taire, je suis trop discret : si je veux parler, je suis trop libre. Quand je dispute, la contestation vous choque : quand je m'empêche de disputer, ma retenuë vous paroît méprisante & dédaigneuse.

(1) *Voyez la comédie du duc de Buckingham,* intitulée, The Rehearsal.

gneuse. Dis-je des nouvelles ? je suis mal informé : n'en dis-je pas ? je fais le mysterieux. A l'hombre on se défie de moi comme d'un pipeur, & on me trompe comme un imbécile. On me fait les injustices, & on me condamne. Je suis puni du tort qu'ont les autres : tout le monde crie, tout le monde se plaint, & je suis le seul à souffrir.

Je vous ai l'obligation de toutes ces choses, Madame, sans compter que vous me donnez au public pour tel qu'il vous plaît. Vous me faites révérer ceux que je méprise, mépriser ceux que j'honore, offenser ceux que je crains. Quartier, Madame la Duchesse ; je me rens. Ce n'est pas vaincre, que d'avoir à faire à des gens rendus : portez vos armes contre les rebelles, forcez les opiniâtres, & gouvernez avec douceur les soûmis. La difference des uns aux autres ne doit pas durer long-tems. Un jour viendra, ( & ce grand jour n'est pas loin, que le comte de Melos ne murmurera plus à l'hombre, & que le baron de la Taulade perdra sans chagrin. Pour moi j'ai abandonné les visionnaires & le menteur : Racine est préferé à Corneille, & les caractéres l'emportent sur les sujets. Je ne renonce pas seulement à mon opinion, Madame ; je maintiens les vôtres avec plus de fermeté que Monsieur de Villiers n'en peut avoir à soûtenir la beauté de ses parentes. J'ai changé l'ordre de mes loüanges & de mes censures. Dès les cinq heures du soir je blâmerai ce que vous jugerez blâmable, & je loüerai à minuit ce que vous croirez digne d'être loüé. Pour dernier sacrifice je continuerai tant qu'il vous plaira la maudite société que nous avons euë, Monsieur l'ambassadeur de France, Monsieur le comte de Castelmelhor, & moi. Proposez quelque chose de plus difficile : vos ordres, Madame, le feront executer.

---

# LETTRE VI.
## A MADAME LA DUCHESSE
## MAZARIN.

SI vous trouvez des extravagances dans le petit livre que je vous envoye, vous êtes obligée de les excuser, puisque vous m'avez ôté le jugement qui m'auroit empêché de les écrire. J'ai passé ma vie avec des personnes fort aimables, à qui j'ai l'obligation de m'avoir laissé tout le bon sens dont j'avois besoin pour estimer leur mérite, sans interesser beaucoup mon repos : j'ai bien sujet de me plaindre de vous, de m'avoir ôté toute la raison qu'elles m'avoient laissée.

Que ma condition est malheureuse ! J'ai tout perdu du côté de la raison ; du côté de la passion je ne voi rien pour moi à prétendre. Demanderai-je que vous aimiez une personne de mon âge ? Je n'ai pas vécu d'une maniere à pouvoir esperer un miracle en ma faveur. Si le mérite de mes sentimens obtenoit de vous un regret que je sois vieux, & un souhait que je fusse jeune, je serois content. La grace d'un souhait est peu de chose, ne me la refusez pas. Il est naturel de souhaiter que tout ce qui nous aime soit aimable.

Il ne fut jamais de passion si désinteressée que la mienne. J'aime les personnes que vous aimez, & je n'aime pas moins ceux qui vous aiment. Je regarde vos amans comme vos sujets, au lieu de les haïr comme mes rivaux : ce qui est à vous m'est plus cher que ce qui est contre moi ne m'est odieux. Pour ce qui regarde les personnes qui vous sont cheres, je n'y prens gueres moins d'interêt que vous : mon ame porte ses affections & ses mouvemens où vont les vôtres. Je m'attendris de vôtre tendresse, je languis de vos langueurs. Les chants les plus passionnés des opera ne me touchent plus d'eux-mêmes : ils ne font d'impression sur moi que par celle qu'ils ont faite sur vous. Je suis touché de vous voir touchée, & ces soupirs

*douloureux*

douloureux qui vous échapent, coûtent moins à vôtre cœur qu'ils ne coûtent au mien.

J'ai peu de part à faire vos peines, & j'en ai autant que vous à les souffrir. Quelquefois vous produisez en nous une passion differente de celle que vous avez voulu exciter. Si vous récitez les vers d'Andromaque, vous donnez de l'amour avec les sentimens d'une mere qui ne veut donner que de la pitié. Vous cherchez à nous rendre sensibles à ses infortunes, & vous nous trouvez sensibles à vos charmes. Les choses tristes & pitoyables rappellent nos cœurs secrettement à la passion qu'ils ont pour vous ; & la douleur que vous exigez pour une malheureuse, devient un sentiment naturel de nos propres maux.

On ne le croiroit pas sans en avoir fait l'experience. Les matieres les plus opposées à la tendresse prennent un air touchant dans vôtre bouche. Vos raisonnemens, vos disputes, vos contestations, vos coleres ont leurs charmes ; tant il est difficile de trouver rien en vous qui ne contribuë à la passion que vous inspirez. Il ne sort rien de vous qui ne soit aimable : il ne se forme rien en nous qui ne soit amour.

Une réflexion sérieuse vient m'avertir que vous vous moquerez de tout ce discours : mais vous ne sauriez vous moquer de mes

foiblesses

foiblesses que vous ne soyez contente de vôtre beauté ; & je suis satisfait de ma honte, si elle vous donne quelque satisfaction. On sacrifie son repos, sa liberté, sa fortune : la gloire ne se sacrifie point, dit Montagne. Je renonce ici à nôtre Montagne, & ne refuse pas d'être ridicule pour l'amour de vous. Mais on ne sauroit vous faire un sacrifice de cette nature-là : il ne peut y avoir de ridicule à vous aimer. Un ministre (1) renonce pour vous à sa politique, & un philosophe à sa morale, sans interesser leur réputation. Le pouvoir d'une grande beauté justifie toutes les passions qu'elle fait produire ; & après avoir consulté mon jugement autant que mon cœur, je dirai sans craindre le ridicule, que je vous aime.

*L'homme*

(1) *Dom Luis de Vasconcellos & Sousa, comte de Castelmelhor, premier ministre & favori d'Alphonse roi de Portugal. Après la révolution qui arriva en Portugal en 1667. il fut obligé de se retirer à Turin, d'où il obtint permission de passer en Angleterre, où il a demeuré dix ou douze ans, après quoi il retourna à Lisbonne.*

*L'homme sur le retour.* VII

TIRCIS, le bel âge nous laisse,
Allons chercher une maîtresse
Qui se contente en ses amans
De vertus au lieu d'agrémens :
Allons chercher la femme forte ;
Mais en est-il de cette sorte ?
On la cherchoit en vain, dit-on,
Du tems même de Salomon.
S'il n'est de ces femmes divines,
Il est de folles héroïnes,
A qui d'illustres visions
Tiendront lieu de perfections.
L'une est folle de la vaillance,
L'autre est folle de la science,
Et court après les beaux esprits
Par le charme de leurs écrits :
Telle est si folle de sagesse
Qu'elle en méprise la jeunesse,
Et se fait une vanité
De plaire à nôtre gravité.
Il est vrai que cette chimére
N'est pas aux femmes ordinaire ;
Et qu'on leur voit des appétits
Rarement pour les cheveux gris :
Mais leur incertaine nature,
Pour nous rompre toute mesure,
A le caprice quelquefois
D'aimer sagesse, honneur & loix.
Une impertinente adorable
Ecoutera de vieux mortels,
Qui vont révérer ses autels ;
Et quelque sotte inexorable,
Pensant donner à ses appas

Nous laissera goûter ses charmes
Sans qu'il nous en coûte des larmes :
Il est mille chemins ouverts,
Pour arriver à leurs travers.
Mais laissons la galanterie,
Pour une jeunesse fleurie ;
Et n'esperons pas étant vieux,
De gagner le cœur par les yeux :
Que l'esprit soit nôtre conquête,
Tâchons d'assujettir la tête ;
Et qu'un ascendant de raison,
Tienne la leur comme en prison.
Si je trouvois une Lucrece
Capable d'un peu de tendresse,
J'accorderois avec plaisir,
Son honneur avec mon désir :
J'entretiendrois en sa belle ame
La douceur d'une honnête flâme ;
Et les interêts de son cœur,
Ménagés avec sa pudeur,
Feroient voir au monde une prude,
Sans rien de trop doux, ni de rude.
Mais, dieux ! quelle espece d'amour !
O ! triste & malheureux retour,
Qu'il te faut d'art avec des belles
Que tu veux tendres & cruelles !
Que d'art à vaincre des rigueurs !
Que d'art à borner les faveurs !
Que d'art à trouver la tendresse
Sans interesser la Lucrece !
Encor ce mal seroit leger
N'étoit qu'on ne peut plus changer.
A dieu, pour jamais je vous quitte,
Agréable legereté,
J'entre dans la saison maudite
Où la triste fidelité
N'a rien qu'un ennuyeux mérite
Dont on est bien-tôt dégoûté.

# LETTRE VIII

## A Mr. LE COMTE DE SAINT-ALBANS.

J'AI failli à mourir, Mylord, depuis que je n'ai eu l'honneur de vous voir; & en quoi je suis plus malheureux, c'est qu'il n'y a pas eu de maladie à Londres que la mienne; pas un rhume, un mal de dents, un accès de goutte. Mylord Arlington, à qui vous cediez le rang de premier gouteux, pourroit faire aujourd'hui vingt tours de mail, aussi-bien que la bonne femme qui vous sert. Pour moi, je ne suis pas encore bien guéri: mais sans les secours que j'ai trouvés, je serois mort.

A quoi pensez-vous, Mylord, de passer l'hiver dans un païs où les chevaux sont traités plus soigneusement cent fois que nous? Où il y a des Mayernes pour les maladies des chevaux de course, & des especes de maréchaux pour celle des hommes? Si vous aviez de ces enthousiasmes de religion qui rendent la vie odieuse à tant de fanatiques, je comprendrois quelque chose dans cette impatience que vous avez de mourir. Mais si vous êtes homme comme nous ; si vous conservez l'inclination naturelle de vivre qui est demeurée à Monsieur le Maréchal de Villeroy, à Monsieur le Premier (1), à Monsieur de Ruvigny, & à vos autres contemporains, pourquoi vous opiniâtrer dans un lieu où vous ne passez aucun jour qui n'en retranche cinq ou six de vôtre vie?

Je m'arrête trop sur des discours que je devois passer legerement, il faut venir à des idées plus agréables. Madame de Portsmouth vous donnera telle part dans sa banque qu'il vous plaira. Mylord Hyde (2) vous promet des honnêtetés qui se distingueront malaisément de la confiance. Monsieur l'ambassadeur vous offre une pleine lumiere des affaires de Hongrie, & de la guerre où les Princes du nord vont s'engager : & ce que j'estime beaucoup, Monsieur le duc d'Ormond est prêt à joüer au tric-trac avec vous sans avantage. Vous m'allez dire que vous ne voyez presque plus, que vous êtes accablé d'incommodités qui peuvent aisément dégoûter le monde de vous. Vous prenez mal la chose, Mylord ; c'est la province qui se dégoûte de vous & non pas le monde.

On juge de vous, à la campagne, par la
foiblesse

(1) *Monsieur de Beringhen premier Ecuyer.*  |  (2) *Le comte de Rochester.*

foiblesse de vôtre vûë : vos infirmités y sont prises pour des défauts; & vous ne sauriez croire le mépris qu'a un homme de la contrée, qui se porte bien, pour un homme de la cour, qui se porte mal. Ici, Mylord, on vous considere par la force de vôtre esprit : vos maux y sont plaints, & vos bonnes qualités réverées.

Quelle difference de séjour pour vous ? Et cependant vous avez fait choix de celui qui est si contraire à vôtre santé & à vôtre réputation. La plus grande peine des disgraces, vous vous l'êtes imposée vous-même. C'est la privation du commerce des gens du monde, avec lesquels vous avez toûjours vécu. On se console de la perte de ses biens : on ne se console point d'avoir perdu la douceur des sociétés agréables, & de souffrir l'ennui des importunes. Ayez tant de raison qu'il vous plaira, le secours de la raison ne peut rien où la délicatesse du goût est affligée.

Revenez donc, Mylord, revenez à des gens qui connoissent vôtre mérite, comme vous connoissez le leur. Il n'y en a pas un qui ne contribuë de tous ses soins à vôtre soulagement, ou à vos plaisirs. La politesse de Mylord Sunderland vous fera trouver rude & grossier le genre de vie que vous aviez crû le plus naturel ; & la facilité de la vie
commode

commode qu'il sait établir à la cour, vous détrompera pour jamais du faux repos de vôtre campagne. Madame Mazarin vous ôtera le scrupule de vos visites. Elle ne s'offensera point que vous soyez auprès d'elle sans la voir ; & moins sensible à l'injure qu'elle en reçoit, qu'à la perte que vous en souffrez, elle vous fera goûter la douceur d'un entretien qui ne cede pas au charme de sa beauté. Pour vous, elle suspendra la fureur de la bassette, & rappellera cette raison pure & tranquille qu'elle nous refuse tous les jours. Monsieurs Waller vous garde une conversation délicieuse. Je ne suis pas si vain que de vous parler de la mienne. Il vaut mieux vous promettre mes services le jour du sabat, & me laisser perdre aux échets toutes les fois que Monsieur de Saissac pariera pour moi. Je ne vous dis rien de Mademoiselle Crofts : depuis qu'elle est duchesse de Chastellerault, je ne sai point ce qu'elle veut être au comte de Saint-Albans (1).

Si

(1) Mademoiselle Crofts, sœur du Milord Crofts, avoit été fille d'honneur de la Reine. Après qu'elle eut quitté la cour, sa maison devint un réduit fort agréable, où le comte de Saint-Albans, & deux ou trois personnes de qualité alloient souper presque tous les soirs. Le comte d'Arran presentement duc d'Hamilton, s'attacha à cette Dame; & alors Mylord Saint-Albans se retira. Mon-

Si ces tentations sont trop legeres, & que vous ayez resolu de vous retirer du monde présentement, songez, Mylord, que c'est dans la capitale qu'un honnête homme doit se retirer. Vôtre raison vous dérobe au monde dans la ville, quand il vous plaît: vôtre imagination vous y rend à la campagne, même quand vous ne le voulez pas. Venez ici en philosophe dans vôtre maison: c'est un nouveau mérite dont vous serez estimé. Vivre en philosophe au pays de Suffolck, c'est se rendre obscur plûtôt que sage, & se faire oublier des autres au lieu de se connoître soi-même.

Les plus grands philosophes de l'antiquité demeuroient dans la plus belle ville de la Grece; & celui qui conseilloit de cacher sa vie avoit de beaux jardins à Athenes, où cinq ou six de ses amis philosophoient avec lui (1). Je ne sai comment revenir d'Athenes à Londres: Je souhaiterois pourtant que vôtre retour fut aussi prompt que le mien. M'y voila, Mylord, pour vous attendre,

&

sieur de Saint-Evremond raille ici sur cette nouvelle intrigue: il appelle Mademoiselle Crofts duchesse de Chastellerault, parce que le comte d'Arran avoit été en France pour tâcher de faire valoir de vieilles prétentions de la maison d'Hamilton sur le duché de Chastellerault.

(1) Epicure.

& vous supplier de nous amener Monsieur Jermyn. Rendez-le au monde malgré lui. Il ne sera pas long-tems sans vous savoir gré d'une si heureuse violence, ni vous, Mylord, sans nous remercier de la résolution que vous aurez prise par nôtre moyen.

---

## IX. LETTRE A Mr. LE DUC DE BUCKINGHAM.

MOnsieur Burnet (1) est si fort persuadé de vôtre conversion, Mylord, qu'il en parle en ces termes à tous vos amis : « Je suis prêt à répondre sur mon salut de » celui du duc de Buckingham, dans la ferme » opinion que j'ai du changement de sa vie. » Conversion, Monsieur Burnet, dit Monsieur Waller : on ne se convertit pas ainsi ; » ce n'est ni par vous ni par moi, ni par » homme vivant qu'est venuë la régularité » nouvelle du duc de Buckingham. Un de » ses nouveaux amis, mort il y a long-tems, » a fait depuis peu la merveille que nous admirons. C'est Petronius Arbiter, le plus

*délicat*

(1) *Qui a été ensuite évêque de Salisbury.*

délicat homme de son tems en poësies, en «
musique, en peintures : voluptueux en «
toutes choses, qui faisoit du jour la nuit, «
& de la nuit le jour : mais il étoit si maî- «
tre de ses vices & de son irrégularité, qu'il «
devenoit le plus reglé homme du monde, «
quand il le jugeoit à propos. Le duc de «
Buckingham, qui lui ressembloit déja par «
mille endroits, a voulu depuis peu lui res- «
sembler par ce dernier ; & voilà, Mon- «
sieur Burnet, d'où vient le changement «
de sa vie ; d'où vient cette regle que vous «
avez prise pour une conversion. «

Avec la permission de Monsieur Burnet
& de Monsieur Waller, je raisonnerai d'une
autre sorte, & voici mon raisonnement. Il
n'y a personne de bon goût qui aime le vice,
quand le vice n'est pas agréable, & il ne faut
pas s'étonner qu'un homme fort délicat ait
de la continence au païs du nord, où il n'y
a pas le moindre sujet de tentation. Mais
qu'on vous donne, Mylord, des objets capables de vous tenter, & on verra que le
converti de Monsieur Burnet, & le nouveau Pétrone de Monsieur Waller ne sont
autre chose que le véritable duc de Buckingham.

Dieu me préserve de vous tourner l'esprit
du côté de l'amour. J'ai un autre peché à
vous proposer que vous ne devineriez jamais,

& que je vous souhaite de tout mon cœur ; c'est l'avarice, Mylord, que je tiens préférable pour vous à la sagesse des philosophes, & à la gloire des conquerans. En effet j'aimerois mieux vous voir ressembler à Sir Charles Herbert, qu'à Socrate, ni à César. Où la difficulté est plus grande, le mérite me paroît plus grand aussi ; & il est certain que vous aurez plus de peine à imiter ce héros, que les deux autres.

Comme on ne va pas tout d'un coup à la perfection, je n'exige pas de vous cette austere discipline d'œconomie, qui porte un homme dur à soi-même, à vouloir se passer de tout. Je désirerois seulement que vous observassiez avec soin ceux qui manient vôtre argent, pour leur conserver en dépit d'eux, l'intégrité qu'ils voudroient perdre cent fois le jour à vôtre service.

Si vous revenez jamais à Londres avec peu de valets & beaucoup d'argent, vous serez l'admiration de l'Angleterre. Sans cela, Mylord, la multitude ne sera pas pour vous; & il faudra vous contenter de quelques admirateurs particuliers, dont vôtre très-humble serviteur sera le premier.

# LETTRE X

## A MADAME LA DUCHESSE MAZARIN.

### Contenant des refléxions sur l'esprit de religion.

J'Ai songé toute la nuit à la conversation que nous eûmes hier au soir, & je ne m'en étonne point, Madame. Quand on a eu le plaisir de vous voir, & de vous parler le soir, il ne faut pas s'attendre à celui de bien dormir. Il me sembloit que Monsieur de Barillon raisonnoit avec beaucoup de solidité. Le Comte de Melos, qui préferoit toûjours la soûmission de l'esprit au raisonnement, voulut bien se rendre au vôtre, & vos lumieres lui tinrent lieu de l'autorité, qu'il a coûtume de respecter.

J'avoüe que j'étois convaincu & enchanté de vos raisons; elles faisoient leur impression sur mon esprit avec toute la force de la verité, & s'insinuoient dans mon cœur avec tous vos charmes. Le cœur doux & tendre comme il est, a une opposition naturelle à l'austerité l'austerité de la raison. La vôtre a trouvé un grand secret : elle porte des lumieres dans les esprits, & inspire en même temps de la passion dans les cœurs. Jusqu'ici la raison n'avoit pas été comptée entre les appas des femmes : vous êtes la premiere qui l'ait renduë propre à nous donner de l'amour. Sans vous, Madame, les verités que nous cherchons, nous auroient paru bien dures. La verité qu'on a bannie du commerce, comme une fâcheuse, & qu'on a cachée au fonds d'un puits, comme une séditieuse qui troubloit l'Univers; cette verité change de nature dans vôtre bouche, & n'en sort que pour vous concilier generalement tous les esprits. Vous la rétablissez dans le monde avec une pleine satisfaction de tous ceux qui vous entendent.

Ce n'est pas, Madame, que vous n'ayez vôtre part de la malignité de la nature. Vous avez quelquefois des desseins formés de nous choquer. Sans être trop penétrant on découvre la malice de vos intentions ; mais vos charmes sont au dessus de ces intentions malicieuses. Vous plaisez, lors même que vous avez envie de déplaire ; & de toutes les choses que vous voudriez entreprendre, ne plaire pas est la seule dont vous ne sauriez venir à bout.

La verité ne peut plus souffrir la violence
que

que vous lui faites : elle veut reprendre la sécheresse & l'austerité que vous lui avez ôtée. Je vais lui rendre ses qualités naturelles ; & vous vous en appercevrez, Madame, à la lecture du petit discours que je vous envoye.

## DISCOURS.

Aussi-tôt que nous avons perdu le goût des plaisirs, nôtre imagination nous offre des idées agréables, qui nous tiennent lieu de choses sensibles. L'esprit veut remplacer des plaisirs perdus ; & il va chercher ses avantages en l'autre monde, quand les voluptés qui touchoient le corps nous sont échapées.

Le dégoût du libertinage nous fait quelquefois naître l'envie de devenir dévots ; mais sommes-nous établis dans un état plus religieux & plus saint, nous passons la vie à vouloir comprendre ce qui ne sauroit être compris ; & il vient des temps de sécheresse & de langueur, où l'on fait de fâcheuses refléxions sur le tourment qu'on se donne pour un bien opposé aux sens ; peu connu à la raison ; conçu foiblement par une foi incertaine & mal assurée. C'est de-là que viennent les plus grands désordres des monasteres. Quand la felicité qu'on promet aux religieux

» gieux leur paroît douteuse, le mal certain
» qu'il faut souffrir leur devient insupor-
» table.

» La diversité des temperamens a beau-
» coup de part aux divers sentimens qu'ont
» les hommes sur les choses surnaturelles.
» Les ames douces & tendres se portent à
» l'amour de Dieu ; les timides se tournent
» à la crainte de l'enfer ; les irrésolus vivent
» dans le doute ; les prudens vont au plus
» sûr, sans examiner le plus vrai. Les dociles
» se soûmettent ; les opiniâtres s'obstinent
» dans le sentiment qu'on leur a donné,
» ou qu'ils se forment eux-mêmes ; & les
» gens attachés à la raison, veulent être
» convaincus par des preuves qu'ils ne trou-
» vent pas.

*Quand les hommes, disoit Monsieur Wurts* (1), *auront retiré du christianisme ce qu'ils y ont mis, il n'y aura qu'une même religion, aussi simple dans sa doctrine, que pure dans sa morale.*

» Comme nous ne recevons point nôtre
» créance par la raison (2), aussi la raison
» ne nous en fait-elle pas changer. Un dégoût

---

(1) *General des Troupes Hollandoises, pendant la Guerre de* 1672.

(2) *Voyez le Commentaire Philosophique de M. Bayle sur ces paroles de* Jesus-Christ, Contrains-les d'entrer, *II. Part. page* 334.

goût secret des vieux sentimens nous fait «
sortir de la religion dans laquelle nous «
avons vécu; l'agrément que trouve l'es- «
prit en de nouvelles pensées, nous fait «
entrer dans une autre; & lors qu'on a «
changé de religion, si on est fort à par- «
ler des erreurs qu'on a quittées, on est «
assez foible à établir la verité de celle «
qu'on a prise. «

La doctrine est contestée par tout : elle «
servira éternellement de matiere à la dis- «
pute dans toutes les religions; mais on «
peut convenir de ce qui regarde les «
mœurs. Le monde est d'accord sur les «
commandemens que Dieu nous fait, «
& sur l'obéïssance qui lui est dûe; car «
alors Dieu s'explique à l'homme en des «
choses que l'homme connoît, & qu'il sent. «
Pour les mysteres, ils sont au dessus de «
l'esprit humain, & nous cherchons inu- «
tilement à connoître ce qui ne peut être «
connu; ce qui ne tombe ni sous les sens, «
ni sous la raison. La coûtume en autorise «
le discours : la seule grace en peut inspirer «
la créance. «

Il ne dépend pas de nous de croire ce «
qu'on veut, ni même ce que nous voulons. «
L'entendement ne sauroit se rendre qu'aux «
lumieres qu'on lui donne; mais la volon- «
té doit se soûmettre aux ordres qu'elle re- «
çoit.

# PORTRAIT
## DE MADAME LA DUCHESSE
## MAZARIN.

ON m'accuse à tort d'avoir trop de complaisance pour Madame Mazarin. Il n'y a personne dont Madame Mazarin ait plus à se plaindre que de moi. Depuis six mois je cherche malicieusement en elle quelque chose qui déplaise; & malgré moi je n'y trouve rien que de trop aimable, que de trop charmant. Une curiosité chagrine me fait examiner chaque trait de son visage, à dessein d'y rencontrer ou de l'irrégularité qui me choque, ou du désagrément qui me dégoûte. Que je réüssis mal dans mon dessein! Tous ses traits ont une beauté particuliere qui ne cede en rien à celle des yeux; & ses yeux, du consentement de tout le monde, sont les plus beaux yeux de l'univers.

Voici une chose dont je ne me console point. Ses dents, ses lévres, sa bouche, & toutes les graces qui l'environnent, se trouvent assez confonduës parmi les grandes & les diverses beautés de son visage; mais si on les compare à ces belles bouches qui font le charme des personnes qu'on admire le plus, elles défont tout ; elles effacent tout : tout ce qui est peu distingué en elle ne laisse pas considerer ce qu'il y a de plus remarquable dans les autres. La malice de ma curiosité ne s'arrête pas-là. Je vais chercher quelque défaut en sa taille, & je trouve je ne sai quelle grace de la nature répanduë si heureusement en toute sa personne, que la bonne grace des autres ne me paroît plus que contrainte & affectation.

Quand Madame Mazarin plaît trop dans sa negligence, je lui conseille de s'ajuster avec soin ; esperant que l'ajustement & la parure ne manqueront pas de ruiner ses agrémens naturels ; mais à peine elle est parée, que je suis contraint d'avoüer qu'on n'a jamais vû à personne un air si grand & si noble que le sien. Mon chagrin ne s'appaise pas encore. Je la veux voir dans sa chambre au milieu de ses chiens, de ses guenons, de ses oiseaux, & je m'attens que le desordre de sa coëffure & de ses habits lui fera perdre l'éclat de cette beauté qui nous étonnoit à la cour. Mais c'est-là qu'elle est cent fois plus aimable ; c'est-là qu'un charme plus naturel donne du dégoût pour tout art, pour toute industrie ; c'est-là que la liberté de son esprit & de son humeur n'en laisse à personne qui la voye.

Que feroit le plus grand de ses ennemis? Je lui souhaite une maladie qui puisse ruiner ses appas: mais nous sommes plus à plaindre qu'elle dans ses douleurs. Ses douleurs ont un charme qui nous cause plus de mal qu'elle n'en souffre.

Après m'être laissé attendrir par ses maux, je cherche à m'attirer des outrages qui m'irritent. Je choque à dessein toutes ses opinions. J'excite sa colere dans la dispute. Je me fais faire des injustices au jeu. J'insinuë moi-même les moyens de mon oppression, pour me donner le sujet d'un veritable ressentiment. Que me sert toute cette belle industrie? Ses mauvais traitemens plaisent au lieu d'irriter; & ses injures, plus charmantes que ne seroient les caresses des autres, sont autant de chaînes qui me lient à ses volontés. Je passe de son sérieux à sa gayeté. Je la veux voir sérieuse, pensant la trouver moins agréable: je la veux voir plus libre, esperant de la trouver indiscrete. Sérieuse, elle fait estimer son bon-sens: enjoüée, elle fait aimer son enjoüement.

Elle sait autant qu'un homme peut savoir, & cache sa science avec toute la discretion que doit avoir une femme retenuë. Elle a des connoissances acquises, qui ne sentent en rien tien l'étude qu'elle a employée pour les acquerir. Elle a des imaginations heureuses, aussi éloignées d'un art affecté qui nous déplaît, que d'un naturel outré qui nous blesse.

J'ai vû des femmes qui faisoient des amans par l'avantage de leur beauté, & qui les perdoient par les défauts de leur esprit. J'en ai vû qui nous engageoient pour être belles & spirituelles ensemble, & qui rebutoient comme indiscretes, peu sûres, & interessées. Avec Madame Mazarin, passez du visage à l'esprit ; des qualités de l'esprit à celle de l'ame, vous trouverez que tout vous attire ; tout vous attache ; tout vous lie ; & que rien ne sauroit vous dégager. On se défend des autres par la raison : c'est la raison qui nous livre, & qui nous assujettit à son pouvoir. Ailleurs, nôtre amour commence d'ordinaire où finit nôtre raison : ici, nôtre amour ne sauroit finir que nôtre raison ne soit perduë.

Ce que je trouve de plus extraordinaire en Madame Mazarin, c'est qu'elle inspire toûjours de nouveaux desirs ; que dans l'habitude d'un commerce continuel, elle fait sentir toutes les tendresses & les douceurs d'une passion naissante. C'est la seule femme pour qui l'on puisse être éternellement constant, & avec laquelle on se donne à toute heure le plaisir de l'inconstance. Jamais on ne change pour sa personne : on change à tout moment pour ses traits ; & on goûte en quelque façon cette joye vive & nouvelle qu'une infidelité en amour nous fait sentir.

Tantôt la bouche est abandonnée pour les yeux ; tantôt on abandonne les yeux pour la bouche. Les joües, le nez, les sourcils, le front, les cheveux, les oreilles mêmes, tant la nature a voulu rendre toutes choses parfaites en ce beau corps ! les oreilles s'attirent nos inclinations à leur tour, & nous font goûter le plaisir du changement. A considerer ses traits separés, on diroit qu'il y a une secrette jalousie entr'eux, & qu'ils ne cherchent qu'à s'enlever des amans. A considerer leur rapport ; à les considerer unis & liés ensemble, on leur voit former une beauté qui ne souffre ni d'inconstance pour elle, ni de fidelité pour les autres. J'ai assez parlé des choses qui nous paroissent, devinons la perfection des endroits cachez, & disons par conjecture, que le merite de ce qu'on ne voit point, passe de bien loin tout ce qu'on voit.

# EPITRE
### DE Mr. LE DUC
# DE NEVERS,
### *A Mr. l'Abbé Bourdelot* (1).

Quoi, mes vers, Bourdelot, sans grace & sans beautés,
Vivent dans ta memoire, & sont par toi cités!
Quoi du fond de l'oubli tirant leur destinée,
Tu redonnes le jour à ma muse étonnée!
Qui te prête la main? quel Dieu te fait agir?
Et t'inspire mes vers pour me faire rougir?
Moi, qui sur le Parnasse, apprentif temeraire,
Ai fait parler ma muse une langue étrangere,
Et qui n'ai dans mes vers échapés au hazard,
Que l'audace pour regle, & le bon-sens pour art.
Pour orner le François de nouvelles parures,
Je hazarde en mes vers d'insolentes Figures,
Qui par le choix des mots & l'adresse du tour,
Eblouïssent l'esprit de l'éclat d'un faux jour.
Que ne puis-je à present dans l'ardeur qui m'anime
Donner de La Fayete (2) au travers du sublime;
Ou puisant dans Meré (3) tous les charmes divers,

De

---

(1) *Medecin de Christine Reine de Suede, & ensuite du Prince de Condé. Il mourut en 1684.*

(2) *Madame de La Fayette.*

(3) *Le Chevalier de Meré.*

Des plus beaux agrémens façonner tous mes vers !
Alors je donnerois par des traits connoissables
A la Posterité des talens admirables :
L'éclat de ton esprit seroit un sûr garant
Pour dessiller les yeux du vulgaire ignorant.
Toi, qu'on a remarqué dans le siecle où nous sommes,
Par tant de beaux endroits homme au dessus des hommes ;
Qui des travers du monde évitant le poison,
Te sais faire à toi-même un Dieu de la raison.
Tu ris de la fortune, & des tours de sa rouë,
Quand du sort de nos jours l'inconstance se jouë,
Tu sais qu'on n'a du Ciel des regards caressans
Que pour en ressentir des regrets plus cuisans.
Les astres trop cruels dans leur course changeante,
Nous font voir du bonheur l'incertitude errante :
On voit dans l'univers tant d'abus établis,
Se fonder en coutume au lieu d'être abolis :
Le sang des grands Seigneurs mêlé dans la roture,
Faire en naissant changer au bourgeois de nature.
Rome a vû radoter au Trône des Césars,
L'Eglise dans les mains d'imbéciles vieillards,
Donner à des neveux le saint siege au pillage,
Et de ses fiefs sacrés démembrer l'apanage.
Mais loüons d'Innocent (1) la sainte austerité :
Que l'Eglise est superbe en son humilité !
Il ôte à l'univers l'effroyable scandale,
L'hydre du Népotisme à Rome si fatale :
Il veut du Jansenisme étouffer le poison,
Et les saintes erreurs qui troublent la raison.
Admirons ses vertus dans le temps que le monde
En vices éclatans plus que jamais abonde.
Un ministre fameux (2) pour soutenir son nom

(1) *Innocent XI.*   (2) *Le Cardinal Mazarin.*

## DE SAINT-EVREMOND.

Va pour neveu postiche adopter un Orgon (1)
Qui de ses grands trésors, pieuse frenésie,
Des Tartuffes du temps nourrit l'hypocrisie ;
Et craignant plus le Ciel qu'il n'a le Ciel pour but,
Va l'argent à la main trafiquer son salut.
S'il recevoit d'en haut des notions plus claires,
Il iroit à La Trape imiter les Macaires :
Car dans le monde on fait des efforts impuissans
Pour détacher l'esprit du commerce des sens.
C'est trop, n'en parlons plus, entrons en diligence
Dans le pompeux néant de la grandeur immense.
Qu'on a vû de nos jours, appuyé par les loix,
Un Cromvvel déranger un long ordre de Rois ;
Qu'une Reine ait pû faire exemte de tous crimes
De deux freres vivans deux maris legitimes (2).
Une autre par son fils voit signer aujourd'hui
L'Arrêt dénaturé qui l'éloigne de lui. (3)
De quel œil de Caton ta divine prudence,
Des caprices du sort perce l'extravagance ?
Défiant son pouvoir tu ris de son couroux ;
Et tu mets les mortels à l'abri de ses coups.
La nature à tes yeux se montre toute nuë,
T'apprend de ses secrets la science connuë ;
Découvre à ton esprit les enigmes divins,
Et fait faire à ton art, obéïr les destins.
Ta main fait renoüer d'une vie ébranlée,
Dans les doigts de Clothon la trame défilée ;
Et de l'ame aux abois ranimant les ressorts,
Des bords de l'Acheron tu rappelles les morts.
Ton esprit, ton bon goût, ta science profonde
Triomphent

(1) *Le Duc de la Meilleraye, à qui le Cardinal donna sa niece Hortense Mancini en mariage, à condition qu'il porteroit le nom & les armes de Mazarin.*
(2) *Mademoiselle d'Aumale, Reine de Portugal.*
(3) *La Reine Mère d'Espagne.*

Triomphent des erreurs qui regnent dans le mon-
  de.
Dans tes écrits l'on voit tous les traits pénétrans,
Que ta main fait porter sur les vices du tems.
Chacun craint que ta plume en critique fertile
Ne répande sur lui son éloquente bile ?
Pour moi qui ris du sort que mes vers trouveront,
Je baiserai les mains qui les déchireront.
Aussi-bien dans le monde, hors deux auteurs cé-
  lebres,
Le reste est englouti dans l'horreur des tenebres.
Ces illustres du temps Racine & Despréaux,
Sont du mont Helicon les fermiers generaux ;
Pour mettre des impôts sur l'onde d'Hippocrene
Phœbus leur donne à bail son liquide domaine :
Tout passe par leurs mains ; les précieux trésors
Ne coulent que pour eux des Castalides bords.
On a vû dans leurs vers leur extrême richesse ;
Leurs plumes dégorgeoient des liqueurs du Per-
  messe :
A present de la rime abandonnant les loix,
Ils veulent que Phœbus reprenne tous ses droits,
Et sortant tout d'un coup de l'ordre poëtique
Ils entrent étrangers dans le monde historique.
Louis par ses hauts faits, qu'ils sont prêts à trai-
  ter,
Eblouit tout le monde à force d'éclater.
Qui peindra les beaux traits de sa gloire immor-
  telle ?
Le pinceau trembleroit entre les mains d'Apelle.
Quel bonheur d'être nez au siecle de Louis !
Admirons, Bourdelot, ses exploits inoüis ;
Que nous pouvons tous voir, que nous pouvons
  écrire ;
Et plaignons l'avenir qui ne peut que les lire.

LETTRE

# LETTRE XIII.

## A MADAME LA DUCHESSE MAZARIN.

JE viens de lire avec Monsieur Van Beuning (1) les vers que vous m'avez fait l'honneur de m'envoyer. Cet Ambassadeur, qui a passé sa vie dans l'étude, aussi-bien que dans les affaires, les trouve fort beaux ; & mon sentiment est, Madame, qu'il y en a dans ce petit ouvrage d'aussi élevés que j'en aye vû depuis long-tems dans nôtre langue. Ce qui me les fait estimer davantage, c'est qu'il y a de la nouveauté & du bon-sens : ajustement difficile à faire. Car nos nouveautés ont souvent de l'extravagance, & le bon-sens qui se trouve dans nos écrits, est le bon-sens de l'antiquité plus que le nôtre. Je veux que l'esprit des anciens nous en inspire ; mais je ne veux pas que nous prenions le leur même. Je veux qu'ils nous apprennent à bien penser ; mais je n'aime pas à me servir de leurs pensées. Ce que nous voyons d'eux avoit la grace de

---

(1) *Ambassadeur des États Généraux auprés du Roy Charles II.*

la nouveauté, lorsqu'ils le faisoient ; ce que nous écrivons aujourd'huy a vieilli de siecle en siecle, & est tombé comme éteint dans l'entendement de nos auteurs.

Qu'avons-nous affaire d'un nouvel auteur, qui ne met au jour que de vieilles productions ; qui se pare des imaginations des Grecs, & donne au monde leurs lumieres pour les siennes ? On nous apporte une infinité de regles qui sont faites il y a trois mille ans, pour regler tout ce qui se fait aujourd'hui ; & on ne considere point que ce ne sont pas les mêmes sujets qu'il faut traiter, ni le même genie qu'il faut conduire.

Si nous faisions l'amour comme Anacreon & Sapho, il n'y auroit rien de plus ridicule ; comme Terence, rien de plus bourgeois ; comme Lucien, rien de plus grossier. Tous les tems ont un caractere qui leur est propre ; ils ont leur politique, leur interêt, leurs affaires : ils ont leur morale, en quelque façon, ayant leurs défauts & leurs vertus. C'est toûjours l'homme, mais la nature se varie dans l'homme, & l'art qui n'est autre chose qu'une imitation de la nature, se doit varier comme elle. Nos sotises ne sont point les sotises dont Horace s'est moqué. Nos vices ne sont point les vices que Juvenal a repris : nous devons
employer

employer un autre ridicule, & nous servit d'une autre censure.

J'ai obligation à Monsieur de Nevers : je cherchois de la nouveauté il y a long-tems, & il m'en a fait rencontrer. Je trouve un homme qui sait penser luy-même ce qu'il écrit, & qui donne son propre tour à l'expression de ses pensées.

*Moi qui n'ai dans mes vers échapés au hazard,*
*Que l'audace pour regle, & le bon-sens pour art :*

Si la fortune, l'audace, & le bon-sens produisent tant de beautés, je conseille aux auteurs de renoncer aux regles de l'art, & de s'abandonner purement à leur genie.

*Pour orner le François de nouvelles parures,*
*Je hazarde en mes vers d'insolentes figures :*

Celui qui hazarde ces insolentes figures, est assuré de n'en avoir que de nobles : c'est une hardiesse heureuse qui n'a rien d'extravagant ni de faux ; un éclat d'imagination que le jugement peut avoüer pour une de ses lumieres.

Je ne sai pas bien si les avantages que Monsieur de Nevers attribuë à Madame de La Fayette, & à Monsieur de Meré, sont sinceres. Leur merite me persuade la sincerité : sans cela la délicatesse du tour me seroit suspecte, & je craindrois qu'il n'y eût

quelque

quelque ridicule caché sous le sublime de l'une, & sous les charmes divers de l'autre. Les loüanges que l'on donne à Monsieur Bourdelot sont plus nettement expliquées. Je n'en donnerois pas moins à sa personne, mais je voudrois qu'elles fussent plus dégagées de sa profession. A mon avis, la Medecine rompt plus de trames qu'elle n'en renoüe ; & il ne faloit pas moins que les vers de Monsieur vôtre frere, pour remettre en honneur une science que ceux de Moliere avoient décriée. A vous parler franchement je retrancherois quelque chose de l'habileté du medecin, pour donner plus, s'il étoit possible, aux lumieres du bel-esprit. J'ai plus de veneration pour la cour de Rome, que pour la faculté de Paris ; & quoique j'aye toute liberté de parler du Pape, dans un païs où on le brûle tous les ans, je ne dirai rien de son éloge, sinon que S. Pierre en doit avoir de la jalousie ; car il est plus aisé de fonder un état, que de le réformer ; d'y mettre l'ordre, que de l'y rétablir. La discretion que vous avez toûjours en parlant de Monsieur vôtre mari, me fait passer legerement sur Orgon, & ma retenuë fondée sur la vôtre m'ôte l'idée de Monsieur Mazarin. Mais un homme qui trafiqueroit son salut, l'argent à la main, me donneroit mauvaise opinion du marchand qui achete

le

le Ciel ; & plus méchante de ceux qui le vendent.

Revenons à la beauté des vers, qui ne peut pas être égale par tout. L'élevation de l'esprit laisse de petites choses en prise à l'exactitude de la critique ; & c'est une consolation que les grands génies ne doivent pas envier aux mediocres. Que des malheureux à qui la nature a été peu favorable, se fassent valoir comme ils pourront par le travail d'une étude si génante : pour moi je me sens transporté avec plaisir à des endroits qui m'enlevent ; & mon admiration ne laisse point de place au chagrin de la censure.

Il est beaucoup plus facile de loüer le Roi en prose qu'en vers. Les vers, avec tout le merveilleux de la poësie, n'approchent point de la magnificence du sujet : & en prose, une verité simple est un grand éloge. Il ne faut que dire purement ce qu'a fait le Roi, pour effacer tout ce qu'on a écrit des autres. Monsieur de Nevers a entrepris une chose plus difficile : il a chergé des pensées qui pussent égaler les actions de son heros. Le dessein étoit hardi, mais il n'a pas été tout-à-fait malheureux ; car s'il demeure fort au dessous de la gloire de celui qu'il loüe ; il s'éleve fort au dessus du génie de tous ceux qui l'ont loüé.

Qui peindra les beaux traits de sa gloire immortelle ?
Le pinceau trembleroit entre les mains d'Apelle.
Quel bonheur d'être nez au siecle de LOUIS !
Admirons, Bourdelot, ses exploits inouïs,
Que nous pouvons tous voir, que nous pouvons écrire,
Et plaignons l'avenir, qui ne peut que les lire.

Je plaindrois la condition de nos neveux, si la mienne n'étoit plus à plaindre. Ils vivront un jour ; ils entreront dans le monde, d'où je suis prêt de sortir, & où je suis réduit à lire les exploits du Roi, sans en pouvoir être témoin non plus qu'eux. C'est un grand malheur de passer la vie loin de son Empire ; mais si la fortune ne m'en avoit éloigné, je ne vivrois pas sous le vôtre, Madame. Vous inspirez de la passion à tout ce qui en est capable, & la raison vous donne ceux que la passion ne touche plus.

# EPITRE AU ROY.

ARbitre des mortels, je connois ta puissance,
Que ne puis-je aussi-bien connoître ta clemence.
L'excès de tes bontés en tous lieux est connu,
Mais tu m'as reservé pour une autre vertu :
Je dois servir toûjours à montrer ta justice.
Sans murmurer jamais d'un assez long supplice.
On ne me verra point par de tristes accens,
Par un air douloureux, des soupirs languissans,
M'attirer la pitié, qu'excite un miserable,
Ni faire l'opprimé lors que je suis coupable.
Que des infortunés soulagent leur douleur,
Par la compassion qu'on a de leur malheur !
Pour moi je me condamne, & severe à moi-même,
Je ne me prens qu'à moi de mon malheur extrême.
Je vis depuis long-tems éloigné d'une cour,
Pour qui le plus sauvage auroit eu de l'amour,
L'Exil a consumé la vigueur de mon âge,
Et me laisse aujourd'huy la vieillesse en partage :
Il joint au noir chagrin de mes jours avancés
Un triste souvenir de ceux que j'ai passés.
Cependant mes regrets ont de plus justes causes,
Des merveilles du Roi, de tant de grandes choses,
Malheureux que je suis, helas ! je n'ai rien vû
C'est le bien le plus cher qu'un sujet ait perdu.
Sans un fatal exil j'aurois vû ces armées,
Dont tant de nations sont encore allarmées :
J'aurois vû ces grands chefs, fameux par mille exploits,
Commandés & conduits par le premier des Rois.

Et mes yeux attachés sur sa seule personne,
N'auroient fait qu'observer les ordres qu'il leur donne :
J'aurois vû sa valeur inspirer aux soldats
L'ardeur qui les anime au milieu des combats :
J'aurois vû ce qu'on voit rarement sur la terre,
Une paix glorieuse autant que fut la guerre.
 Aprés tant de perils, après tant de travaux,
Chacun fit le destin de terminer ses maux.
On ne regarda plus que son propre dommage :
Et qui fut moins constant s'estima le plus sage.
La Hollande solide en tous ses interêts,
Laissa les impuissans avec leurs faux projets ;
Et l'Espagne connut dans cette ligue usée
La vanité des noms qui l'avoient abusée.
Le Lorrain qu'animoient l'Empire & sa maison,
Par mille camps divers parvint jusqu'à Mouson ;
Mais à peine fut-il regarder la Champagne,
Que Fribourg emporté termina la campagne :
La paix fut resoluë au conseil de Madrid,
Et resoluë à Vienne, aussi-tôt qu'on l'apprit ;
Et le parti confus après ce coup funeste,
A ses Ambassadeurs laissa le soin du reste.
Mais tous les generaux allarmés de la paix,
Se montroient plus ardens & plus fiers qu'a jamais.
Ils cherchoient les combats, quand les soins de leurs Princes
Se tournoient pleinement au repos des Provinces.
 Que servoient dans les camps ces dernieres ardeurs ;
Qu'à coûter au public, & du sang & des pleurs ?
Malheureux doublement ceux qui perdoient la vie
Sur le point que la guerre alloit être finie !
Il ne nous restoit plus qu'à reduire le Nord
Qui sembloit de si loin mépriser nôtre effort,
Esperant vainement que nôtre politique
Craindroit le bruit fameux que fait sa Mer Baltique ;
       Esperant

Esperant follement que des lieux reculés,
Où jamais les François n'étoient encore allés,
Pour éteindre ce feu qui forme nôtre audace,
Auroient assez pour eux du seul nom de leur glace.
Que vous connoissez mal les François d'aujourd'hui
On nous a vus legers chez nous & chez autrui :
Mais ceux qu'on accusoit autrefois d'inconstance,
N'auront à vos dépens que trop de patience.
Peuples qui nous cedez l'avantage d'agir,
Nous savons mieux que vous fatiguer & souffrir,
Vos plus vastes forêts, vos plus grandes rivieres
Sont contre les François d'impuissantes barrieres.
Crequi marche ; il approche, il vous donne combat ;
Il passe le Vezer, vôtre fierté s'abat.
Tous les Confederés ont de vives allarmes ;
Et leur docilité fut l'éffet de nos armes.
On vit là nos amis que Vvrangel (1) a perdus,
Malgré d'un jeune Roi les naissantes vertus :
Malgré tant de combats où parut sa vaillance,
On vit là nos amis tombés dans l'impuissance ;
D'un sort si malheureux se relever par nous,
Et du plus triste état passer dans le plus doux.

 Ainsi des nations furent les destinées,
Comme il plût à Louis, dures ou fortunées :
Ainsi fut rétabli ce tranquille repos,
Qui ne dément en rien la gloire du heros.
On voit dans le repos les plaisirs sans mollesse,
Les interêts conduits avec ordre & sagesse ;
Les fideles conseils prudemment écoûtés,
Et les plus grands projets justes & concertés.
Le courage du Prince à la guerre l'anime,
Sa raison, n'en veut point qui ne soit legitime.
Il est sage ; il est grand ; il est ambitieux ;
Vertus & passions, tout en est glorieux :
Au milieu des progrés la justice l'arrête ;
A peine a-t'il promis qu'il rend une conquête :

(1) *General des Troupes Suedoises.*

De sa simple parole il se fait un devoir,
Qui l'oblige à regler lui-même son pouvoir,
Et ce que n'auroit pû tout l'univers contraire,
Pour l'avoir voulu dire, il a voulu le faire.
Mais s'il a quelquefois une offense à punir,
Un droit à conserver, un rang à maintenir,
C'est alors que l'ardeur d'un courage heroïque,
Anime les raisons qu'avoit la politique :
Tout s'émeut, tout agit à son commandement,
Et l'Espagne tremblante à chaque mouvement
N'a pour se rassurer que la seule esperance
De trouver des jaloux ennemis de la France.
Espagne, devient sage, & quitte une fierté
Si contraire aux moyens qui font ta sûreté ;
Abandonne un orgueil qui s'attache à des titres (1)
Dans le cœur de Louis va chercher des arbitres :
C'est-là qu'est le salut du reste des états,
Que tes foibles efforts ne conserveroient pas.
Peuples abandonnés, que rien ne peut défendre
Pour le dernier malheur on ne veut pas vous pren-
    dre.
Nous vous laissons troublés de cent maux intestins,
Assez & trop punis par vos propres destins.
Du plus grand des mortels je connois la puissance,
Mille autres du plus doux ont connu la clemence ;
Du plus juste en tous lieux j'ai ressenti la loi,
Et le fâcheux état dans lequel je me voi,
Me feroit demander la fin de ma souffrance :
Mais puis qu'il a tant fait pour l'honneur de la
    France,
Puis que de tous nos Rois c'est le plus digne Roi,
François, comme je suis, il fait assez pour moi.
LETTRE

(1) Le Roi d'Espagne en cedant la Franche-Com- | té, vouloit retenir le Titre de Duc de Bourgogne.

# LETTRE XV

## A Mr. LE COMTE D'OLONNE.

JE ne fai pas pourquoi vous admiriez mes vers, puisque je ne les admire pas moi-même ; car vous devez favoir qu'au fentiment d'un grand maître en l'art poëtique (1), le poëte eſt toûjours le plus touché de fon ouvrage. Pour moi, je reconnois beaucoup de fautes dans le mien, que je pourrois corriger ſi l'exactitude ne faifoit trop de peine à mon humeur, & ne confumoit trop de temps à une perfonne de mon âge. D'ailleurs j'ai une excufe que vous recevrez, ſi je ne me trompe : les coups-d'eſſai ne font pas fouvent des chef-d'œuvres, & les loüanges que je donne au Roi, étant les premieres veritables & ſinceres que j'ai données, il ne faut pas s'étonner que je n'y aye pas trop bien réuſſi. Les vôtres pour moi ont une ironie ingénieufe, dans laquelle je me fuis vû ſi grand maître autrefois, que le Maréchal de Clerembaut ne trouvoit que moi

---

(1) *Ariſtote.*

moi capable de vous difputer le merite de cette figure-là. Vous ne deviez pas vous en fervir contre un homme qui en a perdu l'ufage, & qui eft autant vôtre ferviteur que je le fuis. Vous me voyez affez en garde contre le ridicule, & malgré toutes mes précautions je ne laiffe pas de me laiffer aller agréablement aux loüanges que vous me donnez fur mon goût. Vous avez interêt qu'il foit bon, jufte & délicat; car l'idée du vôtre, que je conferve toûjours, regle le mien.

Le miracle d'amour que je vis à Bourbon, eft le miracle de beauté que je vois à Londres: quelques années qui lui font venuës lui ont donné plus d'efprit, & ne lui ont rien ôté de fes charmes.

> Beaux yeux, de qui l'éclat feroit cacher fous
>  l'onde
> Ceux qu'on en vit fortir pour faire aimer le
>  monde,
> Je ne m'étonne pas que les plus grands mal-
>  heurs
>   Ne vous coûtent jamais de pleurs;
> Ce n'eft pas au malheur à vous caufer des lar-
>  mes;
> On ne les connoît point où regnent tant de
>  charmes:
> Si vous avez, beaux yeux, des larmes à jetter,
> C'eft l'amour feulement qui vous les doit coû-
>  ter.

Pour

Pour les attentats que vous me conseillez, je suis peu en état de les faire, & elle peu en état de les souffrir. S'il faut veiller les nuits entieres, on ne me donne pas quarante ans : s'il faut faire un long voyage avec le vent & la pluïe, quelle santé que celle de Monsieur *de Saint-Evremond !* Veux-je approcher ma tête de la sienne, sentir des cheveux, & baiser le bout de l'oreille, on me demande si j'ai connu Madame Gabriele (1), & si j'ai fait ma cour à Marie de Medicis. Le papier me manque : je vous prie de me mettre au rang des amis solides, immédiatement après Monsieur de Canaples (2). Miracle d'Amour est vôtre Servante.

LETTRE

---

(1) *Gabriele d'Estrées,* Maîtresse *de Henry IV.*
(2) *Alphonse de Cre-* qui, Marquis *de Canaples,* qui a été ensuite Duc *de Lesdiguieres.*

## LETTRE
### A MADAME LA DUCHESSE
## MAZARIN.

SI je venois un jour pénétré de vos charmes,
Me mettre à vos genoux, & répandre des larmes,
Pour obtenir de vous la grace d'un baiser,
    Pourriez-vous me le refuser ?
    Le pourriez-vous en conscience ?
    Répondez, répondez, Hortence.
    Las ! il y va de mon trépas !
    Pour Dieu ne me refusez pas :
    Donnez-le-moi par complaisance,
    Ou prenez-le par penitence,
    Comme une sainte affliction,
    Propre pour la Devotion
    De ce triste tems de carême ;
    Ce tems, où chacun le teint blême,
    Le cœur contrit, les yeux en pleurs,
    Cherche la peine & les douleurs.
    Baiser, aux ames salutaire
    Plus que jeûner, & porter haire !
    Baiser, devant Dieu précieux,
    Tu conduirois Hortence aux Cieux,
    Et l'établirois dans la gloire,
    Sans passer par le purgatoire.
    Qu'à La Trape des réformés
    D'un zele indiscret animés
    Ne mangent rien qu'herbe & legume,
    Aillent nuds pieds & prennent rhûme,
    Couchent sans chemise & sans draps,

De leurs austerités je ne fais pas grand cas :
   Mais consoler une vieillesse
   D'un petit effet de tendresse ;
   Prendre soins de mes pauvres sens
   Tous infirmes, tous languissans ;
   Et ranimer ma froide masse
   Par la chaleur de quelque grace ;
   C'est une sainte charité ;
   C'est un office merité,
   Qui de tout peché rendroit quitte
   La plus criminelle beauté.
Merveille de nos jours ! ô belle & sage Hortence !
Qui pour vivre sans crime ignorez les remorts,
Ne vous fiez pas trop à la simple innocence ;
Pour le salut de l'ame il faut haïr le corps ;
Gêner ses appétits, se faire violence ;
Il faut faire sur vous de vertueux efforts :
Et me baiser, Madame, en est un que je pense
Beaucoup plus cher à Dieu que n'est la continence.

Aprés vous avoir demandé un baiser en vers, je vous en demanderai un en prose, dont je vous sollicite autant pour vôtre interêt que pour le mien. Ce sera le dernier effet de la pieté, ou le dernier effort de la raison ; & il ne tiendra qu'à vous d'être la plus grande sainte, ou la plus grande philosophe qu'on vit jamais. Priver nos sens de certains plaisirs, est un commencement de sagesse. Vaincre leur répugnance & leurs dégoûts, c'est la perfection de la vertu. Que n'avez-vous été pécheresse ; vous auriez une belle occasion d'être penitente. Faut-il que vôtre innocence soit un obstacle à vôtre Sainteté & à mon bonheur ! Mais il n'y a rien qui ne se puisse réparer. Si le passé n'a aucun droit sur vôtre repentir, j'espere que l'avenir y aura les siens; & en ce cas, Madame, je vous propose une espece d'indulgence, qui regarde les pechés à faire aussibien que les pechés déja faits. On porte envie aux injures que vous me dites; il n'y a personne qni ne voulût être appellé sot comme je le suis. Cependant, Madame, il y a des graces moins détournées, des graces plus naturelles, que je voudrois bien recevoir. Tout le monde est presentement dans mes interêts. Madame Hyde vous tient quitte de l'assiduité que vous lui avez promise à ses couches, pourvû que vous vous portiez de bonne grace à m'obliger : Mademoiselle de Beverwert est prête à rendre des oracles en ma faveur. Il me semble que je la voi les cheveux en desordre, & les coëffes de côté; que je la voi toute émuë de son esprit, toute inspirée de son Dieu, vous dire imperieusement : baisez le vieillard, REINE; baisez-le.

Que ferez-vous, Madame ? Negligerés-vous les prieres, les avertissemens, les oracles ! Compterés-vous pour rien mes services, les dents que j'ai sau-
vées

vées (1), le charme de vos oreilles que j'ai découvert? Compterés-vous pour rien les précipices où je me suis jetté; les perils que j'ai courus; les douleurs que m'a donné vôtre maladie: douleurs qui égaloient pour le moins les vôtres? Mais ce qui est de plus important, n'aurés-vous aucun soin de vôtre salut? S'il est ainsi, Madame, plus de sainteté, plus de sagesse, plus de reconnoissance, plus de justice: Adieu toutes les vertus. Vous serez comme une simple femme, comme une petite coquette à qui une ride fait peur, & que des cheveux blancs peuvent effrayer.

Mais je m'allarme avec bien peu de raison. Vous n'avez rien des foiblesses de vôtre sexe. Vôtre ame tout-à-fait maîtresse de vos sens, peut les obliger malgré eux à faire mes plaisirs sans songer aux vôtres.

Je viens penetré de vos charmes,
Vous demander avec des larmes,
La grace d'un simple baiser,
Pouvez-vous me le refuser?

L'AMITIE'

(1) Mr. de Saint-Evremond empêcha Madame Mazarin de se faire arracher quelques dents.

## L'AMITIÉ
### SANS AMITIÉ,

*A Mr. le Comte de* SAINT-ALBANS (1).

J'Ai crû long-temps que les femmes avoient un assez grand avantage sur nous; en ce que nous ne sommes aimés que des moins sages, & que le plus sage des hommes a trouvé à propos de les aimer toute sa vie. Le plus galant de l'antiquité, le plus vertueux, le plus grand ; Alcibiade, Agesilas, Alexandre ont connu d'autres appas que ceux des Dames. Le plus magnanime des romains, Scipion, l'honneur d'une republique, à qui on ne peut rien reprocher que l'ingratitude qu'elle eut pour lui : Scipion est loüé d'une continence qui ne fut autre chose que le peu de goût, que le peu de sentiment qu'il eut pour elles. Cesar, qu'il suffit de nommer pour tout éloge, ne se montra difficile à aucun amour. Salomon fut bien éloigné de ces partages & de ces dégoûts :

---

(1) *Madame la Duchesse Mazarin fit imprimer cette piece à Londres en* 1681. *& y mit malicieusement ce titre.*

dégoûts : il s'attacha pleinement aux femmes, insensibles à tous autres charmes que les leurs.

C'est une chose assez surprenante, que les plus galans, les grands hommes, les gens-de bien, les magnanimes, ayent pû se passer de l'amour des femmes ; & comme si cet amour étoit reservé pour le caractere du sage, que Salomon en ait fait la plus ordinaire occupation de sa vie. Il est surprenant, je l'avouë ; mais après y avoir fait quelque refléxion, je n'y trouve rien qui doive étonner. Les galans de l'antiquité avoient une grande répugnance pour la sujetion. Amoureux de tous agrémens, ils se gardoient la liberté de penser differemment suivant leurs passions. L'amour des femmes auroit amoli le courage des grands hommes ; la vertu des gens-de bien en eût été alterée ; la grandeur d'ame des magnanimes en eût pû être affoiblie : mais la sagesse couroit peu de danger avec les femmes. Le sage superieur à leurs foiblesses, à leurs inégalités, à leurs caprices, sait les gouverner comme il lui plaît, ou il s'en défait comme bon lui semble. Tandis qu'il voit les autres dans la servitude, agités de quelque passion malheureuse, il goûte une douceur qui charme ses maux ; qui lui ôte le sentiment de mille ennuis, qu'on ne rend pas insensibles par la
raison.

raifon. Ce n'eſt pas qu'il ne puiſſe tomber en quelque erreur ; la nature humaine ne laiſſe à nôtre ame aucun état aſſuré : mais il n'eſt pas long-temps ſans retrouver ſes lumieres égarées, & ſans rétablir la tranquillité qu'il a perduë.

C'eſt ce qu'on a vû pratiquer à Salomon, lequel aima les femmes toute ſa vie, mais differemment, ſelon les temps differens. Etant jeune il eut la tendreſſe d'un amant. Ses expreſſions molles & amoureuſes le témoignent aſſez ; & il ſuffit de lire le CANTIQUE DES CANTIQUES pour s'en convaincre. Qu'on me pardonne ſi je n'y cherche pas un ſens myſtique. On ne me perſuadera jamais que Salomon ait voulu faire parler JESUS-CHRIST à ſon Egliſe avec des ſentimens plus mous & des expreſſions plus laſcives, que n'en ont eu Catulle pour Leſbie ; Ovide pour Corinne ; en vers plus tendres que ceux de Petrarque pour Laure ; plus galans que ceux de Voiture pour Belize. Je croi que Salomon ne parloit pas même à une épouſe : tant d'amour ; tant d'ardeur regardoit une maîtreſſe cherement aimée. Il aima moins toutefois qu'il ne fut aimé. Il avoit connu par l'expérience de ſes amours, que les femmes ſont plus paſſionnées que les hommes. C'eſt une verité dont l'Ecriture même a pris la peine de nous eſſurer : car

voulant

voulant exprimer les sentimens que David & Jonathan avoient l'un pour l'autre ; ils s'aimoient, dit-elle (1), de l'amour d'une femme : pour montrer que c'étoit le plus tendre des amours.

Salomon dans la vigueur de son âge, fait voir moins de tendresse & de sincerité dans ses affections. Il employa jusqu'à la réputation de sa sagesse pour se faire aimer. C'est par-là qu'il tira tant d'or de la Reine de Saba : de cette Reine, follement éprise de la sagesse ; qui voulut quitter son Royaume pour voir un sage. Comme Salomon approcha de la vieillesse, il changea de conduite avec les femmes. Lors qu'il eut perdu le merite de plaire, il s'en fit un d'obéïr. Il pouvoit commander ; il pouvoit contraindre : mais il ne voulut rien devoir à la puissance ; il voulut que la docilité & la soûmission lui tinssent lieu de ses agrémens passés. Tout Roi, tout sage qu'il est, il se soumet aux maîtresses sur ses vieux jours, croyant qu'en cet âge triste & malheureux,
il

---

(1) *Au second Livre de Samuel, ou des Rois chap. 1. vers. 26. Il y a dans l'Hebreu : l'Amour que vous aviez pour moi étoit extrême : il passoit l'amour des femmes. C'est David qui parle de son cher Jonathan, qu'il venoit de perdre.*

il faut se dérober autant qu'on peut à soi-même ; & qu'il vaut mieux se livrer aux charmes d'une beauté, qui enchante nos maux, qu'à des refléxions qui nous attristent, & à des imaginations qui nous effrayent.

Je n'ignore pas que Salomon a été blâmé de cette dernlere conduite : mais quoique sa raison parût affoiblie, il ne laissoit pas d'être sage à son égard. Il adoucissoit par-là ses chagrins ; flatoit ses douleurs ; détournoit des maux qu'il ne pouvoit vaincre ; & la sagesse, qui ne trouvoit plus les moyens de le faire heureux, se servoit utilement de diversions, pour le rendre moins miserable. A peine commençons-nous à vieillir, que nous commençons à nous déplaire par un dégoût qui se forme secrettement en nous, de nous-mêmes. Alors nôtre ame vuide d'amour propre, se remplit aisément de celui qu'on nous inspire ; & ce qui n'auroit plû que legerement autrefois par la résistance de nos sentimens, nous charme & nous assujettit dans nôtre foiblesse. C'est par-là que les maîtresses disposent à leur gré des vieux amans, & les femmes des vieux maris : c'est par-là que Syphax s'abandonna aux volontez de Sophonisbe, & qu'Auguste fut gouverné par Livie : & pour ne pas tirer tous mes exemples de l'antiquité,

quité, c'est ainsi que Monsieur de Senecterre (1), digne d'être nommé avec les Rois
& les Empereurs par le seul merite d'honnête homme ; c'est ainsi que ce courtisan
aussi sage que délicat & poli, se laissoit aller
mollement à l'amitié d'une jeune femme,
qu'il avoit épousée sur ses vieux jours. « Si
vous sçaviez, disoit-il à ses amis, quel est «
l'état d'un homme de mon âge, qui n'a que «
soi-même à se présenter dans la solitude, «
vous ne vous étonneriez pas que j'aye cher- «
ché une compagnie qui me plaît, à quelque «
prix que ce fût. » Je ne l'en blâmai jamais.
Comment blâmer une chose que Salomon a
autorisée par son exemple, & que Monsieur
le Maréchal d'Estrées vient d'autoriser par
le sien (2) ? Cependant malgré toutes ces
autorités, j'estimerois beaucoup une personne qui auroit assez de force d'esprit pour
conserver le goût de la liberté jusqu'à la fin
de ses jours.

Ce n'est pas qu'une pleine indépendance
soit toûjours loüable : de ces gens si libres
& si détachés, se font les indifferens & les
ingrats. Evitons l'assujettissement & la liberté

---

(1) Pere du Maréchal de la Ferté.
(2) Le Maréchal d'Estrées épousa en troisièmes nôces, & à l'âge de 91. ans, Gabriele de Longue-val, fille de Manicamp.

berté entiere, pour nous contenter d'une liaison douce & honnête, aussi agréable à nos amis qu'à nous-mêmes. Si on me demande plus de la chaleur & des soins, pour les interêts de ceux que j'aime; plus que mes petits secours, tout foibles qu'ils sont, dans les besoins; plus que la discretion dans le commerce, & le secret dans la confidence; qu'on aille chercher ailleurs des amitiés : la mienne ne sauroit fournir rien davantage.

Les passions violentes sont inégales, & font craindre le desordre du changement. En amour, il les faut laisser pour les Polexandres & les Cyrus dans les Romans : en amitié, pour Oreste & Pylade dans les comedies. Ce sont des choses à lire & à voir représenter, qu'on ne trouve point dans le monde : & heureusement on ne les y trouve pas, car elles y produiroient des avantures bien extravagantes.

Qu'a fait Oreste, ce grand & illustre exemple d'amitié : qu'a-t-il fait qui ne doive donner de l'horreur? Il a tué sa mere & assassiné Pyrrhus. Il est tombé en de si étranges fureurs, qu'il en coûte la vie aux comédiens, qui tâchent de les bien représenter (1). Observons avec attention la nature

(1) *Monfleuri fit de si grands efforts pour re-*

ture de ces attachemens uniques qu'on vante si fort, & nous trouverons qu'ils sont formés d'une mélancolie noire qui fait tous les misanthropes. En effet, se réduire à n'aimer qu'une personne, c'est se disposer à haïr toutes les autres : & ce qu'on croit une vertu admirable à l'égard d'un particulier, est un grand crime envers tout le monde. Celui qui nous fait perdre le commerce des hommes par un abandonnement pareil au sien, nous fait perdre plus qu'il ne vaut; eût-il un merite considerable. Faisons les désinteressés tant qu'il nous plaira ; renfermons tous nos desirs dans la pureté de nôtre passion, n'imaginant aucun bien qui ne vienne d'elle ; nous languirons cependant en cette belle amitié, si nous ne tirons de la societé generale, des commodités & des agrémens qui animent la particuliere.

L'union de deux personnes attachées entierement l'une avec l'autre ; cette belle union a besoin de choses étrangeres qui excitent le goût du plaisir, & le sentiment de la joye. Avec toute la sympathie du monde,

*tout*

---

présenter le personnage d'Oreste, dans l'AN-DROMAQUE de Racine, qu'il tomba malade & en mourut. La même chose étoit arrivée à Mondori dans une représentation de la MA-RIANE.

tout le concert, toute l'intelligence, elle aura de la peine à fournir la consolation de l'ennui qu'elle fait naître. C'est dans le monde, & dans un mélange de divertissement & d'affaires, que les liaisons les plus agréables & les plus utiles sont formées. Je fais plus de cas de la liaison de Monsieur le Maréchal d'Estrées & de Monsieur de Senecterre, qui ont vécu cinquante ans à la cour dans une confidence toûjours égale : je fais plus de cas de la confiance que Monsieur de Turenne a euë en Monsieur de Ruvigni, quarante ans durant ; que de ces amitiés toûjours citées, & jamais mises en usage parmi les hommes.

Il n'y a rien qui contribuë davantage à la douceur de la vie que l'amitié : il n'y a rien qui en trouble plus le repos que les amis, si nous n'avons pas assez de discernement pour les bien choisir. Les amis importuns font souhaiter les indifferens agréables. Les difficiles nous donnent plus de peine par leur humeur, qu'ils ne nous apportent d'utilité par leurs services. Les impérieux nous tyrannisent : il faut haïr ce qu'ils haïssent, fût-il aimable : il faut aimer ce qu'ils aiment, quand nous le trouverions desagréable & fâcheux. Il faut faire violence à nôtre naturel ; asservir nôtre jugement ; renoncer à nôtre goût ; & sous le beau nom de complaisance,

plaisance, avoit une soumission generale pour tout ce qu'impose leur autorité. Les jaloux nous incommodent. Ennemis de tous les conseils qu'ils ne donnent pas : chagrins du bien qui nous arrive sans leur entremise : joyeux & contens du mal qui nous vient par le ministere des autres. Il y a des amis de profession, qui se font un honneur de prendre nôtre parti sur tout : & ces vains amis ne servent à autre chose qu'à aigrir le monde contre nous, par des contestations indiscretes. Il y en a d'autres qui nous justifient, quand personne ne nous accuse : qui par une chaleur imprudente nous mettent en des affaires où nous n'étions pas ; & nous en attirent que nous voudrions éviter. Se contente qui voudra de ces amitiés ; pour moi je ne me satisfais pas d'une bonne volonté nuisible : je veux que cette bonne volonté soit accompagnée de discretion & de prudence. L'affection d'un homme ne raccommode point ce que sa sotise a gâté. Je lui rens graces de son zele impertinent, & lui conseille d'en faire valoir le merite parmi les sots. Si les lumieres de l'entendement ne dirigent les mouvemens du cœur, les amis sont plus propres à nous fâcher qu'à nous plaire ; plus capables de nous nuire que de nous servir.

Cependant on ne parle jamais que du cœur, dans tous les discours qu'on entend faire

faire sur l'amour & sur l'amitié. Les poëtes en deviennent importuns; les amans ennuyeux; & les amis ridicules. On ne voit autre chose à nos comédies que des filles de Roi, qui donnent le cœur, & refusent la main; ou des Princesses qui offrent la main, & ne sauroient consentir à donner le cœur. Les amans se rendent fades à demander éternellement la pureté de ce cœur; & les amis, érigez en précieux, le veulent avoir comme les amans. Ce n'est pas en connoître bien la nature : car pour un peu de chaleur mal reglée, pour quelque tendresse inégale & incertaine qu'il peut avoir, il n'y a caprice, ingratitude, infidelité, qu'on n'en doive craindre.

On nomme l'amour aveugle, fort mal-à-propos, n'en déplaise aux rêveries des poëtes, & aux fantaisies des peintres. L'amour n'est autre chose qu'une passion, dont le cœur fait d'ordinaire un méchant usage. Le cœur est un aveugle, à qui sont dûes toutes nos erreurs. C'est lui qui préfere un sot à un honnête-homme; qui fait aimer de vilains objets, & en dédaigner de fort aimables; qui se donne aux plus laids, aux plus difformes, & se refuse aux plus beaux, & aux mieux faits.

C'est

C'est lui qui par un nain a fait courir le monde,
A l'ami de Joconde (1).

C'est lui qui déconcerte les plus régulieres ; qui enleve les prudes à la vertu, & dispute les saintes à la grace. Aussi peu soûmis à la regle dans le convent, qu'au devoir dans les familles : infidéle aux époux ; moins sûr aux amans ; troublé le premier, il met le desordre & le deréglement dans les autres. Il agit sans conseil & sans connoissance : revolté contre la raison qui le doit conduire, & mû secrettement par des ressorts cachés, qu'il ne comprend pas, il donne & retire ses affections sans sujet ; il s'engage sans dessein ; rompt sans mesure, & produit enfin des éclats bizarres, qui deshonorent ceux qui les souffrent, & ceux qui les font.

Voilà où aboutissent les amours & les amitiés, fondées sur le cœur. Pour ces liaisons justes & raisonnables, dont l'esprit a sû prendre la direction, il n'y a point de rupture à appréhender : car ou elles durent toute la vie, ou elles se dégagent insensiblement, avec discrétion & bienséance. Il est certain que la nature a mis en nos cœurs quelque chose d'aimant, ( si on le peut dire ; )
quelque

(1) Voyez dans les CONTES DE LA FONTAINE, la nouvelle intitulée JOCONDE.

quelque principe secret d'affection; quelque fond caché de tendresse, qui s'explique, & se rend communicable avec le temps: mais l'usage n'en a été reçû & autorisé parmi les hommes, qu'autant qu'il peut rendre la vie plus tranquille & plus heureuse. C'est sur ce fondement qu'Epicure l'a tant recommandé à ses disciples : Que Ciceron nous y exhorte par ses discours, & nous y convie par des exemples : Que Seneque, tout rigide & tout austere qu'il est, devient doux & tendre, aussi-tôt qu'il parle de l'amitié : Que Montagne encherit sur Seneque, par des expressions plus animées : Que Gassendi explique les avantages de cette vertu, & dispose les lecteurs, autant qu'il lui est possible, à se les donner.

Toutes les personnes raisonnables ; tous les honnêtes gens imitent en cela les philosophes, sur le fondement que l'amitié doit contribuer plus qu'aucune autre chose à nôtre bonheur. En effet, on ne se détacheroit point en quelque façon de soi-même, pour s'unir à un autre, si on ne trouvoit plus de douceur en cette union, que dans les premiers sentimens de l'amour propre. L'amitié des sages ne voit rien de plus précieux qu'elle dans le monde. Celle des autres, impétueuse & déconcertée, trouble la paix de la société publique, & le plaisir des commerces

merces particuliers. C'est une amitié sauvage, que la raison désavouë, & que nous pourrions souhaiter à nos ennemis, pour nous venger de leur haine.

Mais quelque honnêtes, quelque reglés que soient les amis, c'est une chose incommode que d'en avoir trop. Nos soins partagés ne nous laissent ni assez d'application pour ce qui nous touche, ni assez d'attention pour ce qui regarde les autres. Dans l'épanchement d'une ame, qui se répand universellement sur tout, les affections dissipées ne s'attachent proprement à rien. Vivons pour peu de gens qui vivent pour nous : cherchons la commodité du commerce avec tout le monde, & le bien de nos affaires avec ceux qui peuvent nous y servir.

---

# LA PRUDE
## ET LA PRECIEUSE.
### A MADAME ***.

Pour un plaisir trop rare en commerce d'amour,
Une Dame galante est souvent décriée,
Quand la femme de bien, la prude mariée
Epuise chastement son époux nuit & jour.
 Dans leur volupté domestique

Si l'époux une fois tombe en quelque langueur,
 Aussi-tôt la prude se pique ;
Sa vertu se chagrine, & le fâcheux honneur
 De la bonne Dame pudique.
Ne laisse rien exemt de sa méchante humeur.
 Mais passons à la précieuse,
 Vestale à l'égard d'un amant ;
 Et solide voluptueuse
 Avec un mari peu charmant.
 Le jour sa belle ame épurée
 Vit d'un tendre desir, & d'une chere idée ;
 La nuit, elle prend soin du corps,
Animant d'un époux les vertueux efforts.
 L'appétit conjugal la presse,
 Et sa pudeur, d'un homme nu
 Souffre la robuste caresse :
 Mais ses façons & sa vertu
 Reprennent leur délicatesse,
 Si-tôt que le jour est venu.
 Par quelque secrete influence
 Qui se rend maîtresse des mœurs,
 C'est vôtre sort, mes cheres sœurs,
De joüir sans amour, d'aimer sans joüissance,
 J'en veux excepter les plaisirs.
 De vôtre amitié mutuelle,
 Qui tient souvent au dessous d'elle
 La simple douceur des desirs.
Nous ne vous plaignons point, ô cheres précieuses,
Qui dans les bras aimés de quelque tendre sœur
Savez goûter le fruit des peines amoureuses,
 Sans interesser vôtre honneur.
Nous plaignons, nous plaignons une Dame galante,
Discrete en ses amours, & rarement contente.
Elle a dans sa maison à souffrir le courroux,
Ou les soins inquiets d'un bizarre jaloux.
Pour des indifferens il lui faut se contraindre ;
Dissimuler ses maux ; ne parler que pour feindre ;

# DE SAINT-EVREMOND.

Voir toûjours son époux, & vouloir un amant :
Ah ! qui peut exprimer un si cruel tourment ?
  Aimer est une chose rude,
  Au prix du métier de la prude :
  La prude n'a point ces langueurs,
  Dont on voit sécher tant de cœurs ;
  Sa nuit se donne à la nature ;
  Tout le jour se passe en censure ;
  Elle blâme jusqu'aux desirs,
Et parlant de vertus, se creve de plaisirs.
  On condamne ce qu'elle blâme,
  Par respect à son jugement ;
  L'appétit lui tient lieu de flâme ;
  Elle joüit commodément :
  Si Dieu m'avoit fait naître femme,
  Je serois prude assurément.
Je pourrois bien aussi d'une sœur précieuse
  Vivre aimée autant qu'amoureuse :
  Mais quand le premier des Medors
Pour me toucher le cœur feroit tous ses efforts,
  Il me trouveroit inhumaine,
  Je rirois de ses vains soupirs,
  Et ferois tous les jours sa peine,
  Sans faire jamais ses plaisirs.

XIX. LETTRE
A MADEMOISELLE
DE L'ENCLOS.

VOTRE vie, ma très-chere, a été trop illuſtre, pour n'être pas continuée de la même maniere juſqu'à la fin. Que l'Enfer de Monſieur de La Rochefoucault ne vous épouvante pas (1); c'étoit un Enfer medité, dont il vouloit faire une maxime : prononcez donc le mot d'amour hardiment, & que celui de vieille ne ſorte jamais de vôtre bouche. Il y a tant d'eſprit dans vôtre lettre, que vous ne laiſſez pas même imaginer le commencement du retour. Quelle ingratitude d'avoir honte de nommer l'amour à qui vous devez vôtre mérite & vos plaiſirs ? Car enfin, ma belle gardeuſe de caſſette, la réputation de vôtre probité eſt particulierement établie, ſur ce que vous avez reſiſté à des amans qui ſe fuſſent accommodez volontiers de l'argent de vos amis

*Avoüez*

---

(1) *L'Enfer des femmes c'eſt la vieilleſſe, diſoit un jour le Duc de La Ro-* | *chefoucault à Mademoiſelle de l'Enclos.*

Avoüez toutes vos passions, pour faire valoir toutes vos vertus ; cependant vous n'avez exprimé que la moitié du caractere. Il n'y a rien de mieux que la part qui regarde vos amis ; rien de plus sec que ce qui regarde vos amans. En peu de vers, je veux faire le caractere entier ; & le voici formé de toutes les qualitez que vous avez, ou que vous avez euës.

 Dans vos amours, on vous trouvoit legere :
 En amitié toûjours fûre & sincere :
 Pour vos amans les humeurs de Venus :
 Pour vos amis les solides vertus :
 Quand les premiers vous nommoient infi-
  delle
 Et qu'asservis encore à vôtre loi,
 Ils reprochoient une flâme nouvelle,
Les autres se loüoient de vôtre bone foi.
 Tantôt c'étoit le naturel d'Helene :
 Ses appetits comme tous ses appas ;
 Tantôt c'étoit la probité Romaine,
 C'étoit d'honneur, la regle & le compas.
 Dans un convent en sœur dépositaire,
 Vous auriez bien menagé quelque affaire ;
 Et dans le monde à garder les dépots,
On vous eût justement preferée aux dévots.

Que cette Diversité ne surprenne point :

 L'indulgente & sage nature,
 A formé l'ame de Ninon
 De la volupté d'Epicure,
 Et de la vertu de Caton.

## XX. LETTRE A MR. JUSTEL (1).

JE suis ravi, Monsieur, de vous voir en Angleterre. Le commerce d'un homme aussi savant, & aussi curieux que vous, me donnera beaucoup de satisfaction : mais permettez-moi de n'approuver pas la resolution que vous avez prise de quitter la France, tant que je vous verrai conserver pour elle un si tendre & si amoureux souvenir. Quand je vous vois triste & désolé regretter Paris aux bords de nôtre Tamise, vous me remettez dans l'esprit les pauvres Israëlites, pleurant leur Jerusalem aux bords de l'Euphrate. Ou vivez heureux en Angleterre, par une pleine liberté de conscience; ou accommodez-vous à de petites rigueurs sur la religion en vôtre pays, pour y joüir de toutes les commodités de la vie.

Est-il possible que des images, des Ornemens, de legeres cerémonies ; que de petites

---

(1) *Mr. Justel*, homme de merite, & qui avait une grande connoissance des livres, se retira à Londres avec toute sa famille au mois d'Octobre 1681. Quelques années après il obtint la charge de bibliothecaire du Roy à Saint-James.

tites nouveautés superstiticüses à vôtre égard, dévotes au nôtre; que de certaines questions agitées avec plus de subtilité pour la réputation des docteurs, que de connoissance & de bonne foi pour nôtre édification; est-il possible, enfin, que des differences si peu considerables, ou si mal fondées, troublent le repos des nations, & soient cause des plus grands malheurs qui arrivent aux hommes? Il est beau de chercher Dieu en esprit & en verité; ce premier etre; cette souveraine intelligence mérite nos speculations les plus épurées; mais quand nous voulons dépagager nôtre ame de tout commerce avec nos sens, sommes-nous assurés qu'un entendement abstrait ne se perdre pas en des pensées vagues, & ne se forme plus d'extravagances, qu'il ne découvrira de verités? D'où pensez-vous que viennent les absurdités de tant de sectes, que des méditations creuses, où l'esprit au bout de sa réverie ne rencontre que ses propres imaginations?

Perdez, Monsieur, cette opposition chagrine & opiniâtre que vous avez contre nos images: les images arrêtent en quelque façon cet esprit si difficile à fixer. D'ailleurs il n'y a rien de plus naturel à l'homme que l'imitation; & de toutes les imitations, il n'y en a point de si legitime que celle d'une

peinture

peinture, qui nous représente ce que nous devons révérer. L'idée des personnes vertueuses nous porte à l'amour de leurs vertus, & fait naître en nous un juste désir d'aquerir la perfection qu'ils ont acquise. Il est des émulations de sainteté, aussi-bien que des jalousies de gloire : & si le portrait d'Alexandre anima l'ambition de Cesar à la conquête du monde, l'image de nos Saints peut bien exciter en nous l'ardeur de leur zele, & nous inspirer cette heureuse violence qui ravit les Cieux.

Chacun sait que Numa défendit toute sorte d'images dans les temples des Romains, & sa loi fut religieusement observée assez long-temps : mais il fallut revenir à la nature, qui se passe avec trop de peine de la représentation des objets, lorsque les objets lui manquent ; & les livres de ce Legislateur ayant été trouvés par hazard dans son sepulcre, on jugea plus à propos de les brûler, que de retourner à la secheresse de ces premieres institutions. Les Peres n'ont rien attaqué si vivement chez les payens, que les figures & les images : c'étoient des dieux de bois & de pierres : c'étoient des divinités peintes ; vains effets de la fantaisie ; travail impie de la main des hommes. Il est vrai qu'à peine le paganisme fut-il aboli, & la religion chrétienne établie,

blie, qu'on rappella l'usage des représentations tant condamnées, & un grand Concile tenu peu de temps après, en ordonna même la vénération (1).

J'avoüe que le Vieux Testament ne permettoit pas de rien former à la ressemblance de Dieu. Ce Dieu s'étoit peint lui-même dans le grand ouvrage de l'univers. Les Cieux, le Soleil, les Etoiles, les élemens étoient les images de son immensité & de sa puissance; l'ordre merveilleux de la nature nous exprimoit sa sagesse; nôtre raison, qui veut tout connoître, trouvoit chez elle quelque idée de cette intelligence infinie; & voilà tout ce qui pouvoit être figuré d'un Dieu, qui ne se découvroit aux hommes que par ses œuvres. Il n'en est pas ainsi dans la nouvelle alliance. Depuis qu'un Dieu s'est fait homme pour nôtre salut, nous pouvons bien nous en former des images, qui nous excitent à la reconnoissance de sa bonté & de son amour. Et en effet, si on a condamné, comme heretiques, ceux qui nioient son humanité, n'est-ce pas une absurdité étrange, de nous traiter d'idolâtres, pour aimer à la voir représentée? On nous ordonne de songer toûjours à sa passion: de

*mediter*

_____
(1) Le second Concile de Nicée tenu l'an 717. par les intrigues de l'Imperatrice Irene.

mediter toûjours sur ses tourmens ; & on nous fait un crime d'avoir des figures, qui en entretiennent le souvenir : on veut que l'image de sa mort soit toûjours presente à nôtre esprit, & on ne veut pas que nous en aïons aucune devant les yeux.

Vôtre aversion pour les ornemens de nos Prêtres, & pour ceux de nos Eglises, n'est pas mieux fondée. Ne savez-vous pas, Monsieur, que Dieu prit le soin d'ordonner lui-même jusqu'à la franche des habits du grand Pontife ? Nos habits pontificaux n'approchent point de ceux du grand Sacrificateur : & vous ne pardonneriez guére à nos Evêques un Pectoral & de petites clochetes, s'ils disoient la Messe avec ces beaux ornemens. Pour la pompe de nos Eglises, vous avez raison de la nommer vaine, si vous la comparez avec la magnificence solide du Temple de Salomon, où l'or & l'argent auroient pû servir de pierre à la structure de ce bâtiment si somptueux. Vôtre austerité n'est pas moins farouche à retrancher nos musiques, qu'à condamner nos images. Vous devriez vous souvenir que David n'a rien tant recommandé aux Israëlites, que de chanter les loüanges du Seigneur avec toutes sortes d'instrumens. La musique des Eglises éleve l'ame ; purifie l'esprit ; touche le cœur ; inspire, & augmente la devotion.

Lois

Lors qu'il s'agit d'un myſtere, ou d'un miracle, vous ne connoiſſez que les ſens & la raiſon : dans les choſes naturelles, qui conduiſent à la pieté, les ſens & la raiſon ſont vos ennemis. Là, vous donnez tout à la nature; ici, à la grace. Là, on ne vous allegue rien de ſurnaturel que vous ne traitiez de ridicule; ici, on ne vous dit rien d'humain, que vous ne trouviez profane & impie.

Les contrarietés, Monſieur, n'ont duré que trop long-temps. Convenez avec nous des uſages legitimement établis; & nous crierons avec vous contre des abus, qui s'introduiſent; contre un ſale interêt, des gains ſordides; contre des piéges tendus à la foibleſſe des femmes, & à la ſimplicité des hommes ſuperſtitieux & crédules. Que ceux à qui on reproche la corruption, travaillent à ſe donner de la pureté. Que ceux qui ont la vanité de ſe croire purs, s'accommodent à de petites altérations inſenſibles où tombe la condition humaine par neceſſité. Qu'ici, un catholique ne ſoit pas exterminé comme idolâtre ; que là, un proteſtant ne ſoit pas brûlé comme heretique. Il n'y a rien de plus juſte que d'adorer ce qu'on croit un Dieu ; il n'y a rien de moins criminel que de n'adorer pas ce qu'on croit ſimplement un ſigne ; & je ne ſai comment cette

*diverſité*

diversité de créance a pû causer des supplices si barbares, dans une religion toute fondé sur l'amour. Si ce sont-là des effets de zele, qu'on m'apprenne quels peuvent être ceux de la fureur?

Une partie des Peres s'est attachée au sens litteral de ces paroles, CECI EST MON CORPS : l'autre les a prise au sens figuré, dans un païs où l'on parloit presque toûjours par figure. La verité de ce que je dis se prouve très-clairement par les livres de Monsieur Arnaud, & de Monsieur Claude, où quand Monsieur Arnaud allegue un passage de quelque Pere, tout l'esprit & la dexterité de Monsieur Claude suffisent à peine pour l'éluder ; & lors que ce dernier en cite un autre avantageux à son opinion, toute la force & la vehemence de Monsieur Arnaud ne renversent point l'argument de Monsieur Claude. Cette difference de sentimens dans les Peres est manifeste. Il ne faut qu'avoir un peu de sens pour le connoître, & un peu de sincerité pour l'avoüer. Cependant, Monsieur, cette difference ne rompoit point la communion de l'Eglise, & tous ces Peres alloient religieusement ensemble recevoir les graces qui nous sont promises en ce sacrement.

Vous me direz, qu'il est difficile de convenir avec nous d'un corps sans figure, &
sans

sans extension : mais il est aisé de s'accommoder avec vous de vôtre manducation spirituelle ; de cette *foi qui mange réellement la substance de ce même corps ?* La difficulté est grande de tous côtés, & un miracle est aussi necessaire à vôtre opinion qu'à la nôtre. Laissez-nous donc la créance d'un mystere inconcévable ; & nous vous laisserons ce mélange bizarre de foi & de raison, inexplicable pour vous, & incompréhensible pour les autres. Que chacun demeure attaché à sa doctrine comme il lui plaira : mais accordons-nous dans l'usage du sacrement : les Peres en ont usé autrefois ainsi, pourquoi ne ferons-nous pas aujourd'huy la même chose ?

L'article de l'adoration n'y doit pas être un obstacle ; puisque la veritable adoration est un acte interieur, qui dépend de vous ; & sans la direction de vôtre esprit, & le mouvement de vôtre cœur, vous avez beau vous mettre à genoux, vous n'adorez rien. Si être à genoux étoit adorer, les enfans seroient idolâtres en Angleterre, pour aborder leur parens dans cette posture humble & soûmise ; un amant qui se met aux pieds de sa maîtresse feroit un acte d'idolâtrie ; & les Espagnols, dont les reverences sont des especes de genufléxions, seroient pour le moins des profanes. C'est par un rafinement de vôtre principe, que les Quakers n'ôtent leur chapeau ni aux Princes, ni aux Magistrats, dans l'appréhension qu'ils ont de communiquer à la créature, la gloire qui n'est dûë qu'au Créateur. Chose étrange ! que vos Messieurs, qui font une guerre ouverte à la superstition, tombent eux-mêmes dans une conduite plus superstitieuse, que celle qu'on impute aux catholiques les moins instruits. En effet, ne pas rendre le respect qu'on doit par un scrupule de religion mal fondé, est plus inexcusable, que d'en rendre trop par un zelé mal entendu.

Si j'avois été en la place des réformez, j'aurois reçû le livre de Monsieur de Comdom le plus favorablement du monde ; & après avoir remercié ce Prélat de ses ouvertures insinuantes, je l'aurois supplié de me fournir une catholicité purgée, & conforme à son EXPOSITION DE LA FOI CATHOLIQUE. Il ne l'auroit pas trouvée en Italie, en Espagne ni en Portugal ; mais il auroit pû vous la faire trouver en France, dégagée des superstitions de la multitude, & des inspirations des étrangers ; reglée avec autant de sagesse, que de pieté par nos loix, & maintenuë avec fermeté par nos Parlemens. Alors si vous craignez la puissance du Pape, les libertés de l'Eglise Gallicane vous en mettront à couvert ; alors sa Sainteté ne
sera

sera ni infaillible, ni arbitre souveraine de vôtre foi : là, elle ne disposera ni des états des Princes, ni du Royaume des Cieux à sa volonté : là, devenus assez Romains pour revérer avec une soûmission legitime son caractere & sa dignité, il vous suffira d'être François pour n'avoir pas à craindre sa jurisdiction.

Que si l'amour de la séparation vous possede encore, & que vous ne puissiez vous détacher en rien de l'habitude de vos sentimens, ne vous plaignez pas de ce qu'on vous ôte, comme d'une injustice ; remerciez de ce qu'on vous laisse, comme d'une grace. Le chagrin, les murmures, les oppositions sont capables d'avancer la ruine de vôtre parti : une conduite plus respectueuse, des interêts plus discretement ménagés que violemment soûtenus, pourroient arrêter le dessein de vôtre perte, s'il étoit formé. Les controverses ne font qu'aigrir les esprits. En l'état que sont les choses, vous avez besoin de bons directeurs, plus que de bons écrivains, pour vous conserver. Vos Peres ont mis tous leurs talens en usage, pour se faire accorder des privileges ; vôtre habileté doit être employée pour empêcher qu'on ne vous les ôte. L'audace, la vigueur, la fermeté ont sçû faire les premiers Protestans: le zele, la fidelité, la soûmission vous maintiendront

tiendront; & on souffrira comme obéïssans, ceux qu'on détruiroit comme rebelles. Enfin, Monsieur, si vous avez une religion douce & paisible, dans laquelle vous ne cherchiez que vôtre salut, il faut croire qu'on ne troublera point des exercices modestes & pieux : mais si, jalouse & querelleuse, elle attaque celle de l'Etat ; si elle reprend, censure, & condamne les choses les plus innocentes, je ne vous répons pas d'une longue indulgence, pour l'indiscretion d'une étrangere, injuste, & fâcheuse en ses corrections.

Une des premieres sagesses, & des plus commandées, c'est de respecter en tout païs la religion du Prince. Condamner la créance du souverain, c'est condamner le souverain en même tems. Un catholique Anglois, qui dans ses discours, ou dans ses écrits donne le nom d'heresie à la religion Anglicane, traite le Roi d'heretique, & lui fait une insulte dans ses propres Etats. Un Huguenot en France, qui traite la Religion Catholique d'idolatrie, accuse le Roi par une consequence necessaire d'être idolâtre : ce que les Empereurs payens même n'ont pû souffrir. Je ne trouve rien de plus injuste, que de persecuter un homme pour sa créance, mais je ne vois rien de plus fou, que de s'attirer la persecution.

Voulez-vous me croire, Monsieur, joüissez
paisiblement

paisiblement de l'exercice qu'on vous permet, tel qu'il puisse être; & soyez persuadé que les Princes ont autant de droit sur l'exterieur de la religion, qu'en ont les sujets sur le fond secret de leur conscience.

Si vous entrez bien dans la consideration de cette verité, un temple abbatu en Languedoc ne vous fera pas une injure ; Charenton conservé sera un bienfait. La fureur des opinions & l'opiniâtreté des partis ne sont pas pour un homme sage comme vous. Vôtre honneur & vôtre zele sont à couvert de tout reproche, parce que vous avez déja souffert ; & vous ne sauriez mieux faire, que d'aller fixer à Paris une religion errante & vagabonde, que vous avez traînée de païs en païs assez long-tems. Je vous exhorterois vainement à y renoncer, dans la disposition où vous êtes. Un sentiment comme naturel, qui se forme des premieres impressions ; l'attachement qu'on se fait par les anciennes habitudes ; la peine qu'on a de quitter une créance, dans laquelle on est nourri, pour en prendre une autre où l'on a vécu toûjours opposé ; une délicatesse de scrupule ; une fausse opinion de constance, sont des liens que vous romprez difficilement : mais laissez à vos enfans la liberté de choisir ce que vos vieux engagemens ne vous laissent pas. Vous vous plaignez de l'Arrêt qui les

oblige

oblige de faire choix d'une religion à sept ans, & c'est la plus grande faveur qu'on leur pouvoit faire. Par-là on leur rend la patrie que vous leur aviez ôtée ; on les remet dans le sein de la republique, d'où vous les aviez tirés, on les fait entrer dans le droit des honneurs & les dignités, dont vous les aviez exclus. Ne leur enviez donc point, Monsieur, des avantages que vous avez negligés ; & gardant pour vous vos opinions & vos malheurs, remettez le soin de leur religion & de leur fortune à la providence.

Où est le Pere qui n'inspire le zele de son parti, autant que celui de sa religion, à ses enfans ? Et que sait-on ce qui arrivera de ce zele, s'il s'en formera de la fureur ou de la pieté ; s'il produira des crimes ou des vertus ? Dans cette incertitude, Monsieur, remettez tout à la disposition d'une loi, qui n'a pour but que le bien public, & l'interêt particulier de vos familles. En effet, ne vaut-il pas mieux recevoir la religion des loix de son païs, que de la liberté de sa fantaisie, ou de l'animosité des factions où l'on se trouve, que de faire le premier point de sa foi de la haine des papistes, comme injustement vous nous appellez? Soyez sage, soyez prudent, quand les emportés devroient vous appeller tiéde ;

il vous convient d'achever en paix les jours qui vous restent. Dieu vous tiendra compte de vôtre repos ; car il se plaît à la sagesse qu'il a inspirée, & ne peut souffrir le zele indiscret, qui cause ou attire le trouble imprudemment.

---

# EPITRE XI
## A MADAME LA DUCHESSE MAZARIN.

### *Sur la Bassete.*

Qu'est devenu le tems heureux
Où la raison d'accord avec vos plus doux vœux,
Où les discours sensés de la philosophie,
Partageoient les plaisirs de vôtre belle vie !
 Les plus sages vous admiroient ;
 Les cœurs les plus durs soûpiroient ;
Et vous qui connoissiez les ressorts de vôtre ame,
Rendiez graces aux dieux de n'avoir rien de femme.
Non, vous n'en aviez rien ; vos charmes n'étoient pas
Sujets aux changemens des fragiles appas :
De ce fond de beauté, sans fard & sans mollesse,
Le ciel avoit voulu former une déesse.
 Vous n'aviez point de visions,

Point

Point de fausses impressions ;
Et la vanité rebutée
Alloit chercher ailleurs qui pût être flatée.
Vous jouïssiez en liberté
D'une heureuse tranquillité :
Enfin on vous trouvoit & trop sage & trop belle
Pour avoir rien d'une mortelle.
Cependant regardons la fin
De cette vertu si complete ;
Hortence jouë à la bassete
Aussi long-temps que veut Morin.
Que le Soleil vienne éclairer le monde,
Il vous voit la carte à la main :
Que lassé de son cours, il repose sous l'onde,
Vous veillez jusqu'au lendemain.
Plus d'opera : plus de musique :
De morale, de politique.
Chop (1) animal, traître & malin,
Des savans tient l'ame inquiete,
Et fait faire aussi-tôt retraite
Au grand & docte Van Benning.
(2) Vossius apportoit un traité de la Chine,
Où cette nation paroît plus que divine ;
Et vous auriez vû Rome en ses derniers écrits
Quarante fois au moins plus grande que Paris.
Justel plein des leçons de la rare critique

Qui

(1) *Dogue de Madame Mazarin.*

(2) *M. Vossius étoit extrémement prévenu en faveur de La Chine. Il prétendoit qu'en ce qui regarde l'esprit, les arts & les sciences, les Chi-* *nois l'emportoient sur tous les Européens. Son entêtement de la grandeur & du nombre des habitans de l'ancienne Rome n'étoit pas moins extraordinaire.*

Qui du Vieux Testament tout le fonds nous explique,
Etoit venu chercher au bruit de vôtre nom,
    Comment sans crainte & sans dommage
On feroit imprimer quelque nouvel ouvrage
    Du trop sçavant Pere Simon (1)
Leti (2) de Sixte-Quint vous présentoit l'histoire,
Tout prêt à travailler pour vôtre propre gloire,
Et vous pouviez tirer de son talent si beau
    Un caractere tout nouveau.
Que sert à ces Messieurs leur illustre science ?
A peine leur fait-on la reverence ;
Et les pauvres sçavans interdits & confus,
Regardent Mazarin qui ne les connoît plus.
    Tout se change ici-bas ; à la fin tout se passe ;
Les livres de ballette ont des autres la place,
Plutarque est suspendu, Don Quichote interdit ;
Montagne auprès de vous a perdu son credit ;
Racine vous déplaît, Patru vous importune ;
Et le bon La Fontaine a la même fortune.
    Qu'est devenu ce tems heureux
Où la raison d'accord avec vos plus doux vœux,
Où les discours sensez de la philosophie
Partageoient les plaisirs de vôtre belle vie!
                       Vous

---

(1) *L'histoire critique du Vieux Testament fut défenduë à Paris dans ce temps-là, & le Pere Simon désesperant d'obtenir un privilege pour sa Critique du nouveau Testament, avoit dessein de l'envoyer à son bon ami Mr. Justel pour la faire imprimer à Londres.*

(2) *Gregorio Leti, auteur de la vie de Sixte V. & d'une infinité d'autres ouvrages historiques & politiques, étoit à Londres dans le tems que Mr. de Saint-Evremond écrivit cette Epitre ; c'est-à-dire, en 1681.*

Vous n'avez écouté six ans que la raison,
La fantaisie esclave étoit comme en prison,
Indocile, à regret elle portoit sa chaîne,
Souffroit impatiente un ordre qui la gêne;
Haïssoit du repos le solide interêt,
Et vouloir établir le caprice qui plaît:
Trop libre, & maintenant à la bassete unie,
Elle usurpe le droit qu'avoit son ennemie;
Et la pauvre raison dans la captivité
De ce regne nouveau, souffre la dureté.
Vos sens plus désolés en ce triste esclavage,
Se plaignent avec elle, & souffrent davantage:
 On ôte au cœur tous ses tendres soûpirs,
 En lui donnant comme une autre nature;
 On fait le gain l'objet de ses desirs,
 Et la perte est sa peine la plus dure.
La bouche qui formoit la plainte des amans,
Ne sert plus qu'à fournir aux joüeurs des sermens.
Le goût est negligé: de bassete passée,
Le discours ennuyeux à l'oreille lassée,
Tandis que le bon-sens ou timide ou discret,
De tout ce qu'il entend ne juge qu'en secret.
Dans l'étroite union de ce commun martyre,
Quand la raison gémit, la volupté soûpire;
Déplorant à l'envi la perte d'une tour (1)
Où cent & cent douceurs se goûtoient chaque jour,
Sans qu'on y vît jamais vôtre ame possedée
Ni d'un faux sentiment, ni d'une vaine idée.
 Nous allions, il est vrai, sur de tranquilles eaux,
Chercher les raretés qu'apportoient les vais-
 seaux (2).          Mais

---

(1) C'étoit la maison de Madame Mazarin, que ses amis nommoient leur cour.

(2) Madame Mazarin aimoit fort à aller jusqu'à l'embouchure de la Tamise, pour voir les Vaisseaux qui revenoient des Indes, & y acheter des curiositez.

Mais vous n'exposiez point à la fureur de l'onde
Cette téte adorable, & chere à tout le monde.
Aujourd'hui vous bravez les plus fiers matelots,
Et ne craignez rien tant que le calme des flots.
Il faut des tems fâcheux ; il faut un grand orage ;
Vous haïriez la mer sans peril de naufrage ;
  Et l'on vous entendroit gemir
Si vous pouviez à l'aise & manger & dormir.
Vôtre ancien repos, vôtre délicatesse
Auroit bien mieux servi nôtre juste tendresse ;
  La nonchalante oisiveté
De crainte & de souci nous auroit exempté :
Au lieu que des dangers les funestes images
Ont marqué leur effet sur nos pâles visages ;
Que de vôtre Grenier même les folles peurs
Ont été de vrais maux à nos sensibles cœurs !
  Passons à la retraite.
  Madame est de retour,
  Et dès le même jour
  On jouë à la bassete.
D'abord le jeu commence avec tranquilité ;
Mais six tailles après chacun est demonté ;
Et chez les moins émus on voit bien-tôt détruite
Cette basse raison qu'on appelle conduite :
Par degrés toutefois on discerne aisément
Le different état du bel emportement.
En charmes seulement vous êtes sans seconde ;
Car vôtre cher amie (1) en marque si feconde
  Fait des paix & des doubles paix,
  Plus que vous n'en ferez jamais.
Vous pourriez égaler la vigueur qui l'anime
  A dire toûjours paroli,
Mais ne disputez rien à l'ardeur magnanime
Qui du sept-&-le-va pousse le coup hardi :
        Une

---

(a) *Mademoiselle de Beverwuert.*

Une ardeur si noble & si belle
N'appartient qu'à Mademoiselle.
Parlons sans raillerie : un peu de gravité :
Avez-vous résolu de perdre la santé ?
Vos yeux dont les mortelles armes
Coûtoient aux nôtres tant de larmes ;
Eux qui mettoient tout sous vos lois,
S'usent aujourd'hui sur un trois,
Et vôtre ame attentive à la carte qui passe
Tremble secrettement du peril de la face.
Beaux yeux, quel est vôtre destin !
Perirez-vous, beaux yeux, à regarder Morin ?
Cieux, daignez rétablir les séances de l'hombre !
Envoyez la bassete en ce royaume sombre,
Qu'on nomme les enfers :
C'est un nouveau tourment, c'est un nouveau sup-
plice,
Pour punir des démons l'infidéle malice,
Pire que leurs feux & leurs fers.
On verroit s'assembler les ombres criminelles
Autour d'un vieux démon qui tailleroit pour elles
Dans un noir & commun chagrin ;
La flâme d'un bucher serviroit de lumiere,
Et ces infortunés fermeroient la paupiere
Aussi peu que Morin.
Et vous Dames & Demoiselles.
Que l'amour trouve si rebelles,
Depuis la nouvelle fureur ;
Pouvez-vous écouter la voix triste, dolente,
Du malheureux qui se lamente,
D'être chassé de vôtre cœur ?
Si c'étoit pour être plus sages,
Que vous lui fissiez ces outrages ;
Si c'étoit par devotion,
Grands interêts, ambition,
Veritable desir de gloire,
Dessein de vivre dans l'histoire

Comme

Comme la femme de Petus (1)
Y vit encor par ses vertus ;
„ Amour, dirois-je, il faut se taire ;
„ Cedez au plus haut caractere :
„ Sentimens délicats & doux,
„ Molle passion taisez-vous :
Mais qu'une petite bassete
Triomphe ici de sa défaite,
Et le tienne en un rang si bas,
Amour ne le souffrira pas.
*Vous me quittez, dit-il, folles & je vous quitte.*
*Je pars avec Maroc (2) pour chercher ce merite.*

(1) *Arria, femme de Petus Cecinna, voyant son mari condamné à la mort pour avoir eu part à une conspiration contre l'Empereur Claude, prit un poignard, se l'enfonça dans le sein, & le présentant ensuite à Petus, lui dit que ce n'étoit pas le coup qu'elle venoit de se donner qui lui causoit de la douleur, mais celui qu'il alloit se donner lui-même.*

(2) *L'Ambassadeur du Roi de Maroc, qui étoit alors en Angleterre, & qui s'y fit beaucoup estimer par sa vivacité, par son esprit, & par sa politesse à manier un cheval. Il se nommoit Ha-met ben Hamet ben Habdou Attar. Quelque tems auparavant le Roi de Maroc avoit obligé l'Envoyé d'Angleterre de paroitre nuds pieds à l'Audience qu'il luy donna : Charles II. résolut d'en user de même à l'égard de cet Ambassadeur, & de s'en divertir. Il choisit un jour qu'il faisoit excessivement froid, ( le 2E. de Janvier 1682.) & le reçût dans une sale pavée de marbre, où son Excellence se tenoit tantôt sur un pied, tantôt sur l'autre, &c. Mr. de S. Olon dans son Etat présent de l'Empire de Maroc, l'appelle l'Alcay de Mehemet Adon-ben-Atar, &*

*Qui signala jadis le peuple Grenadin ;*
*Je vais chercher les feux dont une ame soupire,*
*Je vais trouver les cœurs dignes de mon Empire,*
*Et laisse pour jamais les vôtres à Morin.*

dit qu'il étoit alors (en 1693.) favori & premier Ministre du Roi de Maroc : Mr. de S. Olon ignoroit la plaisanterie de Charles II. & il parle de cette Audience avec tout le sérieux & toute la gravité d'un Ministre d'Etat. Voyez *l'Etat présent de l'Empire de Maroc*, page 72. & 123. 124. de l'Edition de Paris en 1694.

# LETTRE XXIX.

## A LA MESME.

J'Ai toûjours eu la conscience d'avoir soupçonné que vos yeux pouvoient s'user à la bassete.

  Vos yeux, dont les mortelles armes
  Coûtoient aux nôtres tant de larmes,
  Eux qui mettoient tout sous vos lois,
  S'usent aujourd'huy sur un trois ;
Et vôtre ame attentive à la carte qui passe,
Tremble secretement du peril de la face.
  Beaux yeux, quel est vôtre destin !
Perirez-vous, beaux yeux : à regarder Morin ?

C'est une question injurieuse qui m'a laissé un si grand scrupule, que pour me mettre l'esprit en repos, j'ai été obligé d'ajoûter quelques vers, qui montrent que vôtre beauté est incapable de recevoir aucune alteration.

  Beaux yeux quel est vôtre destin !
Perirez-vous, beaux yeux, à regarder Morin ?
Non : d'un charme éternel le fonds inépuisable
Vous rend malgré Morin chaque jour plus aimable ;
Sa bassete a détruit, bien, repos, liberté ;
Tout cede à son desordre hormis vôtre beauté ;
Tout se deregle en vous ; tout se confond par elle ;
Mais le déreglement vous rend encor plus belle :
Et lors que vous passez une nuit sans sommeil,

Plus brillante au matin que l'éclat du Soleil,
Vous nous laissez douter si sa chaleur feconde
Vaut le feu de vos yeux pour animer le monde.

N'appréhendez-pas, Madame, de perdre vos charmes à Nevvmarket. Montez à cheval dès cinq heures du matin : galopez dans la foule à toutes les courses qui se feront ; enroüez-vous à crier plus haut que Mylord Thomond (1) aux combats des coqs ; usez vos poumons à pousser des donne (2) à droit & à gauche, entendez tous les soirs ou la comédie de Henry VIII. (3) ou celle de la Reine Elizabeth (4) ; crevez-vous d'huitres à souper, & passez les nuits entieres sans dormir ; vôtre beauté qui est échapée à la bassete de Morin, se sauvera bien des fatigues de Nevvmarket.

Venons au grand Morin : parler de vos appas,
Est un discours perdu, vous ne l'écoutez pas,
A vôtre jeu fatal l'ame la plus sincere,
De tromper le tailleur fait sa premiere affaire ;
Et le noble tailleur autant & plus loyal,

*Sur*

---

(1) *Henry O Brian, Comte de Thomond en Irlande ; gand parieur aux combats des coqs.*

(2) *Expression angloise, qui en matiere de pari répond à nôtre va.*

(3) *Composée par le fameux Shakespear, mort* en 1616.

(4) *Composée par Thomas Heywood, qui fleurissoit sous les Regnes d'Elisabeth & de Jaques I. Toutes les pieces de théatre de ces tems-là sont extrémement longues & fort ennuyeuses.*

Sur l'argent du Metteur fait un dessein égal:
Il s'applique, il s'attache à ce doux exercice,
De voler son voisin sans craindre la justice,
Laissant d'un vieil honneur la scrupuleuse loi,
Et le grossier abus de toute bonne-foi,
Il établit ses droits dans la seule industrie,
Et l'adresse des mains est sa vertu cherie.
Tel est le vrai banquier: pour les nouveaux tail-
  leurs,
Ils quitteront bien-tôt ou banque ou bonnes
  mœurs.
Otez au grand Morin son subtil avantage,
La bassete pour lui sera pis que la rage;
Quoi qu'on ose lui dire il doit tout endurer,
Et chacun s'autorise à le désesperer.
Que sa langueur augmente avec sa jaunisse (1)
Il faut malgré son mal qu'il fasse son office.

### MORIN.

Madame, ze (2) me meurs.

### MADAME MAZARIN.

     Vous taillerez, Morin
Expirer en taillan est une belle fin :
Pour derniere oraison lors que vous rendrez l'ame,
Vous pourrez reclamer le valet ou la dame.
Quelle plus digne mort que d'être enseveli,
Après avoir gagné quelque gros paroli !
C'est par de si beaux coups qu'une celebre histoire,
Aux banques à venir portera vôtre gloire.
Mais c'est trop discourir, la bourse, Pelletier,
Et vous, Maître Morin, faites vôtre métier.

### MORIN.

---

(1) Morin se croyoit souvent malade; & il n'étoit pas possible que les veilles n'épuisassent un corps aussi fluet que le sien.

(2) Morin grasseyoit beaucoup, & se donnoit de grands airs ridicules.

Un moment de repos, Madame la Duſſeſſe,
Sacun vous le dira ; Madame la Comteſſe,
Et Monſieur de Verneüil & Monſieur de Bezon ;
Parbleu l'on m'auroit crû l'enfant de la maiſon (1)
C'étoit aſſurément toute une autre maniere,
Un petit compliment en forme de priere.
Monſieur, Monſieur Morin, dinez avecque nous ;
Ou bien quelque autre ſoſe d'honnête & de doux :
Ici z'entens gronder toûzours quelque tempête ;
Il faudra qu'à la fin ze lui caſſe la tête :
Si ze me porte mal, vous taillerez, Morin ;
Expirer en taillant eſt une belle fin.
Ah ! ce n'eſt pas ainſi que le banquier ſe traite,
Lors que l'on veut ſez ſoi tenir une baſſete.

## MADAME MAZARIN.

Monſieur, Monſieur Morin, l'enfant de la maiſon
De Monſieur de Verneüil, de Monſieur de Bezon ;
Sans petit Compliment en forme de priere,
Je vous dirai tout net d'une franche maniere ;
Il faut tailler, Morin, & tailler promptement,
Ou ſortir auſſi-tôt de mon appartement.
 Il taille, eût-il la mort peinte ſur le viſage :
Mais d'une main fidele il ne perd pas l'uſage ;
Et ſon œil attentif par un ſoin diligent
Aide la provençale (2) à s'attirer l'argent.
          Laiſſez

(1) Morin étoit de Beziers, & il avoit quelquefois joüé avec Monſieur le Duc de Verneüil, & avec Monſieur de Bezons. Le premier étoit Gouverneur de Languedoc, & l'autre en étoit Intendant.

(2) Maniere de mêler les cartes à la baſſete, venuë de Provence.

Laissez, ô grand Morin, parler toute la terre;
Que chacun par dépit vous déclare la guerre;
Que certains enchanteurs irrités contre vous,
Fassent passer la mer à tous vos billets doux;
Billets, que la noirceur d'une magie étrange,
A transformés à Londres en des billets de change (1)
Ne vous allarmez point, un plus grand enchanteur
S'est déclaré déja pour vôtre protecteur:
De Merlin & Morin le secret parentage
Vous donnera sur eux un entier avantage;
C'est par lui qu'à Saint James vous taillez hardiment;
C'est par lui qu'à Vvitte-hall vous dormez sûrement (2);
Par lui de Neumarket les routes détournées
Dans l'ombre de la nuit vous seront enseignées,
Et de son char volant les magiques ressorts
Transporteront Morin & Morice à Vvindsors (3).
Du géant Malambrun l'ordinaire monture,
Chevillard n'eut jamais une si douce allûre;
Et l'on ne vit jamais ce renommé coursier.
Porter si digne maître, & si rare écuyer.
Loin felons, malandrins, sorciers, races damnées,
Sur le bon Don Quichote autrefois déchaînées;

         Loin,

(1) Morin étoit venu de France fort endetté, & dès qu'on savoit qu'il avoit gagné au jeu, on lui envoyoit ses billets pour les acquitter.

(2) Morin perdoit quelquefois de si grosses sommes, qu'il n'osoit paroître que dans les lieux privilegiez.

(3) Quand la cour étoit à Nevvmarket, & que Morin vouloit y aller, il faisoit souvent ce voyage la nuit de peur de ses Créanciers, & prenoit avec lui un valet de chambre de Madame Mazarin, nommé Morice, qui étoit un bouffon assez plaisant.

Loin, maudits enchanteurs, restes de La Voisin, (1)
Députés de satan pour tourmenter Morin,
Sortez d'ici, méchans, abandonnez une Isle
Où tant de gens de bien ont cherché leur azile ;
Vos pieges decevans sont ici superflus,
Fourbes, retirez-vous, & ne revenez plus.

  Mais plutôt, cher Morin, forcez cette canaille
D'adorer dans vos mains les vertus de la taille ;
Produisez devant eux un miracle nouveau,
Plus fort que leur magie, & plus grand & plus beau.
Découvrez à leurs yeux les monceaux de Guinées,
Des banques par vos loix sagement gouvernées :
Un valet bien soûmis à l'ordre de vos doigts,
Qui pour vous obéïr perdra les quatre fois ;
Il fera toûjours voir par son obéïssance
Que l'on peut luy donner une entiere confiance.
Une dame attachée à tous vos interêts,
Fera pour vous autant qu'auront fait les valets ;
Elle saura fournir à la magnificence
Que vous nous faites voir tous les jours de naiſ-
    sance ;
Elle vous fournira frange, point de Paris,
Boucles de diamans & boutons de rubis ;
Elle vous fournira des repas pour les dames
Qui sçavent contenter vos amoureuses flâmes ;
Nymphes, dont le merite & le charme divin
Vous ont fait oublier feu la dame Morin.
Quatre Rois aujourd'hui devenus tributaires
Font leur soin principal d'avancer vos affaires,
Travaillent à l'envi d'un zele assez égal,
A qui remplira mieux vôtre trésor Royal ?
Enfin dans vôtre état tout ce qui fait figure,
Ou ce qui n'en fait point, est vôtre créature ;
Et par cette raison Madame Mazarin
Vous nomme & nommera toûjours le grand
    Morin.     Après

  (1) *La Voisin fut brûlée à Paris pour sortilege.*

Après m'être élevé au genre sublime, pour donner des loüanges aux vertus de mon heros, vous trouverés bon, Madame, que je descende à la naïveté du stile ordinaire, pour vous rendre compte de la volatille de vôtre maison.

Le pretty (1) ne se porte pas mal : mais comme c'est un oiseau fort bien né, & qui vient assurément de bon lieu, il se plaint modestement d'être abandonné à une servante, au sortir des mains délicates de Mademoiselle S***. Ce n'est pourtant pas-là son plus grand chagrin ; il ne voit plus Madame ; il ne peut plus voler après elle, ou la suivre à la trace sur ses petits pieds ; voilà sa douleur. On n'oublie rien pour le consoler : on lui donne du thé tous les matins ; mais ce n'est pas sur vôtre lit, il a réglément son bœuf à dîner ; mais ce n'est pas sur vôtre table. Rien ne peut consoler son affliction, que l'esperance de vôtre retour.

Ma premiere visite se fait au pretty : la seconde aux poules, qui sont bien les plus honnêtes poules que j'aye vûës de ma vie. Elles preferent un vieux coq tout couvert de playes ; un vieux soldat estropié, qui pourroit demander place aux invalides de Nevvmarket ; elles le preferent à un jeune

_____
(1) *Perroquet de Madame Mazarin.*

*Tome IV.*        N        galant;

galant; à la plus belle crete, & la plus belle queuë du monde. Il faut que je me satisfasse de ma condition, telle qu'elle est; mais si j'avois à choisir, j'aimerois mieux être vieux coq parmi ces vertueuses poules, que vieil homme parmi les Dames. Cette consideration me fait visiter vos poules deux fois le jour, & là par une fausse idée je m'applique en quelque façon la nature & le bonheur de vôtre coq. Il marche avec une gravité extraordinaire, glorieux du respect qu'on lui rend; fort content de lui-même. Nous n'avons point de terme en nôtre langue, qui puisse bien exprimer cette satisfaction grave & composée qui se répand sur tout l'extérieur : l'Ufano des Espagnols y seroit tout-à-fait propre : mais je ne sai si Monsieur Pussi (1) permettroit qu'on s'en servît pour d'autre que pour lui.

Si vous me donnez quelque commission ajoûtée à celle que j'ai reçûë pour avoir soin de la volatille, il n'y a personne au monde qui s'en acquitte si ponctuellement que moi. Ma guenon devient plus maigre que je ne voudrois, & sans l'attachement que j'ai auprès d'elle, elle seroit morte il y a long-temps.

PENSEES,

(1) Le chat de Madame Mazarin.

# PENSE'ES, SENTIMENS, MAXIMES.

## SUR LA SANTE'.

### I.

SI vous avez quelque soin de la délicatesse de vôtre goût, & de l'interêt de vôtre santé, vous ne mangerez que des viandes naturelles sans mélange aucun, mais exquises par leur bonté propre, & par la curiosité de vôtre choix.

### II.

Que tous les potages gommés, précis ragoûts, hors-d'œuvres, & généralement toutes compositions de cuisine, soient bannies de vôtre table, pour éviter des maladies qu'on ignoroit autrefois dans la simplicité des repas.

### III.

La diversité des vins peut être agréable quelquefois; jamais utile: soyez temperant & délicat; bûvez peu de vin, mais excellent, & le plus long-temps du même qu'il sera possible.

### IV.

Les vins de Champagne sont les meilleurs. Ne poussez pas trop loin ceux d'Ay. Ne commencés pas trop-tôt ceux de Rheims. Le froid conserve les esprits des vins de riviere. Les chaleurs emportent le goût de terroir des vins de montagne.

### V.

Vous ne sauriez avoir trop d'attention pour le regime : trop de précaution contre les remedes. Le regime entretient la santé & les plaisirs : les remedes sont des maux présens, dans une vûë assez incertaine du bien à venir.

### VI.

Les plaisirs & le regime doivent avoir une espece de concert, & une proportion assez juste. Les plaisirs déreglés mettent la nature en désordre, & une exactitude séche & triste ternit les esprits, & insensiblement les éteint.

*Sur l'Amour.*

### VII.

Ayons autant d'amour qu'il en faut pour nous animer ; pas assez pour troubler nôtre repos. Le cœur nous a été donné pour aimer,

mer, ce qui est un mouvement agréable; non pas pour souffrir, ce qui est un sentiment douloureux.

### VIII.

C'est aller contre l'intention de la nature, que de faire nôtre tourment d'une chose dont elle a voulu faire nôtre plaisir.

### IX.

Les voluptueuses sentent moins leur cœur que leurs appétits : les précieuses pour conserver la pureté de ce cœur, aiment leurs amans tendrement sans joüissance, & joüissent de leurs maris solidement avec aversion.

## *Sur la Dévotion.*

### X.

Les Dames galantes qui se donnent à Dieu, lui donnent ordinairement une ame inutile qui cherche de l'occupation, & leur dévotion se peut nommer une passion nouvelle, où un cœur tendre qui croit être repentant, ne fait que changer d'objet à son amour.

### XI.

Quand nous entrons dans la dévotion, il nous est plus aisé d'aimer Dieu que de le bien servir. La raison en est, que nous conservons un cœur accoûtumé à l'amour; &

une ame qui avoit beaucoup d'habitude avec les vices. Le cœur ne trouve rien de nouveau dans ses mouvemens : il y a beaucoup de nouveauté, pour une ame déréglée, dans les sentimens de la vertu. Ainsi quelque changement qu'il paroisse, on est toûjours le même qu'on a été. On aime comme on aimoit : on est injuste, superbe, vindicatif, & interessé, comme on l'étoit auparavant.

### XII.

La vraye dévotion est raisonnable & bienfaisante : plus elle nous attache à Dieu, plus elle nous porte à bien vivre avec les hommes.

### XIII.

La vie des religieux est la même pour la regle ; mais inégale par l'inégalité de l'assiete où se trouvent les esprits.

### XIV.

Le doute a ses heures dans le couvent : la persuasion les siennes. Il y a des tems où l'on pleure les plaisirs perdus, des tems où l'on pleure les pechez commis.

*Sur la Mort.*

### XV.

La meilleure de toutes les raisons pour se resoudre à la mort, c'est qu'on ne sauroit l'éviter. La philosophie nous donne la force d'en dissimuler le ressentiment, & ne l'ôte pas : la religion y apporte moins de confiance que de crainte.

### XVI.

A juger sainement des choses, la sagesse consiste plus à nous faire vivre tranquillement, qu'à nous faire mourir avec constance.

### XVII.

Les belles morts fournissent de beaux discours aux vivans, & peu de consolation à ceux qui meurent :

Attendant la rigueur de ce commun destin,
Mortel, aime la vie, & n'en crains pas la fin.

## XXIV. LETTRE A MADAME LA DUCHESSE MAZARIN.

*Le premier Jour de l'An.*

JE vous souhaite une heureuse année, quand je ne puis en avoir de bonnes, ni en esperer de longues. C'est une méchante condition, Madame, d'être mal satisfait du présent, & d'avoir tout à craindre de l'avenir : mais je me console de ce malheur, par la pensée que j'ai de me voir bien-tôt en état de vous servir. Vous savez que vous n'avez point de serviteur si dévoüé que moi en ce monde ; mes vers vous apprendront que je ne serai pas moins attaché à vos interêts dans l'autre. Comptez donc sur mon ombre, comme sur ma personne ; & soyez assurée d'une fidelité éternelle jointe à une égale discretion. Je ne viendrai point vous importuner au jeu par ma présence : je ne viendrai point vous effrayer par des apparitions : je ne vous troublerai point par des songes, & n'inquiéterai en quelque maniere que ce puisse être, le peu d'heures que la bassete vous laisse pour le sommeil.

Voilà des effets de ma discretion, apprenez ceux de mon zéle. Je vais déclarer la guerre à Héléne & à Cléopatre pour l'amour de vous. Je vais réduire des rebelles, & remettre des indociles dans le devoir. Mais pour cela, Madame, j'ay besoin d'une instruction que je vous demande dans mes vers : vous ne sauriez me l'accorder trop promptement ; autant de tems que vous tarderez à me la donner, autant de retardement apporterez-vous à vôtre gloire.

  Je n'apperçois que ma raison (1)
  Trop long-temps au corps asservie,
  Est prête à quitter sa prison,
Pour goûter le bonheur d'une plus douce vie.

  Bien-tôt je verrai ces beautés
  Qui sont dans les champs élisées,
D'un repos éternel & de biens enchantés,
  Heureusement favorisées.

  Je verrai dans ces lieux charmans
  Les Hélénes, les Cléopatres,
  Dont les fameux évenemens
  Font tant de bruit sur nos théatres.

  Là, s'informant de vos beaux yeux,

Et

---

(1) *Ces Stances sont imitées de l'Epigramme de Maynard au Cardinal* de Richelieu : ARMAND L'AGE AFFOIBLIT MES YEUX, &c.

Et de tous les traits d'un visage
Qui nous est donné par les dieux,
Comme leur plus parfait ouvrage ;
Elles sauront que vos appas,
Auroient ôté Paris à son aimable Heléne ;
Qu'Antoine, que César près de vous n'auroient pas
Regardé seulement le sujet de leur peine ;
Et vous auriez sauvé d'un funeste trepas,
Deux heros malheureux que perdit cette Reine.

Rome a là des objets également connus,
  Sa Virginie, & sa Lucrece :
Mais pour avoir suivi de farouches vertus,
Elles gardent encor certain air de rudesse,
Et leurs rares attraits odieux à Venus,
Ne joüiront jamais de la douce mollesse.

Sachant que j'ai l'honneur d'être connu de vous,
Elles voudront savoir si quelque amour trop vaine,
De jeu, d'amusement, ou de plaisir trop doux
N'ont pas gâté l'esprit d'une Dame Romaine.

  Je leur dirai que vôtre cœur,
  Est digne de leur république ;
  Ferme & constant comme le leur,
  Mais plus noble & plus magnifique.

  Je dirai que du plus beau corps,
  Et de l'ame la plus parfaite,
  Nous voyons en vous les accords ;
Et je ne dirai pas un mot de la bassete.

  Je leur dirai que Brute & Collatin,
  Sont fort de vôtre connoissance ;
  Que d'Appius vous savez le destin
  Et comment finit sa puissance :

*Mais*

Mais pour Coné, Mazenot, & Morin (1).
Ils seront passez sous silence.

Dê-là j'irai chercher les beautés de nos jours,
Marion, Montbazon, modernes immortelles,
   A qui nous donnerons toûjours,
L'honneur d'avoir été de leur tems les plus belles.

   Je pense voir leurs déplaisirs,
   Je voi déja couler leurs larmes ;
   Et le sujet de leurs soupirs,
C'est d'entendre parler tous les jours de vos charmes.

   Vous qui venez du séjour des mortels,
( Me dira-t-on dans une humeur chagrine, )
Nous cherchez-vous pour parler des autels
Dressez par tout à vôtre MAZARINE.

Ah ! c'est nous faire un enfer de ces lieux,
   Qu'on destinoit aux ames fortunés :
   Le mal que nous causent ses yeux,
Est plus grand mille fois que celui des damnées.

„ OMBRES, goûtez-le bien d'avoir jadis été
  „ Les merveilles de nôtre France :
  „ Heureuse est une vanité,
  „ Que la mort met en assurance !

  „ Si le jour vous étoit resté,
„ Vous en auriez haï la triste joüissance ;
„ Ou du moins auriez-vous cherché l'obscurité,
„ Pour ne pas voir l'éclat de la divine Hortence.
                  „ Mais

(1) *Les trois tailleurs* | Mazarin.
*de bassete de Madame* |

„ Mais que servent enfin tous ces chagrins jaloux ?
„ Le grand maître de la nature,
„ Ne pourra-t'il former rien de plus beau que
vous,
„ Sans attirer vôtre murmure ?

„ Heléne auroit plus de raison
„ De murmurer & de se plaindre,
„ Que Madame de Montbazon ;
„ Cependant elle sait sagement se contraindre.

„ Celle qui put armer cent & cent potentats,
„ Qui d'Hector & d'Achille anima la querelle ;
„ Qui fit faire mille combats,
„ Où les dieux partagés étoient pour ou contre
elle ;

„ Heléne à Mazarin ne le dispute pas,
„ Et vous aurez un cœur rebelle,
„ Vous qui borniez l'honneur de vos appas,
„ Au peu de bruit que fait une ruelle ?

A ces mots sans rien contester,
Nos ombres baisseront la tête,
Et docile pour m'écouter,
Chacune aussi-tôt sera préte.

Je dirai que vos yeux pourroient tout enflammer,
Et comme ceux d'Heléne armer toute la terre :
Mais vous aimez mieux la charmer,
Que la désoler par la guerre.

Je leur dirai que tous nos vœux,
S'adressent à vous seule au milieu de nos Dames ;
Que nos plus forts liens se font de vos cheveux,
Que le front, le sourcil, ont leur droit sur nos
ames.

Je

Je dirai que tous les amans,
Voudroient mourir sur une bouche
Qu'environnent mille agrémens ;
Et de qui le charme nous touche.

De la gorge & du coû, ( ce miracle nouveau, )
L'orgueilleuse beauté sera bien exprimée :
Les bras, les mains, les pieds dignes d'un corps
 si beau,
Auront aussi leur part à vôtre renommée.

La chose jusques-là ne peut mieux se passer,
Et leur confusion ne peut être plus grande.
 Mais si voulant m'embarrasser,
 Elles me font une demande ;
 Si Marion veut s'informer
De cet endroit caché qui se dérobe au monde.
 Et que je n'ose ici nommer ;
 Que voulez-vous que je réponde ?

Là ma connoissance est à bout ;
Et je devrois connoître tout :
O belle ! ô genereuse Hortence !
Sauvez-moi de cette ignorance.

## A LA MESME, xxv.

*Pour la détourner du dessein qu'elle avoit de se retirer dans un Convent.*

JE ne sai, Madame, si le titre d'amitié sans amitié, que vous avez donné à mon écrit lui convient (1) : mais je sai bien qu'il

(1) *Voyez ci-dessus dans ce même tome, page* 100.

ne convient pas à mes sentimens, & particulierement à ceux que vous m'inspirez, je les abandonne à vôtre penétration. L'état où je suis ne me laisse pas la force de les exprimer.

Depuis ce soir malheureux que vous m'aprîtes la funeste resolution que vous voulez prendre, je n'ai pas eu un moment de repos; ou pour mieux dire, vous m'avez laissé une peine continuelle; une agitation bien plus violente que la perte du repos, qui seroit une assez grande affliction pour tout autre que pour moi. La premiere nuit de vôtre trouble je ne fermai pas les yeux; & ils furent ouverts pour verser des larmes. Les nuits suivantes, je dormois quelques heures d'un sommeil inquiet par un sentiment secret de mes douleurs; & je ne m'éveillois pas si-tôt, que je retrouvois mes soupirs, mes pleurs, & tous les tristes effets de mon tourment. Je les cache le jour autant que je puis; mais il n'y a point d'heure qu'ils n'échappent à la contrainte que je leur donne: & voilà, Madame, cet homme si peu animé: ce grand partisan des amitiez commodes & aisées. Comment est-il possible que vous quittiez des gens que vous charmez, & qui vous adorent? des amis qui vous aiment mieux qu'ils ne s'aiment eux-mêmes, pour aller chercher des inconnus qui vous déplairont, & dont vous serez peut-être outragée? Songez-vous, Madame, que vous vous jettez dans un convent, que Madame la Connétable avoit en horreur. Si elle y rentre, c'est qu'il y faut rentrer ou mourir, sa captivité présente, toute affreuse qu'elle est, luy semble moins dure que cet infortuné séjour : & pour y aller, Madame, vous voulez quitter une cour où vous êtes estimée, où l'affection d'un Roi doux & honnête vous traite si bien; où toutes les personnes raisonnables ont du respect & de l'amitié pour vous. Songez-y, Madame : le jour le plus heureux que vous passerez dans le convent, ne vaudra pas le plus triste que vous passerez dans vôtre maison.

Encore si vous étiez touchée d'une grace particuliere de Dieu, qui vous attachât à son service, on excuseroit la dureté de vôtre condition par l'ardeur de vôtre zele, qui vous rendroit tout supportable : mais je ne vous trouve pas persuadée ; & il vous faut apprendre à croire celui que vous allez servir si durement. Vous trouverez toutes les peines des religieuses, & ne trouverez point cet époux qui les console. Tout époux vous est odieux, & dans le convent, & dans le monde. Douter un jour de la félicité de l'autre vie, est assez pour désesperer la plus sainte fille d'un convent ; car la foi seule la fortifie, & la rend capable de supporter les mortifications qu'elle se donne. Qui sait, Madame, si vous croirez un quart-d'heure ce qu'il faut qu'elle croye toûjours pour n'être pas malheureuse ? Qui sait si l'idée d'un bonheur promis aura jamais la force de vous soûtenir contre le sentiment des maux presens.

Il n'y a rien de plus raisonnable à des gens veritablement persuadez, que de vivre dans l'austerité, qu'ils croient necessaire pour arriver à la possession d'un bien éternel : & rien de plus sage à ceux qui ne le sont pas, que de prendre ici leurs commoditez, & de gouter avec moderation tous les plaisirs où ils sont sensibles. C'est la raison pourquoi les Philosophes qui ont crû l'immortalité de l'ame, ont compté pour rien toutes les douceurs de ce monde ; & que ceux qui n'attendoient rien après la mort, ont mis le souverain bien dans la volupté. Pour vous, Madame, vous avez une philosophie toute nouvelle. Opposée à Epicure, vous cherchez les peines, les mortifications, les douleurs : contraire à Socrate, vous n'attendez aucune récompense de la vertu. Vous vous faites religieuse, sans beaucoup de religion : vous méprisez ce monde ici, & vous ne faites pas grand cas de l'autre. A moins que vous n'en ayïez trouvé un troisiéme fait pour vous, il n'y a pas moyen de justifier vôtre conduite.

Il faut, Madame, il faut se persuader

avant que de se contraindre : Il ne faut pas souffrir sans savoir pour qui l'on souffre. En un mot, il faut travailler sérieusement à connoître Dieu avant que de renoncer à soi-même. C'est au milieu de l'univers que la contemplation des merveilles de la nature vous fera connoître celui dont elle dépend. La vûë du Soleil vous fera comprendre la grandeur & la magnificence de celui qui l'a formé : cet ordre si merveilleux & si juste ; cet ordre qui lie & entretient toutes choses, vous donnera la connoissance de sa sagesse. Enfin, Madame, dans ce monde que vous quittez, Dieu est tout ouvert & tout expliqué à nos pensées. Il est si resserré dans les monasteres, qu'il se cache au lieu de se découvrir, si déguisé par les basses & indignes figures qu'on lui donne, que les plus éclairés ont de la peine à le reconnoître. Cependant une vieille supérieure ne vous parlera que de lui, & ne connoîtra rien moins ; elle vous commandera des sottises ; & une exacte obéïssance suivra toûjours le commandement, quelque ridicule qu'il puisse être. Le directeur ne prendra pas moins d'ascendant sur vous, & vôtre raison humiliée se verra soûmise à une ignorance présomptueuse. La raison, ce caractere secret, cette image de Dieu que nous portons en nos ames, vous fera passer pour rebelle, si vous ne revêtez l'imbecillité l'imbecillité de la nature humaine en ce directeur. De bonnes sœurs trop simples vous dégoûteront; des libertines vous donneront du scandale : vous verrez les crimes du monde, helas ! vous en aurez quitté les plaisirs.

Jusqu'ici vous avez vécu dans les grandeurs & dans les délices : vous avez été élevée en Reine, & vous meritiez de l'être. Devenuë heritiere d'un ministre qui gouvernoit l'univers, vous avez eu plus de bien en mariage, que toutes les Reines de l'Europe ensemble n'en ont porté aux Rois leurs époux. Un jour vous a enlevé tous ces biens; mais vôtre mérite vous a tenu lieu de vôtre fortune, & vous a fait vivre plus magnifiquement dans les païs étrangers, que vous n'eussiez vécu dans le nôtre. La curiosité, la délicatesse, la propreté, le soin de vôtre personne, les commodités, les plaisirs ne vous ont pas abandonnée : si vôtre discretion vous a défendu des voluptez, vous avez cet avantage, que jamais faveurs n'ont été si désirées que les vôtres.

Que trouverez-vous, Madame, où vous allez ? Vous trouverez une défense rigoureuse de tout ce que demande raisonnablement la nature, de tout ce qui est permis à l'humanité. Une cellule, un méchant lit, un plus détestable repas, des habits sales &

puants

puants remplaceront vos délices. Vous serez seule à vous servir, seule à vous plaire au milieu de tant de choses qui vous déplairont; & peut-être ne serez-vous pas en état d'avoir pour vous la plus secrete complaisance de l'amour propre : peut-être que vôtre beauté devenuë toute inutile ne se découvrira ni à vos yeux, ni à ceux des autres.

Cependant, Madame, cette beauté si merveilleuse, ce grand ornement de l'univers ne vous a pas été donné pour le cacher. Vous vous devez au public, à vos amis, à vous-même. Vous êtes faite pour vous plaire, pour plaire à tous; pour dissiper la tristesse, inspirer la joye, pour ranimer generalement tout ce qui languit. Quand les laides & les imbeciles se jettent dans les convents, c'est une inspiration divine qui leur fait quitter le monde, où elles ne paroissent que pour faire honte à leur auteur. Sur vôtre sujet, Madame, c'est une vraye tentation du diable, lequel envieux de la gloire de Dieu, ne peut souffrir l'admiration que nous donne son plus bel ouvrage. Vingt ans de Pseaumes & de Cantiques chantez dans le chœur, ne feront pas tant pour cette gloire, qu'un seul jour que vôtre beauté sera exposée aux yeux du monde. Vous montrer est vôtre veritable vocation :

c'est le service que vous devez à Dieu ; c'est le culte le plus propre que vous puissiez lui rendre. Si le temps a le pouvoir d'effacer vos traits, comme il efface ceux des autres ; s'il ruine un jour cette beauté que nous admirons, retirez-vous alors ; & après avoir accompli les volontez de celui qui vous a formée, allez chanter ses loüanges dans le convent. Mais suivez la disposition qu'il a faite de vôtre vie ; car si vous prévenez l'heure qu'il a destinée pour vôtre retraite, vous trahirez ses intentions, par une secrete complaisance pour son ennemi.

Un de vos grands malheurs, Madame, si vous écoutez cet ennemi, c'est que vous n'aurez à vous prendre de tous vos maux qu'à vous-même. Madame la Connétable rejette les siens sur la violence qu'on lui fait. Elle a les cruautez d'un mari qui la force, l'injustice d'une cour qui appuye son mari ; elle a mille objets vrais ou faux qu'elle peut accuser. Vous n'avez que vous, Madame, pour cause de vôtre infortune : vous n'avez à condamner que vôtre erreur. Dieu vous explique ses volontés par ma bouche, & vous ne m'écoutez pas. Il se sert de mes raisons pour vous sauver, & vous ne consultez que vous pour vous perdre. Un jour accablée de tous les maux que je vous dépeins, vous songerez, mais trop tard, à

*celui*

celui qui a voulu les empêcher. Peut-être êtes-vous flatée du bruit que fera vôtre retraite, & par une vanité extravagante vous croyez qu'il n'y a rien de plus illustre que de dérober au monde la plus grande beauté qu'on y vit jamais, quand les autres ne donnent à Dieu qu'une laideur naturelle, ou les ruines d'un visage tout effacé. Mais depuis quand préferez-vous l'erreur de l'opinion à la realité des choses ? Et qui vous a dit, après tout, que vôtre resolution ne paroîtra pas aussi folle qu'extraordinaire ? Qui vous a dit qu'on ne la prendra pas pour le retour d'une humeur errante & voyageuse ? Qu'on ne croira pas que vous voulez faire trois cens lieuës pour chercher une avanture, celeste si vous voulez, mais toûjours une espece d'avanture ?

Je ne doute point que vous n'esperiez trouver beaucoup de douceur dans l'entretien de Madame la Connétable : mais si je ne me trompe, cette douceur-là finira bientôt. Après avoir parlé trois ou quatre jours de la passion du Roi, & de la timidité de Monsieur vôtre Oncle, de ce que vous êtes devenuë ; après avoir épuisé le souvenir de la maison de Monsieur le Connétable, de vôtre sortie de Rome, & du malheureux succès de vos voyages, vous vous trouverez enfermée dans un convent ; & vôtre captivité

captivité, dont vous commencerez à sentir la rigueur, vous fera songer à la douce liberté que vous aurez goûtée en Angleterre. Les choses qui vous paroissent ennuyeuses aujourd'hui, se présenteront avec des charmes, & ce que vous aurez quitté par dégoût, reviendra solliciter vôtre envie. Alors de quelle force d'esprit n'aurez-vous pas besoin, pour vous consoler des maux presens & des biens perdus ? Je veux que mes pénétrations soient fausses, & mes conjectures mal fondées; je veux que la conversation de Madame la Connétable ait toûjours de grands agrémens pour vous ; mais qui vous a dit que vous en pourrez joüir librement ? Une des maximes des convents est de ne souffrir aucune liaison entre les personnes qui se plaisent ; parce que l'union des particuliers est une espece de détachement des obligations que l'on a contractées avec l'ordre. D'ailleurs les soins de Monsieur le Connétable pourront bien s'étendre jusqu'à empêcher une communication qui fait tout craindre à un homme soupçonneux, qui a été trop offensé. Je ne parle point des caprices d'une superieure, ni des secretes jalousies des religieuses, qui voudront nuire à une personne, dont le merite confondra le leur. Ainsi, Madame, vous vous serez faite religieuse pour vivre avec Madame la Connétable, & il arrivera

que

que vous ne la verrez presque pas. Vous serez donc, ou seule avec vos tristes imaginations, ou dans la foule, parmi les sottises & les erreurs, ennuyée de sermons en langue qui vous sera peu connuë, fatiguée de Matines qui auront troublé vôtre repos, lassée d'une habitude continuelle du chant des Vespres, & du murmure importun de quelque rosaire.

Quel parti prendre, Madame! Conservez vôtre raison : vous vous rendrez malheureuse si vous la perdez. Quelle perte de n'avoir plus ce discernement si exquis, & cette intelligence si rare! Avez-vous commis un si grand crime contre vous, que vous deviez vous punir aussi rigoureusement que vous faites? Et quel sujet de plainte avez-vous contre vos amis, pour exercer sur eux une si cruelle vengeance? Les Italiens assassinent leurs ennemis : mais leurs amis se sauvent de la justice sauvage qu'ils se veulent faire.

Mademoiselle de Beverweert & moi avons déja eu les coups mortels ; la pensée de vos maux a fait les nôtres, & je me trouve aujourd'hui le plus miserable de tous les hommes, parce que vous allez vous rendre la plus malheureuse de toutes les femmes. Quand je la vais voir les matins, nous nous regardons un quart-d'heure sans parler ; &

ce triste silence est toûjours accompagné de nos larmes. Ayez pitié de nous, Madame, si vous n'en avez pas de vous-même. On peut se priver des commoditez de la vie pour l'amour de ses amis. Nous vous demandons que vous vous priviez de ses tourmens, & nous ne saurions l'obtenir. Il faut que vous ayiez une dureté bien naturelle, puis que vous êtes la premiere à en ressentir les effets. Songez, Madame, songez sérieusement à ce que je vous dis. Vous êtes sur le bord du précipice; un pas en avant vous êtes perduë; un pas en arriere vous êtes en pleine sûreté. Vos biens & vos maux dépendent de vous. Ayez la force de vouloir être heureuse, & vous la serez.

Si vous quittez le monde, comme vous semblez vous y préparer, ma consolation est que je n'y demeurerai pas long-temps. La nature plus favorable que vous, finira bien-tôt ma triste vie. Cependant, Madame, vos ordres préviendront les siens quand il vous plaira ; car les droits qu'elle se garde sur moi ne vont qu'après ceux que je vous y ai donnés. Il n'est point de voyage que je n'entreprenne, & si pour derniere rigueur vous n'y voulez pas consentir, je me cacherai dans un desert, dégoûté de tout autre commerce que le vôtre. Là, vôtre idée me tiendra lieu de tous objets ; là, je me détacherai de moi-même, s'il est permis de parler ainsi, pour penser éternellement à vous. Là, j'apprendrai à mourir; & mes derniers soûpirs apprendront à tout le monde ce qu'auront pû sur moi le charme de vôtre merite, & la force de ma douleur.

## XXVI. SUR LA RETRAITE que meditoit MADAME LA DUCHESSE MAZARIN.

### STANCES.

*On fait parler Madame Mazarin.*

SAints & sacrés ennuis, salutaire tristesse,
Dégoûts dont mon esprit est occupé sans cesse,
Chassez les vains desirs qui restent dans mon cœur;
Eteignez dans mon sein le sentiment des vices;
Eteignez l'appétit de mes fausses délices;
Et faites que le Ciel aujourd'hui soit vainqueur.

C'est pour lui désormais que j'ai dessein de vivre;
Vous m'attirez, Seigneur; Seigneur, il faut vous suivre;
Vous aurez tous mes soins, vous aurez mon amour:
A vos loix seulement je vais être asservie;
Et je veux bien donner le reste de ma vie,
Au Dieu dont la bonté m'a sû donner le jour.

Ce Dieu qui me forma si charmante & si belle,
A borné ses faveurs & me laisse mortelle,
Malgré tout le pouvoir qu'il donne à mes appas:
Le tems effacera les traits de mon visage,
Et l'esprit, de ce Dieu la plus vivante image,
Echapera lui seul aux rigueurs du trépas.

*Quel*

Quel bonheur est certain d'une longue durée !
Quelle condition nous peut être assurée !
Qui peut nous garantir des injures du sort ?
On ne possede rien qui ne soit périssable ;
Souvent le plus heureux devient si miserable,
Qu'il semble avoir besoin du secours de la mort.

J'ai connu tous les biens qu'apporte la fortune ;
J'ai connu la grandeur, & sa pompe importune ;
En amour pour le moins j'ai connu les desirs :
Des fausses vanités j'ai fait l'experience,
Et je connois enfin qu'une heure d'innocence
Vaut mieux qu'un siecle entier de frivoles plaisirs.

Faites, faites, Seigneur, que vos saintes lumieres,
Dissipent l'ignorance & les erreurs grossieres,
Dont mon esprit confus étoit enveloppé.
Le monde est un trompeur. Dieu seul est veritable,
Je n'espere qu'en lui : je ne suis plus capable
De me laisser surprendre à ce qui m'a trompé.

Tems, où se doit fixer ma longue incertitude ?
Lieux, qui devez finir ma triste inquiétude,
Quand me donnerez-vous ce repos souhaité ?
Je délibere encor, jour & nuit je consulte
Si je dois préferer vos douceurs au tumulte ;
C'en est fait, lieux sacrés, vous l'avez emporté.

O vous, Maître absolu de la terre & de l'onde,
Vous, dont l'ordre secret gouverne tout le monde,
Voudrez-vous bien, Seigneur, devenir mon époux ?
Celui quon me donna n'est pas digne de l'être,
C'est vous seul aujourd'hui que je veux recon-
   noître,
Mes liens sont rompus, & je suis toute à vous.

Vieux & tristes lieux, causes de tant de larmes,

Peut-être que sans vous le monde eût eu ses charmes ;
Mais le monde avec vous est aisément vaincu :
Je serai désormais en quelque solitude
D'un doux & saint repos une paisible étude,
Et compterai pour rien le tems que j'ai vécu.

 Palais, meubles, habits, folle magnificence,
Jeux, repas, vains sujets de luxe & de dépense,
Je vous dis maintenant un éternel adieu :
Beaux cheveux, doux liens où s'engageoient les ames
Qui prenoient en mes yeux les amoureuses flâmes,
Beaux cheveux, je vous coupe, & vous consacre à Dieu.
 Un voile pour jamais va couvrir mon visage,
Et ma beauté cachée y perdra tout usage,
De ce charme trompeur qui sait flater les sens :
Un amant y perdra le sujet de sa peine ;
Je vais perdre les noms d'ingrate, d'inhumaine,
Et les maux qu'en secret moi-même je ressens.

 Je vous dégage, amans, des loix de mon empire,
Pour des objets nouveaux si vôtre cœur soupire,
Je ne me plaindrai point d'une infidélité,
J'aimerois mieux pourtant.... que les femmes sont vaines !
J'aimerois mieux vous voir au sortir de mes chaînes
Joüir paisiblement de vôtre liberté.

 J'aimerois mieux encor, que vôtre ame fidelle,
De sa premiere ardeur formât un nouveau zele,
Qui nous tiendroit unis même après le trépas :
De ce nouvel amour sentez l'heureuse atteinte,
Vous m'aimâtes profane, aimez-moi comme sainte,
Et suivez mes vertus au lieu de mes appas.
 Mais des adieux si longs aux amans que l'on quitté,

Montrent nôtre foiblesse, ou marquent leur merite,
C'est un reste secret des profanes amours :
Permettez, lieux divins, quelque humaine ten-
    dresse,
Pour ceux qui m'ont aimée, & qu'aujourd'hui je
    laisse,
Ils ne me verront plus, & vous m'aurez toûjours.

### A Monsieur de Saint-Evremond.

Sujet, triste sujet, qui pleurez mon absence,
Pourquoi me plaignez-vous quand mon bonheur
    commence ?
C'est à vous seulement que vous devez des pleurs :
Je ne menerai plus cette vie incertaine
Dont vous fûtes témoin, & finissant ma peine,
Je vous donne un exemple à finir vos malheurs.

La retraite à vôtre âge est toûjours necessaire ;
Avec tant de beauté vous me la voyez faire,
Et vous iriez encore vous traîner dans les cours ?
Que si la voix du Ciel de tout autre écoutée,
Sur le bord du cercüeil est par vous rejettée,
De la morale au moins écoutez le discours.

Le Ciel est impuissant, & la raison timide
Sur vos durs sentimens trop foiblement préside ;
Mais vous devez encor reconnoître ma loi :
Retirez-vous, vieillard ; c'est moi qui vous l'or-
    donne ;
Voici l'ordre dernier qu'en Reine je vous donne,
Vieillard, quittez le monde en même tems que moi.

### SAINT-EVREMOND.

Ma Reine me verroit à son ordre fidele,
Mais la mort où je cours m'empêche d'obéïr ;
    Il m'est plus aisé de mourir,
    Que de vivre un moment sans elle.

# LETTRE
## A MADAME LA DUCHESSE
# MAZARIN.

LXVII.

ON m'a dit comme une chose assurée que vous quittiez l'Angleterre, incertaine du séjour que vous choisirez, mais toute resoluë à sortir du païs où vous devriez demeurer. Ah! Madame, à quoi pensez-vous? Qu'allez-vous faire? Vous allez donner à vos ennemis des raisons invincibles contre vous; & ôter à vos amis tout moyen de vous servir. Vous allez réveiller par cette nouvelle course, la faute assoupie de toutes les autres. Vous allez ruiner tous les interêts que vous avez, & que vous pourrez avoir en vôtre vie. Mais comment se montrer, dites-vous, après l'étrange malheur qui vient d'arriver? Mais comment se cacher, vous répondrai-je, à moins que de vouloir faire un crime d'un simple malheur? Il est certain que nôtre méchant procedé tourne en faute les infortunes. Vous l'éprouverez, Madame: si l'obscurité de vôtre retraite est continuée plus long-tems, chacun vous fera les reproches que vous paroissez

vous

vous faire, & vous serez condamnée par mille gens, qui sont presentement dans la disposition de vous plaindre.

Mais que vous est-il arrivé, Madame, qui n'arrive assez communément? Je pourrois vous alleguer des beautez modernes, qui ont souffert la perte de leurs amans avec des regrets moderés, si je ne gardois pour vous un plus grand exemple. Heléne moins belle que vous, & après vous la plus belle qu'ait vû le monde; Heléne a fait battre dix ans durant les dieux & les hommes, plus glorieuse de ce qu'on faisoit pour elle, que honteuse de ce qu'elle avoit fait. Voilà, Madame, les heroïnes qu'il faut imiter; non pas les Didons & les Thisbés, ces miserables qui ont deshonoré l'amour par l'extravagance désesperée de leur passion. Mais que pensez-vous faire par vos regrets? Pleurer un mort n'est pas pleurer un amant. Vôtre amant n'est plus que le triste ouvrage de vôtre imagination: c'est être amoureuse de vôtre idée; & l'amante d'Alexandre (1) est aussi excusable dans sa vision, que vous dans la vôtre, puis qu'un homme mort aujourd'hui n'a pas plus de part au monde que ce conquerant.

Vôtre amant est enseveli,
Et dans les noirs flots de l'oubli,

_____
(1) Voyez les Visionnaires de Des-Marets.

Où la parque l'a fait descendre,
Il ne sait rien de vôtre ennui ;
Et ne sût-il mort qu'aujourd'hui,
Puis qu'il n'est plus qu'os & que cendre,
Il est aussi mort qu'Alexandre,
Et vous touche aussi peu que lui (1).

C'est donc vous qui faites le sujet de vos larmes ; vous qui trop fidele à vos douleurs, tâchez vainement de rétablir ce que la nature a sû détruire :

Quittez de ce trépas l'inutile entretien ;
Abandonnez un deüil si fatal à vos charmes ;
Celui que vous pleurez aujourd'hui n'est plus rien,
Et c'est vous qui formez le sujet de vos larmes.

Vôtre ame d'un amas de lugubres esprits,
Compose un vain objet dont elle est possedée;
Elle retrace en soi les traits qu'elle a cheris,
Et prête à sa douleur une funeste idée.

Je vous dis les meilleures raisons du monde en prose & en vers : mais plus je prens de peine à vous consoler, & plus je vous trouve inconsolable. Depuis Artemise, & Madame de Montmorenci, fameuses en regrets, & celebres toutes deux par leurs mausolées, on n'a point vû d'affliction pareille à la vôtre. Il est vrai qu'elle vous a été

comme

---

(1) *Theophile dans l'Ode à Mr. de L. sur la* mort de son pere.

comme ordonnée par l'intendante de vos déplaisirs. Il n'y a pas de moment que la Doloride (1), cette apparition assiduë, ne s'approche de vôtre oreille, pour vous dire des nouvelles de l'autre monde. Il n'y a point de secret qu'elle n'employe pour entretenir dans vôtre ame l'amour des morts & la haine des vivans. Tantôt c'est un air triste & désolé; tantôt un discours funeste; quelquefois pour la varieté de la mélancolie un chant lamentable. Jerusalem, Monsieur Dery, Jerusalem! Monsieur Dery obéït; & des leçons de tenebres instituées dans l'Eglise pour nous faire pleurer la mort du Seigneur, sont chantées douloureusement à sa naissance, quand la même Eglise nous ordonne de nous réjoüir. Que si l'on remarquoit en vous une petite apparence de retour à la gayeté; si vous aviez la moindre saillie de joye par une impulsion de la nature, qui eût échappé aux ordres de la Doloride, aussitôt un regard severe vous fait rentrer dans le devoir de vôtre deüil; & tant de talens d'ennui & de langueur sont employez à vous inspirer le dégoût du monde, que si
on

(1) *Madame de Ruz, que Mr. Mazarin avoit envoyée à Londres avec quelques jeunes dévotes, pour engager Madame Mazarin à se retirer dans un couvent.*

on avoit ces tristes soins & cette noire application avec Monsieur Talbot, je ne doute point que l'on ne pût faire en quinze jours un bon hermite, du plus enjoüé de tous les hommes. Qu'on ne s'étonne donc pas que la Doloride ait réüssi dans les machines d'une désolation étudiée : l'étonnement doit être que vous ayez conservé l'esprit qui vous reste. Il vous en reste, Madame, malgré le dessein qu'on avoit de vous le faire perdre entierement, afin de disposer de vous avec plus de facilité à vôtre ruine : mais avec cela ne trouvez pas mauvais que je vous fasse voir la difference qu'il y a de vous à vous-même.

Qu'auroit dit autrefois cette Madame Mazarin, que nous avons connuë spirituelle & penetrante ; qu'auroit dit nôtre Madame Mazarin, si elle avoit vû un petit troupeau de Religieux passer la mer pour établir sa sainteté vagabonde chez une personne de qualité ? Et que n'auroit-elle pas dit de l'hospitaliere qui auroit logé ces bonnes sœurs ? Qu'auroit dit Madame Mazarin, si elle avoit vû la Reverende Mere Supérieure partager son tems, entre les exercices de pieté, & ses leçons amoureuses ; entre la ferveur de la prierée, & l'avidité de la Guinée ; entre les fraudes pieuses de la religion, & les tromperies à la bassete ? Qu'auroit-elle dit, si elle avoit vû ces jeunes plantes, qui avoient besoin d'être arrosées, porter miraculeusement un fruit avancé par la benediction particuliere de cette maison; Venez, petite Marote (1), proselyte de leurs saintetés; venez nous apprendre quelque chose du mystere où vous êtes initiée: Montrez-vous, Marote, & faites voir au public un plein effet de leurs salutaires instructions. L'affaire est trop serieuse & trop pressante pour railler long-tems.

Au nom de Dieu, Madame; ce nom dont abusent les hypocrites, qui au jugement de Bacon sont les grands athées: au nom de Dieu, défaites-vous d'un commerce contagieux de méchanceté & de sottise. A peine en serez-vous délivrée, que vous reprendrez toute vôtre intelligence, & que vous retrouverez vôtre premiere réputation. Songez solidement à vos interêts, & sagement à vôtre repos. C'est toute la grace que je vous demande; rendez-vous heureuse, & vous ferez plus pour moi que vous ne sauriez faire pour un amant, quelque précieuses que soient vos faveurs.

A LA

---

(1) Une des jeunes dévotes qui étoient venues avec Madame De Ruz, & celle qui portoit le fruit avancé.

XXVIII. A LA MESME.

JE me donne l'honneur de vous écrire, Madame, moins dans la créance de regagner vos bonnes graces, que pour avoir la satisfaction de vous dire la plus grande verité du monde. C'est, Madame, que vous n'avez jamais eu, & n'aurez jamais de serviteur si fidelle que je l'ai été, & que je le serai toûjours. Il est vrai que cette fidelité ne s'attachoit qu'à vos interêts; laissant aux autres pour flater vos fantaisies, la complaisance qu'ils ont aujourd'hui pour entretenir vos douleurs, je regardois ce qui vous convenoit pour vôtre bien, & m'opposois à ce qui vous plaisoit malheureusement pour vous perdre. Après une si juste assurance de mon zele, je vous dirai que vous n'avez rien à craindre en Angleterre, que ceux qui vous en dégoûtent; & plût à Dieu que vous fussiez aussi-bien persuadée de l'honnêteté des anglois, qu'ils sont prêts à vous en donner des marques en toute occasion. Montrez-vous, Madame: vous ne pouvez rien faire de si desavantageux pour vous, que de vous cacher; mais en vous rendant accessible, laissez-nous un autre chemin pour aller à vous que cet appartement

partement maudit, plus propre à évoquer l'ame de Samuël qu'à conduire dans la chambre de Madame Mazarin. Si tout cet appareil est de l'ordonnance d'Arcabonne(1), il faut prier Dieu qu'il nous garantisse de l'enchantement. Si la noirceur de cette mélancolie est de vôtre propre humeur, si vous ne songez qu'à vous nuire; si toute vôtre application est de vous donner du tourment, apprenez, Madame, que la première cruauté c'est d'être cruel à soi-même : qui ne se pardonne point, ne merite pas que les autres lui pardonnent ; il leur enseigne la severité & la rigueur. Venons un peu à la chose, je me lasse de tant de discours generaux.

Posez que Monsieur vôtre Neveu (2), perde ses benefices ; je ne désavouë point que cela ne soit fâcheux : mais vous avez perdu de plus grands biens, & vous vous en êtes consolée. Un homme qui paroissoit avoir de l'amour pour vous a été tué ; c'est une chose assez malheureuse ; mais il n'y a rien de fort extraordinaire en cette avanture que vôtre douleur. Les amoureux sont mortels comme les autres : faites qu'aimer soit un privilege pour ne mourir pas, les Dames
seront

___

(1) *Fameuse Magicienne, sœur de l'enchanteur Arcalaüs, dans Amadis de Gaule.*
(2) *Le Prince Philippe de Savoye.*

seront accablées d'amans ; il n'y en aura pas moins qu'il y a d'hommes. Je sai qu'il est honnête de s'affliger de la perte de ceux qui nous aiment ; mais d'appeller au secours de nôtre deüil ce qu'il y a de plus funeste, & de prendre par-là des resolutions ruineuses, c'est ce que les morts n'exigent point de nous.

Permettez-moi de vous faire un reproche assez honteux, mais necessaire, pour vous animer à sortir de l'abattement où vous êtes. Dans le tems de prosperité, je ne voi personne si philosophe que vous : vous êtes plus grave dans vos discours que Plutarque : vous dites plus de sentences que Seneque : vous faites plus de refléxions que Montagne. Au moindre accident ; au moindre embarras qui vous survient, tout conseil vous abandonne ; vous renoncez à vôtre raison, pour vous livrer à des gens qui n'en ont point, ou qui font leur interêt de vôtre perte. C'est trop, c'est trop, Madame, que de donner deux fois la même comedie dans une famille. Et pourquoi vous êtes-vous tant étonné que Madame la Connétable ait quitté Turin, où elle n'avoit que la protection de Monsieur le Duc de Savoye seche & nuë ? Pourquoi vous en êtes-vous tant étonnée, si vous êtes capable aujourd'hui de quitter celle du Roi d'Angleterre, aussi

assuré

assurée par sa puissance, que solide par ses bienfaits.

Malgré toutes mes raisons si nettes & si fortes, j'ai peur que vous n'ayïez les yeux fermez à vos interêts ; malheureuse de ne pas voir en Angleterre ce qui vous convient ; plus malheureuse de ne voir que trop ce qui vous convenoit, quand vous en serez sortie ! Les lumieres vous reviendront quand vous aurez perdu les moyens de vous en servir. Tant que vous serez en ce Royaume, à la ville, à la campagne, en quelque lieu que ce soit, vous pouvez raccommoder vos affaires, toutes gâtées qu'elles sont : après l'embarquement, nulle ressource. Il faut aller en des lieux où vous ne trouverez ni satisfaction, ni interêt ; où vous trouverez vos imaginations trompées ; où vous trouverez pour vous tourmenter le sentiment d'une misere presente, & le souvenir d'une felicité passée.

Vous n'aimez pas les exemples, Madame, mais je n'aurai nul égard à vôtre aversion, pour vous dire que la Reine de Bohême (1), au sortir de l'Angleterre, a traîné une necessité vagabonde de nation en nation ; & que Marie de Medicis, mere & belle-mere de

---

(1) *Elisabeth Stuart, fille de Jacques I.*

trois grands Rois (1), est allée mourir de faim à Cologne. Je vous regarde, Madame, les larmes aux yeux, comme une personne sacrifiée, si vous n'avez la force de vous sauver du sacrifice. Faites autant pour vous, qu'a fait Racine pour Iphigenie : mettez une Eriphile en vôtre place ; & venez réjoüir les honnêtes-gens de vôtre salut & de sa perte.

(1) *Mere de Louis XIII. belle-mere de Philippe IV. Roy d'Espagne, &* *de Charles I. Roi d'Angleterre.*

---

## XXIX. A LA MESME.

Vous ne doutez pas, Madame, que je ne sois sensiblement touché de vous voir quitter l'Angleterre ; mais je serois au désespoir si c'étoit pour aller trouver les Princes Allemand, ou les grands d'Espagne. Rien n'est plus naturel pour vous que le séjour de France ; je ne demanderois ni un meilleur air, ni un plus beau pays. L'Angleterre pourtant ne laisse pas d'avoir ses commodités ; beaucoup de guinées, avec la liberté d'en joüir à sa fantaisie. Je ne puis continuer cette sorte de discours. Pour amuser ma douleur, toute diversion m'est necessaire ; mais l'usage en est bien difficile, quand je songe que je ne vous verrai jamais. Je vous regarde comme une personne morte à mon égard : toutes vos bonnes qualités s'offrent à moi pour m'affliger, & je ne saurois envisager aucun défaut qui me console. Plût à Dieu que vous m'eussiez laissé quelque sujet de plainte plus piquant que l'abandonnement à mon peu de merite. Un juste ressentiment de quelque injure m'animeroit contre vous ; mais vôtre mépris m'oblige à me faire une justice fâcheuse, & ne me laisse rien à vous reprocher. Ma lettre me servira d'adieu, s'il vous plaît ; car je n'aurai pas la force de vous le dire ; & je pleurerai dans ma chambre, comme je fais déja, pour m'épargner la honte à mon âge de répandre des larmes en public. Souvenez-vous quelquefois d'un ancien serviteur. Je crains pourtant ce que je demande ; car vous ne vous en souviendrez que dans la verité de mes prédictions ; & j'aime beaucoup mieux qu'elles soient fausses & être oublié. Pour vous, Madame, vous ne serez jamais oubliée des personnes qui ont eu l'honneur de vous connoître. Ceux que vous croyez les moins disposés à vous plaindre, ne vous pardonnent point la resolution que vous avez prise de nous quitter. Vous n'avez d'ennemis qu'en vous ; & autour de vous de tristes idées, un attirail de mélancolie & d'ennui. Qui veroit dans vôtre tête, comme on peut voir fur vôtre visage, on trouveroit vôtre cervelle toute noircie des morts de la Trape (1), & de vos autres imaginations funestes. Adieu, Madame, le seul discours de vôtre affliction feroit la mienne, si elle n'étoit pas toute formée. Devinez ma douleur & mon zele; il n'est pas en mon pouvoir de vous l'exprimer. Il y a long-tems que je ne me mêle pas de vous donner des conseils : le dernier est de vous accommoder avec Monsieur Mazarin, pour peu de sûreté que vous y trouviez. S'il n'y en a aucune, revenez en Angleterre demeurer quelque tems à la campagne. Je suis persuadé que le Roi ne vous abandonnera pas, & vous trouverez plus de gens disposés à vous servir que vous ne croyez. Pour les convents, on y est malheureux, à moins que de devenir imbecile. Souffrir pour souffrir, il vaut mieux pour une femme mariée que ce soit avec son mari, qu'avec une superieure : il y a plus d'honneur & de vertu. Défaites-vous le plûtôt qu'il vous sera possible, des noires fantaisies nées de la rate, où l'imagination même n'a point de part.

A MADAME

---

(1) On a publié la vie de quelques personnes qui | sont mortes à la Trape en odeur de sainteté.

## A MADAME LA DUCHESSE MAZARIN.

XXX.

Vous avez un mérite extrême,
Gloire du tems present : honte des tems passez ;
   On ne sauroit vous admirer assez
   Quand on vous voit purement en vous-même.
Quelquefois par ennui vous quittez vos vertus ;
Et vôtre esprit alors incertain & confus,
Voudroit bien se donner les qualités des autres ;
Mais, helas ! pensez-vous que des gens délicats
   Accoûtumés au goût des vôtres
Puissent jamais les perdre, & ne se plaindre pas ?
   Rendez-nous, rendez-nous vos charmes,
C'est un bien acheté par le prix de nos larmes,
   Tout celui qu'on remarque en vous
   Est du fond de vôtre nature ;
Tous ces devots soûpirs qui s'expliquent à nous,
Ce sont des mouvemens formés par avanture,
   Qu'un dégoût leger fait venir,
   Qu'un peu de raison fait finir.
Elevez-vous à Dieu par vôtre intelligence,
Admirez sa grandeur, revérez sa puissance ;
Quand vous y mêlerez vos tendres sentimens,
Au lieu que vôtre esprit doit adorer sans cesse
De son ordre éternel la profonde sagesse,
Vôtre cœur le prendra pour un de vos amans.
   Cette humeur triste & délicate,
   Qui vous afflige & qui vous flate,

Est un faux mouvement du cœur
Où la rare joint sa vapeur.
Telle on vous voit qu'on voyoit Alexandre,
Egal aux dieux, plus grand que tout mortel,
Aux heures qu'on le pouvoit prendre
Dans son propre & vrai naturel.
Défendez-vous d'une chose étrangere
Qui pourroit en vous s'imprimer;
Point de mélange à ce beau caractere
Qu'en sa perfection le Ciel a sû former.
L'une affecte vôtre air aux choses que vous faites,
Vainement l'autre aspire à vos graces secretes,
Esprit, maniere, humeur, tout se fait souhaiter:
La nature vous fit pour servir de modele,
Et vous vous rendez criminelle
Lors que vous voulez imiter.

---

## XXXI. OBSERVATIONS

### Sur le goût & le discernement

## DES FRANÇOIS.

Quoique le génie ordinaire des François paroisse assez mediocre, il est certain que ceux qui se distinguent parmi nous, sont capables de produire les plus belles choses : mais, quand ils savent les faire, nous ne savons pas les estimer ; & si nous avons rendu justice à quelque excellent ouvrage, nôtre legereté ne le laisse pas joüir long-tems de la réputation que nous lui avons donnée. Je ne m'étonne point que le bon goût ne se trouve pas en des lieux où regne la barbarie, & qu'il n'y ait point de discernement où les lettres, les arts, & les disciplines sont perduës; il seroit ridicule aussi de chercher une lumiere si exquise en certain temps d'imbecillité & d'ignorance : mais ce qui est étonnant, c'est de voir dans la Cour la mieux polie, le bon & le mauvais goût, le vrai & le faux esprit, être tour à tour à la mode comme les habits.

J'ai vû des gens considerables passer tantôt pour les ornemens de la Cour, & tantôt être traités de ridicules : revenir à l'approbation : retomber dans le mépris, sans qu'il y eut aucun changement ni en leur personne, ni en leur conduite. Un homme se retire chez lui avec l'approbation de tout le monde, qui se trouve le lendemain un sujet de raillerie, sans savoir ce que peut être devenuë l'opinion qu'on avoit de son merite. La raison en est qu'on juge rarement des hommes par des avantages solides, qui fasse connoître le bon sens ; mais par des manieres dont l'applaudissement finit aussi-tôt que la fantaisie qui les a fait naître.

Les ouvrages des auteurs sont sujets à la même inégalité de nôtre goût. Dans ma jeunesse on admiroit Theophile, malgré ses
arré-

gularités & ses negligences, qui échapoient au peu de délicatesse des courtisans de ce tems-là. Je l'ai vû décrié depuis par tous les versificateurs, sans aucun égard à sa belle imagination, & aux graces heureuses de son génie. J'ay vû qu'on trouvoit la poësie de Malherbe admirable dans le tour, la justesse & l'expression. Malherbe s'est trouvé negligé quelque temps après, comme le dernier des poëtes ; la fantaisie ayant tourné les François aux énigmes, au burlesque, & aux bouts rimés. J'ai vû Corneille perdre sa réputation, s'il étoit possible qu'il la perdit, à la représentation de l'une de ses meilleurs pieces (1). J'ai vû les deux meilleurs comédiens du monde (2) exposés à toutes nos railleries, & l'influence de ce faux esprit étant passée, ils se firent admirer comme auparavant, par un heureux retour de nôtre bon goût. Les airs de Boisset, qui charmerent autrefois si justement toute la cour, furent laissés bien-tôt pour des chansonnettes ; & il fallut que Luigi, le premier homme de l'univers en son art ; que Luigi les vint admirer d'Italie, pour nous faire repentir de cet abandonnement, & leur redonner la réputation, qu'une pure fantaisie leur avoit ôté. Si vous en demandez la raison,

_____
(1) *La Sophonisbe.* (2) *Floridor & Montfleuri.*

son, je vous dirai que l'industrie tient lieu en France du plus grand mérite, & que l'art de se faire valoir donne plus souvent la réputation, que ce qu'on vaut.

Comme les bons juges sont aussi rares que les bons auteurs; comme il est aussi difficile de trouver le discernement dans les uns, que le génie dans les autres, chacun cherche à donner de la reputation à ce qui lui plaît; & il arrive que la multitude fait valoir ce qui a du rapport à son mauvais goût, ou tout au plus à son intelligence mediocre. Ajoûtez que la nouveauté a un charme pour nous, dont nos esprits se défendent mal-aisément. Le merite où nous sommes accoûtumés, laisse former avec le tems une habitude ennuyeuse; & les défauts sont capables de nous surprendre agréablement en ce que nous n'avons pas vû. Les choses les plus estimables qui ont paru beaucoup parmi nous, ne font plus leur impression comme bonnes; elles apportent le dégoût comme vieilles: Celles au contraire à qui on ne devroit aucune estime, sont moins souvent rejettées comme méprisables, que recherchées comme nouvelles.

Ce n'est pas qu'il n'y ait en France des esprits bien sains, qui ne se dégoûtent jamais de ce qui doit plaire, & jamais ne se plaisent à ce qui doit donner du dégoût: mais

mais la multitude, ou ignorante, ou préoccupée, étouffe le petit nombre des connoisseurs. D'ailleurs, les gens du plus grand éclat font tout valoir à leur fantaisie ; & quand une personne est bien à la mode, elle peut donner le prix également aux choses où elle se connoît, & à celles où elle ne se connoît pas.

Il n'y a point de païs où la raison soit plus rare qu'elle est en France : quand elle s'y trouve, il n'y en a pas de plus pure dans l'univers. Communément tout est fantaisie, mais une fantaisie si belle, & un caprice si noble en ce qui regarde l'exterieur, que les étrangers honteux de leur bon-sens comme d'une qualité grossiere, cherchent à se faire valoir chez eux par l'imitation de nos modes, & renoncent à des qualités essentielles, pour affecter un air & des manieres qu'il ne leur est presque pas possible de se donner. Aussi ce changement éternel aux meubles & aux habits, qu'on nous reproche, & qu'on suit toûjours, devient sans y penser une sagesse bien grande : car oûtre une infinité d'argent que nous en tirons, c'est un interêt plus solide qu'on ne croit, d'avoir des François répandus par tout, qui forment l'extérieur de tous les peuples sur le nôtre ; qui commencent par assujettir les yeux, où le cœur s'oppose encore à nos

*lois,*

loix; qui gagnent les sens en faveur de nôtre empire, où les sentimens tiennent encore pour la liberté.

Heureux donc ce caprice noble & galant, qui se fait recevoir de nos plus grands ennemis; mais nous devrions nous défaire de celui qui veut regner dans les arts, & qui décide impérieusement des productions de l'esprit, sans consulter ni le bon goût, ni la raison. Quand nous sommes arrivés à la perfection de quelque chose, nous devrions fixer nôtre délicatesse à la connoître, & la justice que nous lui devons, à l'estimer éternellement : sans cela on pourra nous faire un reproche bien fondé; que les étrangers sont plus justes estimateurs du merite de nos ouvrages, que nous-mêmes. Nous verrons les bonnes choses qui viennent de nous, conserver ailleurs leur reputation, quand elles n'en ont plus en France. Nous verrons ailleurs nos sotises rejettées par le bon sens, quand nous les élevons au Ciel par un entêtement ridicule.

Il y a un vice opposé à celui-ci, qui n'est pas plus supportable; c'est de nous attacher avec passion à ce qui s'est fait dans un autre tems que le nôtre, & d'avoir du dégoût pour tout ce qui se fait en celui où nous vivons. Horace a formé là dessus le caractere de la vieillesse, & un vieillard à la verité est merveilleusement dépeint,

*Difficilis, querulus, laudator temporis acti.*

Dans cet âge triste & malheureux, nous imputons aux objets les défauts qui viennent purement de nôtre chagrin; & lorsqu'un doux souvenir détourne nôtre pensée de ce que nous sommes, sur ce que nous avons été, nous attribuons des agrémens à beaucoup de choses qui n'en avoient point, parce qu'elles rappellent dans nôtre esprit l'idée de nôtre jeunesse, où tout nous plaisoit par la disposition de nos sentimens. Mais ce n'est pas à la seule vieillesse qu'on doit imputer cette humeur-là. Il y a des gens qui croyent se faire un merite de mépriser tout ce qui est nouveau, & qui mettent la solidité à faire valoir tous les vieux ouvrages. Il y en a qui de leur propre naturel sont mécontens de ce qu'ils voyent, & amoureux de ce qu'ils ont vû. Ils diront des merveilles d'une vieille cour où il n'y avoit rien que de médiocre, au mépris de la grandeur & de la magnificence qu'ils ont devant les yeux. Ils donneront mille loüanges à des morts d'une assez commune vertu, & auront de la peine à souffrir la gloire du plus grand heros, s'il vit encore. Le premier obstacle à leur estime, c'est de vivre; la plus
favorable

favorable recommandation, c'est d'avoir été. Ils loüeront après la mort d'un homme, ce qu'ils ont blâmé en lui durant sa vie, & leur esprit dégagé du chagrin de leur humeur, rendra sainement à la memoire, ce qu'il avoit dérobé injustement à la personne.

J'ai toûjours crû que pour faire un sain jugement des hommes & de leurs ouvrages, il les falloit considerer par eux-mêmes; avoir du mépris ou de la veneration pour les choses passées, selon leur peu de valeur ou leur merite. J'ai crû qu'il ne falloit pas s'opposer aux nouvelles par esprit d'aversion, ni les rechercher par amour de la nouveauté; mais les rejetter ou les recevoir selon le veritable sentiment qu'on en doit prendre. Il faut se défaire de nos caprices & de toute la bizarrerie de nôtre humeur; ce qui n'est pourtant qu'un empêchement à bien connoître les choses. Le point le plus essentiel est d'acquerir un vrai discernement, & de se donner des lumieres pures. La nature nous y prépare; l'experience & le commerce des gens délicats achevent de nous y former.

# LETTRE
## A MADAME LA DUCHESSE
## MAZARIN.

IL n'y a point de jour, Madame, que vous ne me marquiez le changement des bontés que vous aviez pour moi. J'en cherche le sujet en moi-même sans le pouvoir trouver. Faites-moi la grace de me le dire : il me semble que je serai moins malheureux quand je saurai la cause de mon malheur. Ce n'est plus le maudit vieillard, que vos enjouëmens favorisoient autrefois de cette injure : c'est un vieux Coquin, lequel a donné au monde une affaire malheureuse, qui n'a de fondement que dans la malice de ses insinuations.

Voilà, Madame, la réputation où je suis auprès de vous. La malignité a ses joyes secretes : un autre les auroit senties au lieu des douleurs qu'un tendre interêt pour ce qui vous touche m'a fait souffrir. J'aurois eu dans l'indifference, si elle avoit été en mon pouvoir, une liberté d'esprit douce & tranquille. Cette amitié commode & aisée, que vous me reprochez toûjours, m'auroit exemté de beaucoup d'ennuis : m'auroit garanti de beaucoup d'inquiétudes & d'appréhensions; mais j'ai été trop honnête, trop sensible, & moins heureux.

La moindre apparence de peine pour vous, en est une pour moi trop veritable. Je suis le même que j'étois, quand vous m'avez vû partager vos maux avec vous ; assez changé dans vôtre opinion pour en avoir perdu vôtre confiance ; toûjours égal dans le sentiment de vos douleurs. Au dessus de tous les chagrins de la vieillesse, je n'ai aucun trouble que le vôtre ; & il est bien juste que mon ame soit alterée par le desordre de la vôtre, puis que l'heureuse assiete où je l'ai vû autrefois, a fait si long-tems la tranquillité de la mienne. C'est trop parler de mon merite à vôtre égard : faire souvenir de nos services, est une injure à ceux qui les ont mal reconnus. Je vais donc vous demander une grace, au lieu de vous reprocher une obligation. C'est, Madame, que vous me permettiez de me justifier des soupçons que vous avez. Je jure avec la plus grande verité du monde, (vertu qui subsisteroit dans la ruine de tous les principes de morale, & de tous les sentimens de religion ; ) je jure avec cette verité qui m'est si chere, que je n'ai jamais rien fait, rien dit, rien insinué, par où la personne la plus délicate & la plus sensible pût être blessée. Et que dirois-je de criminel contre vous, Madame ? Ce ne sont pas des crimes ; ce ne sont pas des injustices & des violences qu'on pourroit vous reprocher ; ce sont vos melancolies ; ce sont les embarras de vôtre esprit qu'on ne vous pardonne point. Si vous êtes coupable, c'est envers vous de vôtre affliction ; envers nous de la perte de nôtre joye. Chacun est en droit de vous redemander vos agrémens & ses plaisirs.

Oüi, Madame, vous devez compte à tous les honnêtes gens des manieres obligeantes que vous avez euës ; vous le devez à tous vos amis de la douceur de vôtre commerce, & de la liberté de vôtre maison. Vous le devez aux sçavans de vôtre lecture, aux délicats de vôtre bon goût, à moi de vos grandes qualités que j'ai tant loüées. Rendez-moi cette femme illustre, qui n'avoit rien des foiblesses de son sexe ; rendez-moi cette sagesse enjoüée, cette fermeté agréable, ces vertus qui faisoient des philosophes de vos amans ; ces charmes qui vous faisoient des amans des philosophes.

*Qu'est devenu ce tems heureux*
*Où la raison d'accord avec vos plus doux vœux ;*
*Où les discours sensez de la philosophie*
*Partageoient les plaisirs de vôtre belle vie !*

Faites revenir ce tems heureux, où toûjours

jours maîtresse de vous-même, vous ne laissé de liberté à personne qui valût la peine d'être assujettie. Vous le pouvez, Madame, vous le pouvez : vous avez en vous le fonds de ce merite dérobé au monde, & nous avons nôtre premiere disposition à l'admirer, aussi-tôt que vous en aurez retrouvé l'usage. Rentrez donc en possession de vôtre esprit : reprenez cette intelligence que vous avez soûmise à de moindres lumieres que les vôtres.

En l'état que vous êtes presentement, vous me faites souvenir d'un Prince qui se portoit mieux que son Medecin, étoit plus homme de bien que son confesseur, & plus éclairé que son ministre : cependant tout plein de santé qu'il étoit, il n'eut osé manger d'aucune chose que par l'ordre d'un Medecin languissant ; touché chrétiennement de son salut, il s'en rapportoit à un Directeur qui n'avoit aucun soin du sien propre ; & tres-habile dans la connoissance de ses affaires, il les remettoit toutes à un Conseiller qui n'y entendoit rien.

Voilà, Madame, les crimes dont vous êtes accusée : pour ceux d'une autre nature, vous n'en avez point ; ou en tout cas,

Le charme des beautés leur tient lieu d'innocence.

Tant qu'il n'arrive aucun changement à ce beau visage, les plus severes vous sont

obligés

obligés des moindres égards que vous voulez avoir pour la vertu : mais ces privileges ne sont que pour vous, Madame ; un vieux pecheur comme moi, doit avoir des pensées austeres sur la necessité d'une conduite reglée, & sur l'affreuse condition de l'avenir. Aussi le dessein de ma retraite m'est-il venu d'un certain esprit de devotion, inspiré heureusement aujourd'hui à tous nos françois : je me suis ressenti du merite édifiant de la conversion des uns, & de la sainteté exemplaire des autres. C'est par cette disposition secrete que j'ai suivi le triste conseil de mettre un tems entre la vie & la mort : c'est par elle que je me suis détaché du plus grand charme de ma vie, qui étoit la douceur de vôtre entretien, pour me réduire à moi même, & me trouver en état de pouvoir cesser de vivre avec moins de tendresse & de regret. Quand je n'aurai plus affaire qu'à l'amour propre, connoissant le peu que je vaux, je ne serai pas fort embarrassé à me quitter.

Ajoûtez à des considerations si épurées, qu'il y a des saisons de plaire, & alors on ne sauroit avoir trop d'assiduité : mais qu'il y en a d'autres où il ne reste de merite pour nous que la discretion des absences ; & tout au plus, où il ne faut se présenter qu'aux occasions où l'on peut servir. Que je me

tiendrois

tiendrois heureux, Madame, d'en rencontrer ! je vous ferois avoüer, que personne n'a jamais été attaché à vos interêts, avec plus de zele, de fidelité, & de perseverance, que vôtre, &c.

## LETTRE XXXIII.

### A MONSIEUR ***

*Qui ne pouvoit souffrir l'amour de Monsieur le Comte de Saint Albans à son âge.*

Vous vous étonnez mal-à-propos, que de vieilles gens aiment encore ; car leur ridicule n'est pas à se laisser toucher, c'est à prétendre imbecillement de pouvoir plaire. Pour moi j'aime le commerce des belles personnes autant que jamais ; mais je les trouve aimables, sans dessein de m'en faire aimer. Je ne compte que sur mes sentimens, & cherche moins avec elles la tendresse de leur cœur que celle du mien. C'est de leurs charmes, & non point de leurs faveurs, que je prétens être obligé ; c'est du désagrément, & non point de la rigueur, que je trouve sujet de me plaindre.

Qu'un

Qu'un autre vous appelle ingrate, inéxorable,
Vous m'obligez assez de me paroître aimable;
Et vos yeux adoré, plus beaux que l'œil du jour,
Ont assez fait pour moi de former mon amour.

Le plus grand plaisir qui reste aux vieilles gens, c'est de vivre; & rien ne les assure si bien de leur vie que leur amour. Je pense, donc, je suis; sur quoi roule la philosophie de Mr. Descartes, est une conclusion pour eux bien froide & bien languissante : j'aime, donc, je suis; est une consequence toute vive, toute animée, par où l'on rappelle les desirs de la jeunesse, jusqu'à s'imaginer quelquefois d'être jeune encore.

Vous me direz que c'est une double erreur de ne croire pas être ce qu'on est, & de s'imaginer être ce qu'on n'est pas. Mais quelles verités peuvent être si avantageuses que ces bonnes erreurs, qui nous ôtent le sentiment des maux que nous avons, & nous rendent celui des biens que nous n'avons plus ? Cependant, pour ne considerer pas les choses avec assez d'attention, nous faisons convenir l'amour seulement à la jeunesse, bien que la raison dût être employée à reprimer la violence de ses mouvemens; & nous traitons de foux les vieilles gens qui osent aimer, quoi que la plus grande sagesse qu'ils puissent avoir, c'est d'animer leur nature languissante par quelques sentimens
amoureux.

amoureux. Que vous sert'il de vivre encore, si vous ne sentez pas que vous vivez ? C'est avoir obligation de vôtre vie à vôtre amour, s'il a sû la ranimer quand la langueur vous l'avoit renduë insensible.

En cet âge-là, toute ambition nous abandonne; le desir de la gloire ne nous touche plus: les forces nous manquent: le courage s'éteint ou s'affoiblit: l'amour, le seul amour nous tient lieu de toute vertu contre le sentiment des maux qui nous pressent, & contre la crainte de ceux dont nous sommes menacez. Il détourne l'image de la mort, qui sans lui se présenteroit continuellement à nous: il dissipe les frayeurs de l'imagination, les troubles de l'ame, & nous rend les plus sages du monde à nôtre égard, quand il nous fait tenir insensés dans la commune opinion des autres.

## XXIV. SUR L'ABSENCE DE MADAME LA DUCHESSE MAZARIN.

*Le jour de la naissance de la Reine* (1).

Hélas ! quel moyen de savoir,
Où nôtre Reine se peut voir ?
Qu'est-elle devenuë, où s'en est-elle allée ?
Où cache-t'elle ses appas ?
Sa cour errante & désolée,
La cherche, & ne la trouve pas.
Peut-être que le jour natal,
De l'Infante de Portugal,
Est cause de cette avanture.
Ah ! jour qui promettiez tant de félicité,
Vôtre grand appareil étoit un faux augure,
Que de maux, que de pleurs vous nous avez coûté !
Vous nous volez Hortence, elle ne paroît plus,
Et tous autres objets, sont pour nous superflus ;
Nous ne voyons plus rien si-tôt qu'elle est absente.
Je sai que nôtre esprit assez ingénieux,
Sans cesse nous la représente,
Et fait l'office de nos yeux :
Mais c'est un vain soulagement,
Pour adoucir un vrai tourment,
Que le secours de nôtre idée.
Finissez, vain secours, avec ce triste jour :
Qu'Hortence

(1) *Catherine, épouse de Charles II.*

Qu'Hortence dès demain, chez elle retournée,
En ses propres états rétablisse sa cour.
    Reprenez le bandeau Royal,
    Qui ceignoit vôtre belle tête :
Princesse, vos sujets, d'un zele sans égal,
    Veulent celebrer vôtre fête.
      La pompe qui s'aprête
      Pour une autre que vous,
      N'a rien qui nous arrête,
C'est un faux spectacle pour nous.

## A MADAME LA DUCHESSE MAZARIN.

Noires ondes du Styx, c'est par vous que je jure :
Fleuve affreux, écoutez le serment que je fais :
Perisse l'univers, perisse la nature,
Que tout soit confondu, s'il m'arrive jamais
    De célebrer autre naissance,
    Que celle de la belle Hortence.
C'est elle seulement qui nous donne des loix,
Le Ciel sur son visage en imprime les droits ;
Quand le sort lui refuse un vain titre de REINE,
Le Ciel, le juste Ciel l'établit souveraine,
Et lui fait posseder par des titres meilleurs,
Un empire absolu qu'elle a sur tous les cœurs.
Sans l'ordre, sans les loix, les bienfaits & la peine,
Les Rois n'auroient sur nous qu'une puissance vaine.
Pour maintenir, Hortence, un pouvoir glorieux,
Il suffit des regards qui partent de vos yeux :
D'un charme tout puissant ces ministres fideles,
Ne sont point occupés à punir des rebelles ;
Jamais vous n'entendez un sujet revolté
Se faire un faux honneur du nom de liberté.

Et jamais le tourment qu'un malheureux endure
N'excita dans son cœur le plus leger murmure.
Vous êtes adorée en cent & cent climats,
Toutes les nations sont vos propres états,
Et de petits esprits vous nomment vagabonde (1)
Quand vous allés regner en tous les lieux du monde.
Il ne vous restoit plus qu'à regner sur les mers,
Vôtre nouvel empire embrasse l'univers;
  Et de nos isles fortunées
Vous pourriez des mortels regler les destinées.
Plus puissante aujourd'hui que n'étoient les ro-
  mains,
Vous feriez des sujets de tous les Souverains,
Si vous n'apportiez pas plus de soin & d'étude,
Pour vôtre liberté que pour leur servitude.

(1) *Mr. de S. Evremond fait ici allusion à trois vers satiriques d'un Sonnet contre Mr. le Duc de Nevers, attribué à Mrs. Despreaux & Racine, qui commence,* Dans un Palais doré, &c. & où Madame Mazarin *est traitée de Vagabonde. Voyez la* VIE *de Mr.* Despreaux *sur l'année* 1677.

---

# LETTRE
# A MADAME
## Nº XXVI. HARVEY (1).

Dans ce malheureux cabinet
Que le soufle des vents tient toûjours assez net,
  Je vis hier trois portes ouvertes,
Pires à ma santé qu'à ma bourse les pertes;
        Et

(1) Sœur de Mylord Montaigu. Elle

Et je sentis un froid égal
A celui dont se plaint Monsieur de Portugal,
Ce n'est pas la seule froidure,
Qui fait aujourd'hui mon murmure;
J'ai d'autres griefs à conter,
Préparez-vous à m'écouter.

Vous jugez bien, Madame, que je veux parler du cabinet de Madame Mazarin, & me plaindre à vous des torts qu'on m'y a faits. Je vous demande raison, avec quelque crainte que vous n'ayez moins d'inclination pour la justice que pour elle. Mais à qui puis-je m'adresser, sans avoir le même sujet d'appréhension?

  Ciel! à qui me plaindre,
  Sans avoir à craindre,
  Mêmes sentimens!
Tout sexe pour Hortence a fourni des amans.

Je ne l'accuse point des distractions que sa beauté m'a données. J'en ai fait une bête pour avoir joüé avec trop de cartes; & une autre pour avoir renoncé; mais ce n'est ni sa faute, ni la mienne.

  J'aurois tort de me plaindre d'elle;
  Prenons-nous-en aux dieux,

Qui

*épousé Mr. le Chevalier Harvey. Voyez la Vie de* | *Mr. de S. Evremond sur l'année 1687.*

Qui la firent trop belle ;
Et n'en accusons pas nos yeux.

Voici, Madame, une chose particuliere qui merite bien vôtre attention. Je joüois en noir avec spadille, manille, le Roi, & le sept ; ( belles esperances ! ) & mes esperances furent bien trompées.

Cet œil, qui peut percer les cœurs de tout le monde,
Et fait sans y manquer la blessure profonde ;
Cet œil sur le talon jetta quelque regard,
  Et le perça de part en part.
  Il vit que la premiere carte,
 ( Quel moyen de rimer le baste ; )

  Que la rime soit bonne ou non,
 Il vit le baste au-dessus du talon.
Une subtile main prête aussi-tôt l'office
Que sembloient demander ses yeux vifs & perçans ;
  Je suis honteux sur mes vieux ans
Pour telle occasion d'implorer la justice :
  Quand mes sens avoient la vigueur,
  Que donne une vive jeunesse,
  Je n'allois pas trop à confesse,
  Et les gens d'un grossier honneur,
  Pour de semblables tours d'adresse,
  Me nommoient quelquefois Pipeur :
Aujourd'huy la langueur d'une infirme vieillesse
Ayant mis le devoir bien avant dans mon cœur,
  Je prêche une Duchesse,
  Et luy parle sans cesse,
 D'Aumônier & de Confesseur.

Pour un plus grand éclaircissement du
fait,

fait, passons à la maniere dont la chose s'est executée.

De la plus belle main qu'on puisse voir au monde,
Une main, que nature a voulu faire au tour ;
Mais une main à l'hombre aujourd'hui sans seconde
Pour prendre un matador si-tôt qu'elle y voit jour ;
De cette belle main, que la divine Hortence
Pourroit faire adorer aux mortels à genoux ;
    La divine, mieux qu'un filoux,
    A su tromper ma défiance,
    Et mettre le baste dessous,
    Sans que j'en eusse connoissance.
    Que ses yeux font bien d'autres coups !
Ils volent tous les cœurs lors que moins on y pense,
    Et pas un ne revient à nous :
Tous âges, sexes, rangs, en font l'experience,
    Madame, prenez garde à vous.

---

# EPITRE
## A MADAME LA DUCHESSE
# MAZARIN.

XXXVII

Après mes services passés,
Après les pleurs que j'ai versés,
On m'accuse d'indifference ;
Et pour la tête d'un porteur
Cassée aujourd'hui par malheur (1),

(1) Madame Mazarin reprochoit à Mr. de St. Evremond de n'avoir pas assez de soin d'un de ses porteurs qui s'étoit cassé la tête.

On me veut imputer une froide indolence.
　　　Lors qu'on vous voyoit tant souffrir,
　　　Qu'on vous croyoit prête à mourir,
Que vous étiez souvent sans pouls & sans haleine ;
Dieux, vous savez au moins quel étoit mon tour-
　　　ment !
Hortence n'a songé qu'à son mal seulement,
Ou bien n'a pas daigné prendre garde à ma peine.
Je pense voir encore ses beaux yeux languissans,
Je pense voir encor la pâleur du visage ;
L'amour & la pitié pour toucher davantage
Agissoient de concert sur l'ame & sur les sens,
Et je ne puis savoir qui du mal ou des charmes
Avoit le plus de part à nous donner des larmes.
Je pense voir Harrel (1) pour la conclusion
Apporter son levain de fermentation ;
A vous faire vomir, Madame Hyde (2) s'apprête ;
Grenier (3) court au bassin, Lot (4) vous soûtient
　　　la tête ;
　　　Saint Victor y prend ses vapeurs :
Timide & curieux aux signes je m'arrête,
Et mon triste silence exprime mes douleurs.
Si-tôt qu'il faut agir pour être necessaire
　　　Je fais l'office de vos gens ;
Mais je parle, je cours, & je n'avance guere ;
Dans l'erreur de mes soins confus & diligens,
Je brûle des coussins dont on avoit affaire,
Et j'execute mal tout ce que j'entreprens.
　　　Au sortir de la maladie,
　　　Lot, cette chere & sûre amie,
Vous voit pour la Guinée un loüable appétit ;
　　　　　　　　　　　　　　　　　　Et

(1) Medecin de Mada-　(3) Demoiselle de Ma-
me Mazarin.　　　　　dame Mazarin.
(2) Depuis Comtesse de　(4) Mademoiselle de
Rochester.　　　　　　Beverweert.

Et me disant toûjours, vous la ferez malade,
  La bonne Lot me persuade
D'en mettre deux ou trois sous le chevet du lit.
  Vos étiez si tendre & si bonne
  Quand vous disiez, Lot, je me meurs;
  Aujourd'hui la santé vous donne
  Ton different, differentes humeurs :
  S'il arrive que je vous prie
  Sur le moins important sujet,
Souviens-toi seulement que je suis Cornelie (1)
  De ma priere est tout l'effet.
Qu'avois-je à démeler avec cette Romaine ?
  Et par quel étrange hazard
  Ai-je à répondre d'une haine,
Qui se devoit, dit-on, la perte de César ?
Pourquoi se prendre à moi, si dans Alexandrie
  Elle avertit son ennemi
  Du funeste & secret parti
Que les Egyptiens prenoient contre sa vie ?
La veuve de Pompée & du jeune Crassus;
Deux foix du monde entier a causé sa disgrace (2)
La mienne est la troisiéme ; il faut qu'elle la fasse,
  Quand elle & Rome ne sont plus.
Elle perdit Crassus, & vit de son Pompée
La tête précieuse indignement coupée,
Son astre la poursuit encore aprés sa mort ;
Toute vertu lui nuit ; sa grandeur de courage ;
Du sang des Scipions ordinaire partage ;
Rencontre chez Hortence un plus malheureux sort.
  Juste ou non, vôtre raillerie,
  Peut s'exercer sur Cornelie ;
Mais ne prônez pas tant l'éclat de ma santé ;
                                    Quand

(1) *Vers du Pompée de Corneille ( Act. III Sc. IV.) que Madame Mazerin recitoit fort souvent.*
(2) *Imitation d'un Vers de la même Piece.*

Quand l'âge & la saison font mon infirmité ;
Mais ne prônez pas tant l'état de mes affaires
Lors que j'ai simplement les choses necessaires ;
N'allez pas Cleveden (1) compter par le menu
  Ma dépense & mon revenu.
Pour me desobliger vous feriez davantage :
  S'il étoit en vôtre pouvoir
  De cacher vôtre beau visage,
  Vous m'empêcheriez de le voir.
  Je n'ai rien tenté sur la bouche,
  ( Trop timide en ce que je veux ; )
Mais si j'ose sentir l'odeur de vos cheveux,
Ou prendre quelquefois sur l'épaule une mouche,
Un petit capot verd, More, voleur & gueux,
  Vous dit, NON BEVE VINO (2) touche,
Et me fait retirer sur le point d'être heureux.
  Ne pensez pas que la nature
  Ne vous ait faite que pour vous ;
Vous devez bonnement à vôtre créature
De vos charmes divins quelque usage assez doux :
Tout ce que l'univers a de plus admirable
Est fait pour nous prêter un secours charitable,
Ce qu'ont formé les dieux avec le plus de soin,
Sert à nôtre plaisir comme à nôtre besoin ;
Et ces grandes beautés à nos yeux exposées,
       Donnent

---

(1) *Maison de Campagne du Duc de Bukingham près de Vvindsor.*

(2) *Cette expression est prise d'une Comedie Italienne, où Arlequin paroissant yvre & buvant toûjours, disoit à chaque verre de vin,* Non beve Vino. *Madame Mazarin prenoit beaucoup de plaisir à repeter ces mots, & son petit More s'en servoit malicieusement pour désigner Mr. de St. Evremond quand il avoit bû, & pour l'arrêter lors qu'il vouloit s'approcher de Madame Mazarin.*

Donnent un bien facile, & des faveurs aisées.
L'astre, qu'on nommeroit la premiere beauté,
Si ce nom-là par vous n'étoit pas contesté ;
Le Soleil au matin commence sa carriere,
Pour épancher sur tous la commune lumiere,
Et l'aimable clarté que répandent ses feux,
N'attend pour se donner ni priere, ni vœux.
C'est pour nous faire agir qu'il éclaire le monde,
C'est pour nôtre repos qu'il se cache sour l'onde ;
La nuit, la douce nuit aussi-bien que le jour,
Sont les effets heureux que produit son amour.
La terre avec amour expose à nôtre vûë
Les appas renaissans dont le Ciel l'a pourvûë ;
Sa bonté nous fournit les fruits aprés les fleurs ;
Et je n'ai rien de vous qu'épines, que rigueurs.
Vos charmes concertés avecque vos malices,
Inspirent dans nos cœurs l'amour & les supplices :
Un moment de douceur que je trouve avec vous,
N'est jamais éloigné d'un autre de courroux ;
Et n'étoient vos esprits qui soûtiennent ma vie,
Vos chagrins contre moi l'auroient déja ravie.
Que ce brillant éclat à qui rien n'est pareil,
Aux jours les plus serains fasse honte au soleil,
Qu'effaçant des beautés de nature immortelle,
  Vous soyez à nos yeux
De Dieu qui forma l'image la plus belle ;
Je ne vous en dois rien, c'est un présent des Cieux ;
Je dois à vôtre esprit toûjours malicieux,
De vous trouver par tout ou railleuse ou cruelle.
  Pour une tête de porteur
  Cassée aujourd'hui par malheur,
  Vous m'imputez de l'indolence :
  Plût à Dieu que j'en eusse, Hortence !
Mon cœur seroit exemt des inquiets desirs
  Que font naître vos charmes,
Ma bouche ignoreroit l'usage des soûpirs,
  Mes yeux celui des larmes.

ORAISON

# ORAISON FUNEBRE
## DE
## MADAME LA DUCHESSE
# MAZARIN(1).

J'Entreprens aujourd'hui une chose sans exemple : j'entreprens de faire l'Oraison funebre d'une personne, qui se porte mieux que son Orateur. Cela vous surprendra, Messieurs ; mais s'il est permis de prendre soin de son tombeau, d'y mettre des inscriptions, & de donner plus d'étenduë à nôtre vanité, que la nature n'en a voulu donner à nôtre vie : si tous les vivans peuvent se destiner le lieu où ils doivent être, lors qu'ils ne vivront plus : si Charles-Quint a fait faire ses funerailles, & a bien voulu assister à son service deux ans durant ? trouverez-vous étrange, Messieurs, qu'une beauté plus illustre par ses charmes, que ce grand Empe-

---

(1) *Madame Mazarin ayant dit un jour qu'elle souhaiteroit bien de savoir ce qu'on diroit d'elle après sa mort, cela donna occasion à Mr. de Saint-Evremond de composer son Oraison Funebre, ou plûtôt son Panégyrique.*

teur par ses conquêtes, veüille joüir du bonheur de sa memoire, & entendre pendant sa vie, ce qu'on pourroit dire d'elle après sa mort? Que les autres tâchent d'exciter vos regrets pour quelque morte, je veux attirer vos larmes pour une mortelle; pour une personne qui mourra un jour par le malheur necessaire de la condition humaine, & qui devroit toûjours vivre par l'avantage de ses merveilleuses qualités.

Pleurez, Messieurs, n'attendant pas à regretter un bien perdu; donnez vos pleurs à la funeste pensée qu'il le faudra perdre: pleurez, pleurez. Quiconque attend un malheur certain, peut déja se dire malheureux: Hortence mourra; cette merveille du monde mourra un jour: l'idée d'un si grand mal merite vos larmes.

Vous y viendrez à ce triste passage,
Hortence, helas! vous y viendrez un jour,
Et perdrez-là ce beau visage
Qu'on ne vit jamais sans amour.

Détournons nôtre imagination de sa mort sur sa naissance, pour dérober un moment à nôtre douleur. Hortence Manchini est née à Rome d'une famille illustre; ses parens ont toûjours été considerables: mais quand ils auroient tous gouverné des Empires,

*comme*

comme son Oncle (1) ; ni eux, ni ce maître de la France ne lui auroient pas apporté tant d'éclat qu'elle leur en donne. Le Ciel a formé ce grand ouvrage sur un modele inconnu au siecle où nous sommes : à la honte de nôtre tems, il a voulu donner à Hortence une beauté de l'ancienne Grece, & une vertu de la vieille Rome. Laissons écouler son enfance dans ses Memoires (2). Son enfance a eu cent naïvetés aimables, mais rien d'assez important pour nôtre sujet. Je vous demande, Messieurs, je vous demande de l'admiration & des larmes. Pour les obtenir j'ai des vertus & des malheurs à vous présenter.

Le Cardinal Mazarin ne fut pas long-tems sans connoître les avantages de sa belle niece, & pour faire justice aux graces de la nature, il destina Hortence à porter son nom, & à posseder ses richesses après sa mort. Elle avoit des charmes, qui pouvoient engager les Rois à la rechercher par amour, & des biens capables de les y obliger par interêt. Une conjoncture favorable venant s'unir à ces grands motifs, le Roi de la Grande Bretagne (3) la fit demander en mariage,

(1) Le Cardinal Mazarin.
(2) Voyez dans les Oeuvres mélées, Tome VI. les Memoires de Madame la Duchesse Mazarin, écrits par l'Abbé de St. Real.
(3) Charles II.

mariage, & le Cardinal plus propre à gouverner des Souverains, qu'à faire des Souveraines, perdit une occasion, qu'il rechercha depuis inutilement. La Reine mere du Roi d'Angleterre se chargea elle-même de la négociation (1) : mais un Roi rétabli se souvint du peu de considération qu'on avoit eu pour un Roi chassé, & on rejetta à Londres les propositions, qui n'avoient pas été acceptées à Saint Jean de Luz.

Que ne veniez-vous, Madame ; tout eût cedé à vos charmes ; & vous rendriez aujourd'hui une grande nation aussi heureuse, que vous la seriez. Le Ciel est venu à bout en quelque sorte de son dessein : il vous avoit destinée à faire les délices de l'Angleterre, & vous les faites.

Cette grande affaire ayant manqué, on examina le merite de nos courtisans, pour vous donner un mari digne de vous. Monsieur le Cardinal fut tenté de choisir le plus honnête homme, mais il sut vaincre la tentation ; & un faux interêt prévalant sur son esprit, il vous livra à celui qui paroissoit le plus riche. Rejettons la premiere faute de ce mariage sur son Eminence. Monsieur Mazarin n'est pas à blâmer, d'avoir fait tous ses

_____

(1) *Ce fut le veritable sujet du voyage qu'elle fit en Angleterre en 1661.* *Voyez la vie de Mr. de St. Evremond sur l'année 1675.*

ses efforts pour obtenir la plus belle femme, & la plus grande heritiere de l'Europe.

Madame Mazarin a crû que l'obéïssance êtoit son premier devoir, & elle s'est renduë aux volontés de son Oncle, autant par reconnoissance, que par soûmission. Monsieur le Cardinal, qui devoit connoître la contrarieté naturelle, que le Ciel avoit inspirée dans leurs cœurs ; l'opposition invincible des qualités de l'un & de l'autre ; Monsieur le Cardinal n'a rien connu, rien prévû ; on a préferé un peu de bien ; un petit interêt ; quelque avantage apparent, au repos d'une niéce qu'il aimoit si fort. Il est le premier coupable de ces nœuds mal assortis, de ces chaînes infortunées, de ces liens formés si mal-à-propos, & si justement rompus. Ici toute la réputation qu'a euë le Cardinal s'est évanoüie. Il a gouverné le Cardinal de Richelieu qui gouvernoit le Royaume ; mais il a marié sa Niéce à Monsieur Mazarin : toute sa réputation est perduë. Il a gouverné Louis XIII. après la mort de son grand ministre, & la Reine Regente après la mort du Roi son époux : mais il a marié sa Niéce à Monsieur Mazarin : toute sa réputation est perduë. S'il y avoit quelque grace à faire à son Eminence, il foudroit rejetter sa faute sur la foiblesse d'un mourant : c'est trop demander à l'homme, que de lui demander d'être sage, quand il se meurt.

Il me souvient que le lendemain de ces tristes nôces, les Medecins assurérent le Maréchal de Clerembaut que Monsieur le Cardinal se portoit mieux. C'est un homme mort, dit le Maréchal; il a marié sa Niéce à Monsieur Mazarin; le transport s'est fait au cerveau; la tête est attaquée; c'est un homme mort. Excusons donc ce grand Cardinal sur la maladie: excusons-le sur la misere de nôtre condition: il n'y a personne à qui une pareille excuse ne puisse être un jour necessaire. Pleurons par compassion & par interêt; quel sujet, Messieurs, manque à nos larmes?

Pleurons, pleurons; & c'est peu que des pleurs,
  Pour de si funestes malheurs:
N'attendons pas la perte de ces charmes:
Infortunés liens, vous valez bien nos larmes!

Je sens que ma compassion va s'étendre jusques sur Monsieur Mazarin. Celui qui fait le malheur des autres, fait pitié lui-même. Voyez l'état auquel il se trouve, Messieurs; & vous serez aussi disposés que moi à le plaindre. Monsieur Mazarin gémit sous le poids des biens & des honneurs, dont on l'a chargé. La fortune qui l'éleve en apparence, l'accable en effet. La grandeur lui est un suplice; l'abondance une misere.

Il a raison de haïr un mariage, qui l'a engagé dans les affaires du monde ; & avec raison il s'est repenti d'avoir obtenu ce qu'il avoit tant desiré. Sans ce mariage si funeste aux interessés, il meneroit une vie heureuse à la Trape, ou en quelque autre société sainte & retirée : les interêts du monde l'ont fait tomber dans les mains des dévots du siecle ; de ces fourbes spirituels, qui font une cour artificieuse, qui vendent des pieges secrets à la bonté des ames, qui par l'esprit d'une sainte usure, se ruinent à prêter à des gens qui promettent cent & cent d'interêt en l'autre monde.

Mais le plus grand mal n'est pas à donner, encore qu'on donne mal-à-propos ; c'est à laisser perdre, & à laisser prendre. Un conseil dévotement imbécile fait couvrir des nudités : un pareil scrupule fait défigurer des statuës : un jour on enleve les tableaux ; un autre les tapisseries sont emportées : les gouvernemens sont vendus, l'argent s'écoule ; tout se dissipe, & on ne joüit de rien. Voilà, Messieurs, le miserable état où se trouve Monsieur Mazarin : ne merite-t-il pas d'avoir part aux larmes que nous répandons ?

Mais Madame Mazarin est mille fois plus à plaindre. C'est à ses douleurs que nous devons la meilleure partie de nôtre pitié.

Cet époux, qui se sent peu digne de son épouse, ne la laisse voir à personne : il la tire de Paris, où elle est élevée, pour la mener de province en province, de ville en ville, de campagne en campagne ; toûjours sûre du voyage, toûjours incertaine du séjour. L'assiduité n'apporte aucun dégoût ; la contrainte ne fait sentir aucun chagrin qu'il ne donne. Il n'oublie rien pour se rendre haïssable ; & il auroit pû s'épargner des soins, que la nature avoit déja pris. Comme ceux qui offensent ne pardonnent point, Monsieur Mazarin fait plus de mal, plus on en souffre ; & il arrive par degrés à être le tyran d'une personne dont tous les honnêtes gens voudroient être les esclaves. Il sembloit que Madame Mazarin n'avoit pas d'autres maux à craindre, après ce qu'elle avoit souffert. On se trompoit, Messieurs, le plus grand étoit encore à venir. Madame Mazarin plus jalouse de sa raison, que de sa beauté & de sa fortune, se trouve assujettie à un homme, qui prend toutes les lumieres du bon sens pour des crimes, & toutes les visions de la fantaisie, pour des graces du Ciel extraordinaires. Ce ne sont que révélations, que prophéties. Il avertit de la part des Anges ; il commande, il menace de la part de Dieu. Il ne faut plus chercher les volontés du Ciel dans l'Ecriture, ni dans la tradition ; elles se forment dans l'imagination, & s'expliquent par la bouche de Monsieur Mazarin. Vous avez souffert d'être ruinée par un dissipateur ; d'être traitée en esclave par un tyran ; vous voici, Hortence, à la merci d'un prophete, qui va chercher dans l'imposture des faux dévots, & dans les visions des fanatiques, de nouvelles inventions pour vous tourmenter : les artifices des fourbes, la simplicité des idiots ; tout s'unit ; tout se joint pour vôtre persécution.

Cherchez, Messieurs, la femme la plus docile, la plus soûmise, & la mettez à de semblables épreuves ; elle ne souffrira pas huit jours avec son mari, ce que Madame Mazarin a souffert cinq ans avec le sien. Qu'on s'étonne qu'elle n'ait pas voulu se séparer plûtôt d'un tel époux ; qu'on admire sa patience : s'il y a un reproche à lui faire, ce n'est pas de l'avoir quitté ; c'est d'avoir demeuré si long-temps avec lui. Que faisoit vôtre gloire, Madame, dans le temps d'un esclavage si honteux ? Vous vous rendiez indigne des bienfaits de Monsieur le Cardinal : vous trahissiez ses intentions par une lâche obéïssance, qui laissoit ruiner la fortune, qu'on vous avoit donnée à soûtenir. Vous vous rendiez indigne des graces du Ciel, qui vous a fait naître avec de si grands

*avantages,*

avantages, hazardant vos lumieres dans le long & contagieux commerce que vous aviez avec Monsieur Mazarin. Remerciez Dieu de la bonne & sage résolution qu'il vous a fait prendre. Vôtre liberté est son ouvrage ; s'il ne vous avoit inspiré ses intentions, une timidité naturelle, une conduite scrupuleuse, une mauvaise honte vous eût retenuë auprès de vôtre mari, & vous vous trouveriez encore assujettie à ses folles inspirations. Rendez graces à Dieu, Madame ; il vous a sauvée. Ce salut vous coûte toutes vos richesses, il est vrai ; mais vous avez conservé vôtre raison : la condition est assez heureuse. Vous êtes privée de tout ce que vous teniez de la fortune ; mais on n'a pû vous ôter les avantages que la nature vous a donnés. La grandeur de vôtre ame, les lumieres de vôtre esprit, les charmes de vôtre visage vous demeurent ; la condition est assez heureuse. Quand Monsieur Mazarin laisse oublier le nom de Monsieur le Cardinal en France, vous en augmentez la gloire chez les étrangers : la condition est assez heureuse. Il n'y a point de peuples, qui n'ayent une soûmission volontaire au pouvoir de vôtre beauté ; point de Reines, qui ne doivent porter plus d'envie à vôtre personne, que vous n'en devez porter à leur grandeur : la condition est assez heureuse.

*Vous êtes admirée en cent & cent climats ;*
*Toutes les nations sont vos propres états :*
*Et de petits esprits vous nomment Vagabonde,*
*Quand vous allez regner en tous les lieux du*
  *monde* (1).

Quel pays y a-t'il que Madame Mazarin n'ait pas vû ; quel pays a-t'elle vû qui ne l'ait pas admirée ? Rome a eu pour elle autant d'admiration que Paris. Cette Rome de tout temps si glorieuse, est plus vaine de l'avoir donnée au monde, que d'avoir produit tous ses heros : elle croit qu'une beauté si extraordinaire est préférable à toute valeur, & qu'il y a plus de conquêtes à faire par ses yeux, que par les armes de ses grands hommes. L'Italie vous sera éternellement obligée, Madame, de l'avoir défaite de ces regles importunes, qui n'apportent l'ordre qu'avec contrainte ; de lui avoir ôté une science de formalités, de cérémonies, de civilités concertées, d'égards médités, qui rendent les hommes insociables dans la société même. C'est Madame Mazarin qui a banni toute grimace, toute affectation ; qui a ruiné cet art du dehors qui regle les apparences ; cette étude de l'extérieur qui compose les visages. C'est elle qui a rendu ridicule une gravité qui tenoit lieu de prudence ; une politique sans affaires & sans interêts, occupée seulement à cacher l'inutilité

(1) *Voyez ci-dessus*, page 206.

lité où l'on se trouve. C'est elle qui a introduit une liberté douce & honnête ; qui a rendu la conversation plus agréable ; les plaisirs plus purs & plus délicats.

Une fatalité l'avoit fait venir à Rome : une fatalité l'en fait sortir. Madame la Connétable voulut quitter Monsieur son mari, & en fit confidence à sa chere sœur. La sœur, toute jeune qu'elle étoit, lui représenta ce qu'auroit pû représenter une mere pour l'en détourner ; mais la voyant resoluë à l'exécution de son dessein, elle suivit par amitié celle qui n'auroit pû être détournée par prudence, & partagea avec elle les dangers de la fuite ; les craintes ; les inquiétudes ; les embarras, qui suivent de pareilles résolutions. La fortune qui peut beaucoup dans nos entreprises, & plus dans nos avantures, a fait errer Madame la Connétable de nation en nation, & l'a jetté enfin dans un convent à Madrid. La raison conseilla le repos à Madame Mazarin, & un esprit de retraite l'obligea d'établir son séjour à Chamberi. Là, elle a trouvé en elle-même par ses réfléxions ; dans le commerce des savans par les conférences ; dans les livres par l'étude ; dans la nature par des observations, ce que la cour ne donne point aux courtisans ; ou pour être trop occupés dans les affaires, ou pour être trop dissipés dans

les

les plaisirs. Madame Mazarin a vécu trois ans entiers à Chamberi, toûjours tranquille, & jamais obscure. Quelque desir qu'elle ait eu de se cacher, son merite lui établit malgré elle un petit empire, & en effet elle commandoit à la ville, & à toute la nation. Chacun reconnoissoit avec plaisir les droits que la nature lui avoit donnés ; & celui qui avoit les siens par sa naissance, les eût volontiers oubliés, pour entrer dans la même sujettion où entroient ses peuples. Les plus honnêtes-gens quittoient la cour, & negligeoient le service de leur Prince, pour s'appliquer plus particulierement à celui de Madame Mazarin ; & des personnes considerables des pays éloignés se faisoient un prétexte du voyage d'Italie, pour la venir voir. C'est une chose bien extraordinaire d'avoir vû établir une cour à Chamberi : c'est comme un prodige qu'une beauté, qui avoit voulu se cacher en des lieux presque inaccessibles, ait fait plus de bruit dans l'Europe, que toutes les autres ensemble.

Les plus belles personnes de chaque nation, avoient le déplaisir d'entendre toûjours parler d'une absente. Les objets les plus aimables avoient un ennemi secret, qui ruinoit toutes les impressions qu'ils pouvoient faire : c'étoit l'idée de Madame Mazarin, qu'on conservoit précieusement après

l'avoir

l'avoir vûë, & qu'on se formoit avec plaisir où l'on ne la voyoit pas.

Telle étoit la conduite de Madame Mazarin : telle étoit sa condition, quand la duchesse d'Yorck sa parente passa par Chamberi, pour venir trouver le Duc son époux. Le mérite de la duchesse, sa beauté, son esprit, sa vertu, donnoient envie a Madame Mazarin de l'accompagner ; mais ses affaires ne le permettoient pas, & il fallut remettre son voyage à un autre tems. La curiosité de voir une grande cour, qu'elle n'avoit pas vûë, la fortifioit dans cette pensée. La mort du duc de Savoye (1) la détermina. Ce Prince avoit eu pour elle un sentiment commun à tous ceux qui la voyoient. Il l'avoit admirée à Turin, & cette admiration avoit passé dans l'esprit de Madame de Savoye, pour un véritable amour. Une impression jalouse & chagrine, produisit un procedé peu obligeant pour celle qui l'avoit causée ; & il n'en fallut pas davantage pour obliger Madame Mazarin à sortir d'un païs, où la nouvelle Regente étoit absoluë. S'éloigner d'elle, & s'approcher de Madame la duchesse d'Yorck, ne fut qu'une même resolution. Hortence la déclara à ses amis, qui

(1) Charles Emanuël duc de Savoye, mourut le 12 de Juin 1675.

n'oublierent rien pour l'en détourner ; mais ce fut inutilement. On n'a jamais vû tant de larmes. Elle ne fut pas insensible à la douleur que l'on avoit de son départ. Des personnes touchées si vivement la sûrent toucher : cependant la resolution étoit prise, & malgré tous ces regrets on voulut partir.

Quel autre courage que celui de Madame Mazarin, eût fait entreprendre un voyage si long, si difficile & si dangereux ? Il lui fallut traverser des nations sauvages, & des nations armées ; adoucir les unes, & se faire respecter des autres. Elle n'entendoit le langage d'aucun de ces peuples ; mais elle étoit entenduë : ses yeux ont un langage universel, qui se fait entendre de tous les hommes. Que de montagnes, que de forêts, que de rivieres il fallut passer : Qu'elle essuya de vents, de neiges, de pluyes ; & que les difficultés des chemins, que la rigueur du tems, que des incommodités extraordinaires firent peu de tort à sa beauté. Jamais Heléne ne parut si belle qu'étoit Hortence : mais Hortence, cette belle innocente persécutée, fuyoit un injuste époux, & ne suivoit pas un amant. Avec le visage d'Heléne, Madame Mazarin avoit l'air, l'habit, l'équipage d'une Reine des Amazones : elle paroissoit également propre à charmer, & à combattre. On eût dit qu'elle alloit donner de l'amour à tous les Princes qui étoient sur son passage, & commander toutes les troupes qu'ils commandoient. Le premier eût dépendu d'elle ; mais ce n'étoit pas son dessein : elle fit quelque essai du second ; car les troupes recevoient ses ordres plus volontiers que ceux de leurs generaux. Après avoir fait plus de trois cens lieuës, elle arriva en Hollande, & ne demeura à Amsterdam que le tems qu'il faut pour voir les raretés d'une ville si singuliere & si renommée. Sa curiosité étant satisfaite, elle en partit pour La Brille ; & s'embarqua à La Brille pour l'Angleterre. Il manquoit à ce voyage une tempête ; il en vint une qui dura cinq jours. Tempête aussi furieuse que longue. Tempête qui fit perdre conseil & resolution aux matelots, & aux passagers toute esperance. Madame Mazarin fut seule exemte de lamentation ; moins importune à demander au Ciel qu'il la conservât, que soûmise & resignée à ses volontés. Il étoit arrêté qu'elle verroit l'Angleterre. Elle y aborda ; & se rendit à Londres en peu de tems (1). Tous les peuples avoient une grande curiosité de la voir ; les Dames une plus grande allarme de son arrivée. Les Angloises, qui

étoient

---

(1) *Madame Mazarin vint en Angleterre au* mois de Decembre 1675.

étoient en possession de l'empire de la beauté, le voyoient passer à regret à une étrangere; & il est assez naturel de ne perdre pas sans chagrin la plus douce des vanités. Un interêt si considerable sut les unir. Les ennemies furent donc reconciliées: les indifférentes se rechercherent, & les amies voulurent se lier plus étroitement encore. Les confederées prévoyoient bien leur malheur; mais le voulant retarder, elles se preparerent à défendre un interêt, qui leur étoit plus cher que la vie. Madame Mazarin n'avoit pour elle que ses charmes, & ses vertus: c'étoit assez pour ne rien appréhender. Après avoir gardé la chambre quelques jours, moins pour se remettre des fatigues du voyage, que pour se faire faire des habits, elle parut à White-hall.

*Astres de cette cour, n'en soyez point jaloux,*
*Vous parûtes alors aussi peu devant elle,*
*Que mille autres beautés avoient fait devant*
    *vous* (1).

Depuis ce jour-là on ne lui disputa rien en public; mais on lui fit une guerre secrete dans les maisons, & tout se réduisit à des injures cachées, qui ne venoient pas à sa connoissance,

(1) *Imitation de la chûte d'un sonnet de Malleville*, intitulé La belle matineuse.

connoissance, ou à de vains murmures, qu'elle méprisa. On vit alors une chose fort extraordinaire : celles qui s'étoient le plus déchaînées contre elle, furent les premières à l'imiter. On voulut s'ahabiller ; on voulut se coëffer comme elle : mais ce n'étoit ni son habillement, ni sa coëffure ; car sa personne fait la grace de son ajustement, & celles qui tâchent de prendre son air, ne sauroient rien prendre de sa personne. On peut dire d'elle ce qu'on a dit de feuë Madame avec bien moins de raison : Tout le monde l'imite, & personne ne lui ressemble.

Pour ce qui regarde les hommes, elle se fait des sujets de tous les honnêtes-gens qui la voyent. Il n'y a que le méchant goût & le faux esprit, qui puissent défendre contre elle un reste de liberté. Heureuse des conquêtes qu'elle fait ; plus heureuse de celles qu'elle ne fait pas. Madame Mazarin n'est pas plutôt arrivée en quelque lieu, qu'elle y établit une maison, qui fait abandonner toutes les autres. On y trouve la plus grande liberté du monde ; on y vit avec une égale discrétion. Chacun y est plus commodément que chez soi, & plus respectueusement qu'à la Cour. Il est vrai qu'on y dispute souvent, mais c'est avec plus de lumière que de chaleur. C'est moins
pour

pour contredire les personnes, que pour éclaircir les matieres ; plus pour animer les conversations, que pour aigrir les esprits. Le jeu qu'on y joue est peu considérable, & le seul divertissement y fait joüer. Vous n'y voyez sur les visages ni la crainte de perdre, ni la douleur d'avoir perdu. Le désinteressement va si loin en quelques-uns, qu'on leur reproche de se réjoüir de leur perte, & de s'affliger de leur gain.

Le jeu est suivi des meilleurs repas qu'on puisse faire. On y voit tout ce qui vient de France, pour les délicats ; tout ce qui vient des Indes, pour les curieux ; & les mets communs deviennent rares, par le goût exquis qu'on leur donne. Ce n'est pas une abondance qui fait craindre la dissipation : ce n'est point une dépense tirée qui fait connoître l'avarice ou l'incommodité de ceux qui la font. On n'y aime pas une économie séche & triste, qui se contente de satisfaire aux besoins, & ne donne rien au plaisir : on aime un bon ordre, qui fait trouver tout ce que l'on souhaite, & qui en fait ménager l'usage, afin qu'il ne puisse jamais manquer. Il n'y a rien de si bien reglé que cette maison ; mais Madame Mazarin répand sur tout je ne sai quel air aisé, je ne sai quoi de libre & de naturel, qui cache la regle : on diroit que les choses
vont

vont d'elles-mêmes, tant l'ordre est secret & difficilement apperçu.

Que Madame Mazarin change de logis ; la différence du lieu est insensible : par tout où elle est on ne voit qu'elle ; & pourvû qu'on la trouve on trouve tout. On ne vient jamais assez tôt ; on ne se retire jamais assez tard : on se couche avec le regret de l'avoir quittée ; & on se leve avec le desir de la revoir.

Mais quelle est l'incertitude de la condition humaine ? Dans le tems qu'elle jouïssoit innocemment de tous les plaisirs que l'inclination recherche, & que la raison ne défend pas, qu'elle goûtoit la douceur de se voir aimée, & estimée de tout le monde ; que celles qui s'étoient opposées à son établissement, se trouvoient charmées de son commerce ; qu'elle avoit comme éteint l'amour propre dans l'ame de ses amies, chacune ayant pour elle les sentimens qu'il est naturel d'avoir pour soi ; dans le temps que les plus vaines & les plus amoureuses d'elles-mêmes ne disputoient rien à sa beauté ; que l'envie se cachoit au fond des cœurs ; que tout chagrin contre elle etoit secret ou trouvé ridicule, dès qu'il commençoit à paroître : dans ce temps heureux une maladie extraordinaire la surprend, & nous avons été sur le point de la perdre malgré tous ses charmes ; malgré toute nôtre admiration & nôtre amour. Vous périssiez, Hortence, & nous périssions : vous, de la violence de vos douleurs ; nous, de celle de nôtre affliction. Mais c'étoit bien plus que s'affliger : c'étoit sentir tout ce que vous sentiez ; c'étoit être malade comme vous. Des inégalités bizarres vous approchoient tantôt de la mort, tantôt vous rappelloient à la vie : nous étions sujets à tous les accidens de vôtre mal ; & pour apprendre de vos nouvelles, il n'étoit pas besoin de demander comment vous étiez, il ne falloit que voir en quel état nous étions.

Loüé soit Dieu, ce dispensateur universel des bien & des maux ; loüez soit Dieu, qui vous a renduë à nos vœux, & nous a redonnés à nous-mêmes. Vous voilà vivante, & nous vivons ; mais nous ne sommes pas remis encore de la frayeur du danger que nous avons couru : il nous en reste une triste idée, qui nous fait concevoir plus vivement ce qui arrivera un jour. Un jour la nature défera ce bel ouvrage, qu'elle a pris tant de peine à former. Rien ne l'exemtera de la loi funeste où nous sommes tous assujettis. Celle qui se distingue si fort des autres pendant sa vie, sera confonduë avec les plus miserables à sa mort. Et tu te
plains,

plains, génie ordinaire, mérite commun, beauté mediocre; & tu te plains de ce qu'il te faut mourir. Ne murmure point, injuste; Hortence mourra comme toi. Un tems viendra; (ne pût-il jamais venir ce tems malheureux!) un tems viendra, que l'on pourra dira de cette merveille.

*Elle est poudre toutefois.*
*Tant la parque a fait ses loix*
*Egales & necessaires;*
*Rien ne l'en a su parer:*
*Apprenez, ames vulgaires,*
*A mourir sans murmurer* (1).

(1) *Imitation du sonnet de Malherbe sur la mort de Monsieur le Duc d'Orleans.*

---

## A MADAME LA DUCHESSE MAZARIN.

Avec humble reverence,
J'ose ici vous protester,
Que tous vos amis de France
Ne sauroient me disputer
Le mérite de constance,
Ni devant moi se vanter
De leur zéle pour Hortence.
Dire Hortence! qu'ai-je osé?

Ce privilege est usé :
Liberté trop indiscrete
Soyez désormais muete,
Ne tirez point vanité
Du peu que j'ai merité.
Servir d'un esprit sincere
N'est pas ce qui nous fait plaire :
Le plus souvent pour trahir
On ne se fait pas haïr.
Une flateuse imposture
A d'insinuans appas ;
C'est une agréable injure
Dont on ne se vange pas.
L'art enleve tous les charmes
A la triste verité,
Et laisse à la probité
La raison pour toutes armes :
C'est le débile secours,
C'est l'inutile assistance,
Qu'un malheureux eut toûjours :
Le dirai-je ? avec Hortence.
J'ai le sort des vieux valets,
A qui l'on fait injustice ;
Plus ils rendent de service,
Ils gâtent leurs interêts.
Comme le moindre murmure
Seroit reproche ou censure.
Je deviendrai circonspect ;
Mais je laisse à ces murailles,
Que nous voyons aujourd'hui,
Et dont les dure entrailles
S'émurent de nôtre ennui,
Je leur remets à vous dire,
Quel étoit nôtre martyre,
Quand vos pressantes douleurs
Nous coûterent tant de pleurs.
Je remets à leur memoire

De vous en conter l'histoire :
Parlez, murailles, parlez
De tant de gens desolés.
Dites que le domestique
Dans sa mortelle pâleur,
D'un évenement tragique
Craignoit ce commun malheur.
Dites que nôtre pucelle.
L'illustre Mademoiselle (1)
Etouffoit mille soupirs ;
Pour cacher ses déplaisirs ;
Qu'elle retenoit ses larmes
Pour ne pas donner d'allarmes ;
Et forçoit son amitié,
Au secret de la pitié.
Apprenez que Madame Hide
Par ses soins & par vôtre aide,
Par un éternel secours
Nous conserva beaux ces jours ?
Ces jours ausquels nôtre vie
Est pleinement asservie.
Dites que Madame Harvey
Quitta l'esprit élevé,
A tout foible inaccessible,
Pour être tendre & sensible.
Parlez, murailles, encor
Des vapeurs de Saint-Victor.
Il en courut la campagne
Nôtre guerrier d'Allemagne (2)
Il fait par-là des présens
De vin d'Ay tous les ans.
Que puisse la maladie
Lui durer toute sa vie !
Vous pourriez parler de moi,
De ma douleur, de ma foi :

Mais

(1) Mademoiselle de Beruwvert.

(2) Le Comte de Grammont.

Mais un excès de souffrance
S'exprime par le silence :
Vos discours sont superflus,
Murailles, ne parlez plus.

## XL. LETTRE A Mr. LE COMTE DE GRAMMONT.

J'Ay appris de Monsieur le Maréchal de Crequi, que vous étiez devenu un des plus opulens seigneurs de la cour (1). Si les richesses qui amolissent le courage, & qui savent anéantir l'industrie, ne font pas de tort aux qualités de mon héros, je suis prêt à me réjoüir du changement de vôtre fortune : mais si elles ruinent les vertus du Chevalier, & le merite du Comte, je me répens de n'avoir pas executé le dessein que j'ai eu tant de fois de vous tuer, pour assurer l'honneur de vôtre mémoire. Que j'aurois de chagrin, Monsieur le Comte, de vous voir renoncer au jeu, & devenir indifferent pour les Dames : de vous voir reserver de l'argent pour le mariage de vôtre fille ;

---

(1) *Il avoit herité de son frere Monsieur le Comte de Toulongeon.*

fille ; aimer les rentes, & parler du fonds de terre, comme d'une chose necessaire à l'établissement des maisons. Quel changement si vous faisiez tant de cas du fonds de terre, aprè l'avoir abandonné si long-temps aux pyes, aux corneilles, & aux pigeons. Quel changement si vous aspiriez à devenir Monsieur le Baron de Saint-Meat, pour avoir la noblesse de Bigorre à vôtre lever, & entretenir vos voisins avec ce fausset heureux & brillant, qui gagne tous les cœurs de la Gascogne ?

*Ah ! que deviendroit cette vie,*
*Tant admirée & peu suivie ?*

Que deviendroient tous les avantages que je vous ai donnés sur Salomon ?

*Ce grand Sage avec ses Proverbes ;*
*Avec sa connoissance d'herbes,*
*Et le reste de ses talens,*
*Sans bien, comme tu vis, n'eût pas vécu deux ans.*

Beaux éloges ! vous seriez effacés de la memoire des hommes ; & pour toute loüanges du Comte de Grammont, on entendroit dire aux gascons & aux bearnois : La maison de Monsieur le Comte va bien ; on y mange dans le vermeil de Monsieur de Toulongeon, & l'ordre y est excellent : si les choses continuent, Mademoiselle de Grammont se fait un bon parti de la cour. Sauvez-
vous,

vous, Seigneur, de tout discours de cette nature ; celui qui a soin des alloüettes aura soin de vos enfans. C'est à vous de songer à vôtre réputation & à vos plaisirs.

Devenez opulent, Seigneur, devenez riche ;
Mais ne vous donnez pas un languissant repos ;
Vous pouvez n'être pas en amour un heros,
Que vous ne serez pas comme un Comte de Guiche.
On peut, on peut encore aujourd'hui vous aimer,
Et si jamais le tems à tous inéxorable,
Vous ôtoit les moyens de plaire & de charmer,
N'aimez pas moins, Seigneur, ce qui paroît aimable.
Salomon, après vous, ce sage incomparable,
Sur la fin de ses jours se laissoit enflâmer,
Et plus il vieillissoient, plus ce feu secourable
  Savoit le ranimer.
Vvaller qui ne sent rien des maux de la vieillesse,
Dont la vivacité fait honte aux jeunes gens,
S'attache à la beauté pour vivre plus long-tems ;
Et ce qu'on nommeroit en un autre foiblesse,
Est en ce rare esprit une sage tendresse,
Qui le fait resister à l'injure des ans.
Contre l'ordre du Ciel, je reste sur la terre ;
  Et le charme divin
De celle qui me fait une éternelle guerre,
  Arrête mon destin.
Du chagrin malheureux où l'âge fait conduire,
Les plus beaux yeux du monde ont droit de me
  sauver :
Un funeste pouvoir qui tâche à me détruire,
En rencontre un plus fort qui veut me conserver.
Mon corps tout languissant, ma froide & triste masse,
Reçoit une chaleur qui vient fondre sa glace ;
Et la nature usée abandonnant mes jours,
Je vis encore sans elle par de nouveaux secours.

Je vis, & chez un autre est le fond de ma vie;
Je ne suis animé que de feux empruntés:
Ma machine ne va que par ressorts prêtés,
  Ma trame désunie
  Se reprend, & se lie,
Par des esprits secrets qu'inspirent ses beautés.
N'enviez pas, Seigneur, ces innocentes aides,
Que nous savons tirer de nos derniers desirs:
Les sentimens d'amour sont pour nous des remedes,
  Et pour vous des plaisirs.
Nôtre exemple pour vous, n'est pas encore à suivre;
Par diverses raisons nous nous laissons charmer.
Dans l'âge où je me voi, je n'aime que pour vivre;
Il vous reste du tems à vivre pour aimer.

 Je vous souhaiterois un siécle, si je ne savois que les hommes extraordinaires ont plus de soin de leur gloire, que de leur durée:

Soûtenez jusqu'au bout la gloire d'une vie,
Qui fait l'amour d'un sexe, & de l'autre l'envie;
Unissez les talens d'un abbé singulier,
Avec les qualités d'un rare chevalier;
  Joignez le chevalier au Comte,
Et qu'on trouve un héros, qui mon héros sur-
  monte,
Abbé, vous sûtes plaire à ce grand Richelieu;
Vous plûtes chevalier, au foudre de la guerre;
  Le Comte a le plus digne lieu,
Il a part aux bienfaits du maître de la terre,
D'un Roi que l'univers regarde comme un Dieu:
Je sai que son courroux est pis que le tonnerre;
Heureux qui peut joüir de ses faveurs! Adieu.

XLI.

# A MADAME
# LA DUCHESSE
# MAZARIN.

DUchesse en tous lieux adorable,
Dont je ne dois esperer rien,
Ni d'obligeant, ni d'agréable,
Qu'à quelque heure perduë un moment d'entretien
Duchesse toûjours sans égale,
Si vous avez quelque intervalle,
Quelque vuide en vos amadis,
Ecoutez ce que je vous dis.
Quand de vos amadis, un Livre vous occupe,
Ce seroit bien être la dupe,
Que dans vôtre amitié disputer quelque part,
Même au bon-homme Lisuart :
De prétendre à vôtre tendresse
Contre le beau Roger de Grece,
Ou contre Florisel vous conter ses raisons,
Ce seroit mériter les petites-maisons.
Ce seroit pareille folie
De vouloir avec vous discourir un moment,
Sur le point qu'Urgande ou Mélie
Prépare que'que enchantement.
A troubler une belle idée
Je n'irai point me hazarder :
Il seroit bon vous aborder
Dans vôtre gloire de Niquée (1)

(1) *Voyez le* VIII. *Tome d'Amadis de Gaule.*

Ou d'un grave & serieux ton
Vous entretenir de morale,
Quand vous êtes dans une sale
Du grand palais d'Apolidon (1)
Vous prendriez pour une injure,
Et des yeux les plus beaux qu'ait formé la nature,
Vous regarderiez de travers.
Qui n'admireroit pas la Tour de l'Univers (2)
Ah! qu'il est mal-aisé de se voir long-temps sage !
A peine on le devient ; quand on l'est une fois,
Bien-tôt l'égarement retrouve son usage,
Et ne peut endurer ordre, regles, ni loix.
  De l'assiete la plus parfaite,
  Vous tombâtes dans la bassete ;
  Vous tombez, & c'est dire pis,
  De la bassete aux amadis.
  Quand vôtre lecture sensée
  Revient en ma triste pensée ;
Grands auteurs, dis-je alors, dormez, dormez en paix,
Les amadis en foule occupent ce palais.
  Je sai que Plutarque & Montagne
Se voudroient rétablir dans leurs conditions :
Mais nous avons du tems à battre la campagne,
Avant vôtre retour à leurs réflexions.
  Adieu les vieux sages d'Athene,
  Il n'est plus de vertu Romaine,
  Plus de ces renommés guerriers,
Sur lesquels vous faisiez remarque sur remarque ;
  Tous vos illustres de Plutarque
  Sont convertis en chevaliers.
Le plus grand favori qu'on ait vû dans le monde,
  Cervantes, le vôtre jadis,
N'a rien à vôtre égard ou mon espoir se fonde,
         Se

---

(1) *Voyez le II. & le IV. Tome d'Amadis.*  (2) *Voyez le IX. Tome d'Amadis.*

Se mocquant de vos amadis.
Mais il faut se sauver, à ce que vous nous dites :
Vous verrez ; vous verrez, qui seront les premiers
A quitter là satan & ses pompes maudites,
Pour suivre du salut les plus étroits sentiers ;
Vous verrez ; vous verrez, s'il est des Carmelites.
Nous voyons, nous voyons, vos sentimens derniers :
Vous voulez vous sauver avec les bons hermites ;
Et faire bien l'amour avec les chevaliers.
  Je vous adore & vous admire :
  Dans vôtre fabuleux empire ;
  Au milieu de vos enchantés.
Vôtre raison maintient encore ses clartés.
Quinze tomes de suite ont conspiré contre elle ;
Seule elle a soûtenu cette grosse querelle :
  Le bon Dieu la veüille appuyer
Contre les six derniers qu'il lui faut essuyer !
Nous n'avons point de vœux à faire pour vos char-
  mes ;
Ce don également fatal, & précieux ;
D'où naissent nos plaisirs, & d'où viennent nos
  larmes ;
Ce charme regnera toûjours dans vos beaux yeux.
Auprès de vos appas tout appas est frivole :
Madrid ne vante plus ses attraits les mieux peints ;
Nos Dames de Paris vont perdre la parole,
  De voir que les charmes romains
  Semblent faire du Capitole
  Le destin du cœur des humains.

PARODIE

# PARODIE
## D'UNE SCENE
### DE L'OPERA DE ROLAND (1),

*Sur les joüeurs & joüeuses de bassete de la banque de Madame Mazarin.*

### ORIANE (2) & MABILE (3).

*Joüeuses de bassete dans le vuide de chevalerie que leur permettent les Amadis.*

#### ORIANE

UN charme dangereux en ce lieu nous attire ;
Faut-il en détourner nos pas ?
Deja la bassete ici l'on trouve les appas :
Heureuse qui fuit son empire !

#### MABILE.

Je porte au fond du cœur un funeste martyre ;
Je pers tout, si je joüe ; & sans joüer, helas !
En quel tourment ne suis-je pas !
Bannirons-nous Morin ? ô tristesse mortelle !
Le premier des tailleurs, le pouvons-nous bannir ?

#### ORIANE.

Il est criard, chagrin, rebelle.

#### MABILE.

Après sa perte....après....encore le punir ?

*La*

---

(1) *La premiere Scene du second Acte.*
(2) *Madame Mazarin.*
(3) *La Comtesse de Rochester.*

La chose seroit trop cruelle :
D'un trouble violent je me sens agiter ;
Et je n'espere point de remede à mes peines,
Morin dans ces vallons enchanta deux fontaines,
Dont l'une est pour la taille, & l'autre fait ponter.
  Je voudrois avoir de la haine
  Pour la fontaine des tailleurs.
Helas ! je cherche en vain à m'amuser ailleurs,
C'est du tems que je pers, & ma recherche est vaine;
Quand j'y songe le moins mon penchant me ra-
  mene,
  A la fontaine des metteurs.

### ORIANE.

Nous ne guerirons point du mal qui nous possede ;
  Il n'est pas en nôtre pouvoir ;
  Et pourquoi chercher le remede
  Du mal que l'on veut bien avoir ?

### MABILE.

Non, je ne cherche plus la fontaine terrible
Qui fait contre la taille une haine inflexible.
C'est un cruel secours, je n'y puis recourir :
Je haïrois Morin ! Non, il n'est pas possible,
Par ce remede affreux je ne veux point guerir ;
  Je consens plûtôt à mourir

### ORIANE *avec un suivant & une suivante.*

  Quand le jeu ne peut nous charmer,
   On tombe au malheur d'aimer !
  Et contre un feu toûjours à craindre,
  Il faut de bassete s'armer,
  Pour le prévenir ou l'éteindre.
   Ah ! qu'on doit bien nous plaindre !
  Quand le jeu ne peut nous charmer
   On tombe au malheur d'aimer !

### MABILE.

Qui ferons-nous tailler ;

         ORIANE

## ORIANE.

Germain est redoutable.
Cet homme grave-doux va toûjours à sa fin ;
Nous pourrons mieux voler Morin :
La Forêt, apportez la table.

*Morin, entre*

## MABILE.

Mettez-vous-là, Roi des tailleurs,
Et n'allez pas joüer ailleurs.

## MORIN.

Ze suis prêt à tailler, puis qu'il plaît à ces Dames ;
Et dans la verité ze suis né pour les femmes :
Cependant ze demande à tous une amitié ;
Qu'on ne me parle point de facer à moitié.
Ze ne ferois zamais ce tort à la bassete,
Z'aimerois mieux, parbleu, zoüer à la cornete,
Ou perdre mon arzent au dez, au triquetrac.
D'ailleurs fort serviteur de Monsieur de Saissac :
Ze le serai toûzours, mais sa nouvelle mode,
A ses meilleurs amis le rend fort incommode.

## ORIANE.

Taillez, dépêchez-vous.

## MABILE.

Que de discours perdus !

## MORIN.

Incore un mot ou deux & ze ne parle plus :
C'est le dernier avis, Mesdames, que ze donne,
Ze prête à qui me plaît ; & ne marque personne

## MABILE

Bel avis à donner à qui ne vous doit rien !

## MORIN.

Madame, sacun sait que vous payez fort bien,

Et

Et ce n'est pas pour vous ; mais.... ze n'en marque
aucune.

### ORIANE.
C'est le moyen de faire une belle fortune ;
Vous ferez de gros gains à ne marquer jamais.

### MORIN.
Ze fais, ou dois favoir, un peu mes interêts :
Il est vrai que ze pers à ponter, ze l'avoüe ;
Mais ne pouvant tailler, il faut bien que ze zoüe :
Que faire fans zoüer ? que peut-on devenir ?
Lire n'est pas mon fait.

### ORIANE.
                Ni nous entretenir.
Des cartes, La Forêt, je le chasse, ou je meure,
Des cartes.....

### LA FORET.
      En voila.

### ORIANE.
                Mêlerez-vous une heure !
Qu'attendez-vous, Morin ?

### MORIN.
                Pas un gros ponte ici !
Sir Roger, Mistris Hevvs, Mistris Stramford aussi;
Voilà de quoi former une belle bassete !
Mais Madame le veut.

### ORIANE.
                Taillez donc, que l'on mette.

### MORIN.
Mylord Douvre a paru, puis il s'en est allé ;
Et Mylord Feversham, viendra-t-il ? z'ai taillé.

                        LETTRE

# LETTRE AU JEUNE DERY (1).

XLIX.

Mon cher enfant, je ne m'étonne pas que vous ayïez eu jusqu'ici une aversion invincible pour la chose du monde qui vous importe le plus. Des gens rudes & grossiers vous ont parlé brutalement de vous faire châtrer: Expression si vilaine, & si odieuse, qu'elle auroit rebuté un esprit moins délicat que le vôtre. Pour moi, mon cher enfant, je tâcherai de procurer vôtre bien avec des manieres moins desagréables; & je vous dirai avec tous termes d'insinuation, qu'il faut vous faire adoucir par une operation legere, qui assurera la délicatesse de vôtre tein pour long-tems, & la beauté de vôtre voix pour toute la vie.

Ces guinées, ces habits rouges, ces petits chevaux qui vous viennent, ne sont pas donnés au fils de Monsieur Dery, pour sa noblesse: vôtre visage & vôtre voix les attirent,

---

(1) *Page de Madame Mazarin qui chantoit* assez bien.

attirent. Dans trois ou quatre ans, hélas! vous perdrez le merite de l'un & de l'autre, si vous n'avez la sagesse d'y pourvoir; & la source de tous ces agrémens sera tarie. Aujourd'hui vous parlez aux Rois avec familiarité; vous êtes caressé des Duchesses; loüé par toutes les personnes de condition: quand le charme de vôtre voix sera passé, vous ne serez que le camarade de Pompée (1), & peut-être le mépris de Monsieur Stourton (2).

Mais vous craignez, dites-vous, d'être moins aimé des Dames. Perdez vôtre apprehension: nous ne sommes plus au temps des imbecilles; le merite qui suit l'opération est aujourd'hui assez reconnu; & pour une maîtresse qu'auroit Monsieur Dery dans son naturel, Monsieur Dery adouci en aura cent. Vous voilà donc assuré d'avoir des maîtresses; c'est un grand bien; vous n'aurez point de femme, c'est être exempt d'un grand mal; heureux de l'exclusion d'une femme, plus heureux de celle des enfans! Une fille de Monsieur Dery se feroit engrosser; un garçon se feroit pendre; & ce qui est le plus assuré, sa femme le feroit cocu. Mettez-vous à couvert de tous ces malheurs par une

---

(1) *Négre de Madame Mazarin.*  (2) *Page de Madame Mazarin.*

une prompte operation ; vous demeurerez attaché purement à vous-même ; glorieux d'un si petit merite, qui fera vôtre fortune, & vous donnera l'amitié de tout le monde. Si je vis assez long-temps pour vous voir quand vôtre voix aura mué, & que la barbe vous sera venuë, vous aurez de grands reproches à essuyer. Prévenez-les, & me croyez le plus sincere de vos amis.

---

# SUR LA RETRAITE
## DE Mr. LE PRINCE
# DE CONDÉ
## A CHANTILLY.
### STANCES IRREGULIERES.

Aprés avoir réduit mille peuples divers
Par l'effort glorieux d'une valeur extrême,
  Pour vaincre tout dans ce vaste univers,
Il ne te restoit plus qu'à te vaincre toi-même,
    Le dernier de tes ennemis :
A ta vertu, Condé, tu t'es enfin soûmis.
Tu n'étois pas encore au comble de ta gloire,
Senef, Lens, & Fribourg, & Nortlingue, & Rocroi,
N'étoient que des degrés pour monter jusqu'à toi :
Le vainqueur s'est vaincu, c'est la grande victoire.
    Ennemis, ne murmurez plus,

Ce Prince est comme vous au rang de ses vaincus;
  Jamais condition mortelle
  Ne fut si douce ni si belle ;
  Condé, le premier des heros
  Unit la gloire & le repos ;
Et joüit pleinement de l'heureux avantage
  Dont les dieux ont fait leur partage ;
   Tranquille & glorieux
Il vit à Chantilly, comme on vit dans les Cieux.

---

XLV.

# A MADAME
# LA DUCHESSE
# MAZARIN.

Nous serions consumés du feu de vos regards,
  O belle & charmante personne !
Si la puante odeur de vos vilains petards
Ne guérissoit le mal que la beauté nous donne (1)
J'en sauve ma raison, petard peu diligent,
Huit ou dix jours plûtôt vous sauviez mon argent.
  Ma raison reprend sa lumiere,
  Et mon cœur vôtre prisonnier
  Trouve sa liberté premiere
  Dans l'oreille de l'aumônier.
  Je pensois vous voir à confesse
  En vous voyant à ses genoux ;
Et crus que vous faisiez au bon Dieu la promesse
  De ne me voler plus chez vous.
        J'admirois

(1) *Madame Mazarin se divertissoit à faire jetter des petards par son négre, & par d'autres petits garçons.*

J'admirois comme une merveille
Le repentir de vôtre cœur,
Et disois en secret, Seigneur,
Seigneur, ta grace est sans pareille,
Quand je vous vis couper l'oreille
A vôtre pauvre Confesseur (1)
Les loix pouvoient bien le proscrire,
De tous les aumônier c'est ici le destin,
Mais on veut le laisser pour un plus grand martyre
Chez Madame de Mazarin.

(1) Mr. de S. Evremond entrant un jour dans la chambre de Madame Mazarin, la trouva à genoux au pieds de Mr. Milon, qui étoit assis. Il ne pouvoit d'abord comprendre, ce que c'étoit : mais quand il fut plus près, il vit que Madame Mazarin avoit fait asseoir son Aumônier pour lui percer les oreilles, & qu'elle lui avoit coupé un morceau du bout.

## XLVI. REFLÈXIONS SUR LA RELIGION.

A Confiderer purement le repos de cette vie, il feroit avantageux que la religion eût plus ou moins de pouvoir fur le genre humain. Elle contraint, & n'affujettit pas affez : femblable à certaines politiques qui ôtent la douceur de la liberté, fans apporter le bonheur de la fujettion. La volonté nous fait afpirer foiblement aux biens qui nous font promis, pour n'être pas affez excitée par un entendement qui n'eft pas fuffifamment convaincu. Nous difons par docilité que nous croyons ce qu'on dit avec autorité qu'il nous faut croire : mais fans une grace particuliere, nous fommes plus inquietez que perfuadez, d'une chofe qui ne tombe point fous l'évidence des fens, & qui ne fournit aucune forte de démonftration à nôtre efprit.

Voilà quel eft l'effet de la religion, à l'égard des hommes ordinaires : en voici les avantages pour le veritable & parfait religieux. Le veritable devot rompt avec
la

la nature, si on le peut dire ainsi, pour se faire de l'abstinence des plaisirs ; & dans l'assujettissement du corps à l'esprit, il se rend délicieux l'usage des mortifications & des peines. La philosophie ne va pas plus loin qu'à nous apprendre à souffrir les maux ; la religion chrétienne en fait joüir ; & on peut dire serieusement sur elle, ce que l'on a dit (1) galamment sur l'amour.

*Tous les autres plaisirs ne valent pas ses peines.*

Le vrai chrétien sait se faire des avantages de toutes choses. Les maux qui lui viennent, sont des biens que Dieu lui envoye : les biens qui lui manquent, sont des maux dont la providence l'a garanti. Tout lui est grace en ce monde ; & quand il en faut sortir par la necessité de la condition mortelle, il envisage la fin de sa vie comme le passage à une plus heureuse, qui dure toûjours.

Tel est le bonheur du vrai Chrétien, tandis que l'incertitude fait une condition malheureuse à tous les autres. En effet, nous sommes presque tous incertains, peu déterminés au bien & au mal. C'est un retour continuel de la nature à la religion, & de la religion à la nature. Si nous quittons le soin du salut pour contenter nos inclinations, ces mêmes inclinations se soûlevent

bien-tôt

(1) *Monsieur de Charleval.*

bien-tôt contre leurs plaisirs; & le dégout des objets qui les ont flatées davantage, nous renvoye aux soins de nôtre salut. Que si nous renonçons à nos plaisirs par principe de conscience, la même chose nous arrive dans l'attachement au salut, où l'habitude & l'ennui nous rejettent aux objets de nos premieres inclinations.

Voilà comment nous sommes sur la religion en nous-mêmes: voici le jugement qu'en fait le public. Quittons-nous Dieu pour le monde, nous sommes traités d'impies. Quittons-nous le monde pour Dieu, on nous traite d'imbeciles; & on nous pardonne aussi peu de sacrifier la fortune à la religion, que la religion à la fortune. L'exemple du Cardinal de Rets (1) suffira seul à justifier ce que je dis. Quand il s'est fait Cardinal par des intrigues, des factions, des tumultes, on a crié contre un ambitieux, qui sacrifioit, disoit-on, le public, la conscience, la religion à sa fortune; quand il quitte les soins de la terre pour

ceux

---

(1) Jean-François-Paul de Gondi Cardinal de Rets, & Archevêque de Paris, si connu durant les guerres civiles sous le nom de Monsieur le Coadjuteur de Paris, pendant la vie de son oncle le Cardinal de Rets premier Archevêque de Paris. Le Cardinal de Rets dont parle ici Mr. de S. Evremond mourut en 1679. On a publié ses memoires. Voyez la Bibliotheque historique de la France du Pere le Long, numero 9597.

ceux du Ciel ; quand la persuasion d'une autre vie lui fait envisager les grandeurs de celle-ci comme des chimeres, on dit que la tête lui a tourné, & on lui fait une foiblesse honteuse de ce qui nous est proposé dans le christianisme pour la plus grande vertu.

L'esprit ordinaire est peu favorable aux grandes vertus. Une sagesse élevée offense une commune raison. La mienne toute commune qu'elle est, admire une personne veritablement persuadée, & s'étonneroit beaucoup encore, que cette personne tout-à-fait persuadée, pût être sensible à aucun avantage de la fortune. Je doute un peu de la persuasion de ces prêcheurs, qui nous offrant le Royaume des Cieux en public, sollicitent en particulier un petit benefice avec le dernier empressement.

La seule idée des biens éternels rend la possession de tous les autres, méprisable à un homme qui a de la foi : mais parce que peu de gens en ont, peu de gens défendent l'idée contre les objets ; l'esperance de ce que l'on nous promet cedant naturellement à la joüissance de ce qu'on nous donne. Dans la plûpart des chrétiens, l'envie de croire tient lieu de créance : la volonté leur fait une espece de foi par les desirs, que l'entendement leur refuse par ses lumieres

lumieres (1). J'ai connu des dévots qui dans une certaine contrarieté entre le cœur & l'esprit, aimoient Dieu veritablement sans le bien croire. Quand ils s'abandonnoient aux mouvemens de leur cœur, ce n'étoit que zele pour la religon ; tout étoit ferveur ; tout amour : quand ils se tournoient à l'intelligence de l'esprit, ils se trouvoient étonnés de ne pas comprendre ce qu'ils aimoient, & de ne savoir comment se répondre à eux-mêmes du sujet de leur amour. Alors, les consolations leur manquoient, pour parler en terme de spiritualité ; & ils tomboient dans ce triste état de la vie religieuse, qu'on appelle aridité & secheresse dans les convents.

Dieu seul nous peut donner une foi sûre, ferme, & veritable. Ce que nous pouvons faire de nous, est de captiver l'entendement malgré la répugnance des lumieres naturelles, & de nous porter avec soûmission à executer

---

(1) Il est certain, dit Mr. Jurieu, que l'homme croit cent choses, parce qu'il les veut croire sans autre raison, & il les veut croire, parce que ses passions y trouvent leur interêt......... Je crois les Mysteres de l'Evangile, non par conviction, mais parce que je crois que cela est de la derniere importance pour la gloire de Dieu & pour mon salut. TRAITÉ DE LA NATURE & DE LA GRACE, *page* 224. & 225.

cuter ce qu'on nous prescrit. L'humanité mêle aisément ses erreurs en ce qui regarde la créance : elle se mécompte peu dans la pratique des vertus ; car il est moins en nôtre pouvoir de penser juste sur les choses du Ciel, que de bien faire. Il n'y a jamais à se méprendre aux actions de justice & de charité. Quelquefois le Ciel ordonne, & la nature s'oppose. Quelquefois la nature demande ce que défend la raison. Sur la charité, tous les droits sont concertés : il y a comme un accord general entre le Ciel, la nature, & la raison.

---

## Que la devotion est le dernier de nos amours.

LA devotion est le dernier de nos amours, où l'ame qui croit aspirer seulement à la félicité de l'autre vie, cherche sans y penser à se faire quelque douceur nouvelle en celle-ci. L'habitude dans le vice est un vieil attachement qui ne fournit plus que des dégoûts ; d'où vient d'ordinaire qu'on se tourne à Dieu par esprit de changement, pour former en son ame de nouveaux desirs, & lui faire sentir les mouvemens d'une passion naissante. La devotion fera retrouver quelquefois à une vieille des délicatesses de sentiment, & des tendresses de cœur, que les plus jeunes n'auroient pas dans le mariage, ou dans une galanterie usée. Une dévotion nouvelle plaît en tout, jusqu'à parler des vieux pechés dont on se repent ; car il y a une douceur secrete à détester ce qui en a déplu, & à rappeller ce qu'ils ont eu d'agréable.

A bien examiner un vicieux converti, on trouvera fort souvent qu'il ne s'est défait de son peché, que par l'ennui & le chagrin de sa vie passée. En effet, à qui voyons-nous quitter le vice dans le tems qu'il flate son imagination, dans le temps qu'il se montre avec des agrémens, & qu'il fait goûter des délices ? On le quite lors que ses charmes sont usés, & qu'une habitude ennuyeuse nous a fait tomber insensiblement dans la langueur; ce n'est donc point ce qui plaisoit, qu'on quitte en changeant de vie ; c'est ce qu'on ne pouvoit plus souffrir ; & alors le sacrifice qu'on fait à Dieu, c'est de lui offrir des dégoûts, dont on cherche à quelque prix que ce soit, à se défaire.

Il y a deux impressions du vice sur nous, fort differentes. Ce qu'il y a d'ennuyeux & de languissant à la fin, nous fait détester l'offense envers Dieu : ce qu'il a eu de délicieux en ses commencemens, nous fait regretter

gretter le plaisir sans y penser; & de-là vient qu'il y a peu de conversions où l'on ne sente un mélange secret de la douceur du souvenir, & de la douleur de la penitence. On pleure, il est vrai, avec une pleine amertume, un crime odieux : mais le repentir des vices qui nous furent chers, laisse toûjours un peu de tendresse pour eux, mêlée à nos larmes. Il y a quelque chose d'amoureux au repentir d'une passion amoureuse : & cette passion est en nous si naturelle, qu'on ne se repent point sans amour d'avoir aimé. En effet, s'il souvient à une ame convertie d'avoir soûpiré; ou elle vient à aimer Dieu, & s'en fait un nouveau sujet de soûpirs & de langueurs, ou elle arrête son souvenir avec agrément sur l'objet de ses tendresses passées. La peur de la damnation, l'image de l'enfer avec tous ses feux, ne lui ôteront jamais l'idée d'un amant : car ce n'est pas à la crainte, c'est au seul amour qu'il est permis de bien effacer l'amour. Je dirai plus. Une personne serieusement touchée, ne songe plus à se sauver, mais à aimer, quand elle s'unit à Dieu. Le salut, qui faisoit le premier de ses soins, se confond dans l'amour qui ne souffre plus de soins dans son esprit, ni de desirs en son ame que les siens. Que si on pense à l'éternité dans cet état, ce n'est point pour appréhender les maux dont on nous

menace,

menace, ou pour esperer la gloire que l'on nous promet; c'est dans la seule vûë d'aimer éternellement qu'on se plaît à envisager une éternelle durée. Où l'amour a su regner une fois, il n'y a plus d'autre passion qui subsiste d'elle-même; c'est par lui que l'on espere & que l'on craint; c'est par lui que se forment nos joyes & nos douleurs; le soupçon, la jalousie, la haine même, deviennent insensiblement de son fond; & toutes ces passions, de distinctes & particulieres qu'elles étoient, ne sont plus à le bien prendre, que ses mouvemens. Je hais un vieil impie comme un méchant, & le méprise comme un malhabile homme, qui n'entend pas ce qui lui convient. Tandis qu'il fait profession de donner tout à la nature, il combat son dernier penchant vers Dieu, & lui refuse la seule douceur qu'elle lui demande. Il s'est abandonné à ses mouvemens, tant qu'ils ont été vicieux; il s'oppose à son plaisir, si-tôt qu'il devient une vertu. Toutes les vertus, dit-on, se perdent au Ciel, à la reserve de la charité, c'est-à-dire, l'amour; en sorte que Dieu qui nous le conserve après la mort, ne veut pas que nous nous en défassions jamais pendant la vie.

DISCOURS

# DISCOURS. XLVIII.

Que d'ennuis, de chagrins accompagnent la vie !
Qu'à de tristes malheurs on la voit asservie !
Qu'il nous faut essuyer de peines, de travaux,
Sans compter que chez nous est le fonds de nos maux !
„ Fâcheux entendement tu nous fais toûjours craindre ;
„ Douloureux sentiment tu nous fais toûjours plaindre ;
„ Funeste souvenir dont je me sens blessé,
„ Pourquoi rappelles-tu le mal déja passé ?
Pourquoi venir encor par de noires images
Affliger nos esprits, & troubler nos courages ?
Nos biens sont en idée, en espoir, en desir ;
Posseder ce qu'on veut est la fin du plaisir.
 Le monde nous déplaît, & les lieux solitaires
En offrant du repos nous cachent des miseres.
D'un esprit inquiet le nouveau sentiment
Dans un autre séjour va changer de tourment ;
Et ce trouble dernier dont l'ame est agitée,
Fait regretter celui qui l'avoit tourmentée.
 Les plus voluptueux à la fin sont touchés,
Et toutes les douceurs leur deviennent pechés,
Tout ce qu'ils ont aimé leur paroît une offense,
Ce n'est que repentir, ce n'est que penitence.
Les desirs innocens sont pour eux criminels :
Tout leur prêche l'enfer, & ses feux éternels.
 L'autre de la vertu hait la triste habitude,
Et ne peut plus souffrir son air fâcheux & rude :
De ses ordres chagrins, de son austerité,
Le sage quelquefois se trouve rebuté ;

*Comme*

Comme un autre Brutus, il se plaint, il murmure,
Et reproche les maux que pour elle il endure.
   Le bizarre, amoureux d'un chimerique honneur,
Se fait un faux devoir contraire à son bonheur ;
Il traîne loin des cours sa probité sauvage,
Traitant de corrompus le prudent & le sage :
Le travers genereux de son integrité,
Ne voit rien qu'infamie, & tout est lâcheté :
De son indépendance il se fait une étude,
Mais le soin d'être libre est une servitude :
Et qui veut être seul à se donner la loi,
Farouche pour tout autre est esclave de soi.
   Caton, cet ennnemi de toute tyrannie,
Est son tyran lui-même en s'arrachant la vie.
César pardonne à tous au sortir des combats,
Et le cruel Caton ne se pardonne pas.
Vaincu, sur le vainqueur, tu prens le droit du crime,
Te rends ton oppresseur, & te fais ta victime.
Tu fais ce que tu crains des volontés d'un Roi,
Et ton ordre, Caton, s'execute sur toi.
   Celui qui de tout faire a la pleine licence :
Ne se tient pas heureux avec tant de puissance :
Il gouverne le monde ; & connoît en effet,
Que pouvoir ce qu'on veut, n'est pas un bien parfait.
Sylla, le grand Sylla, ce fier maître de Rome,
Sentoit secretement les foiblesses de l'homme,
Découvrant quelque fois la tristesse d'un cœur,
Ennuyé du pouvoir, & de toute grandeur.
Il se nommoit heureux, s'élevant à l'Empire ;
De se voir absolu, malheureux il soûpire ;
Et dictateur qu'il est, ne songe qu'au moyen,
De rentrer dans l'état de simple citoyen.
   Ne tirons pas toûjours nos exemples de Rome ;

Pourquoi les tirer de si loin ?
Quand le sujet nous porte à parler d'un grand-
　　homme,
La France en fournira plus qu'on n'en a besoin.
Bourbon, ce fier sujet ; ce fameux Connétable,
Aux Dames dédaigneux, aux maîtres redoutable,
Pour & contre la France également vainqueur,
Au Pape, au Roi funeste, & craint de l'Empereur,
Qui mettoit Rome aux fers, & sans sa destinée
Par un ordre absolu, qui l'auroit gouvernée ;
Ce Bourbon autrefois & si brave & si beau,
Laisse un nom inutile, & manque de tombeau.
　　Amassons des trésors ; une infame avarice,
Des trésors amassés sera nôtre supplice :
Ils nous troublent vivans par le soin d'acquérir,
Et font nôtre embarras lors qu'il nous faut mourir.
Le plus riche sujet qu'ait jamais eu la France,
Jule (1) de qui les biens égaloient la puissance
Comme un nouveau Socrate auroit quitté le jour,
S'il avoit sû quitter l'objet de son amour ;
Si l'interêt du bien qui faisoit sa tendresse
N'eût mêlé dans sa mort quelque trait de foiblesse.
La clarté du Soleil eut pour lui peu d'appas :
Il craignit peu les maux qui suivent le trépas ;
Et cette éternité qu'un mourant envisage,
Vint regler son devoir sans troubler son courage.
Là, dans un plein repos, il put s'entretenir
Des funestes discours d'un affreux avenir ;
L'appareil de la mort le trouva sans allarme ;
Il vit couler des pleurs sans jetter une larme :
Si l'amour de l'argent n'avoit sû l'attendrir,
Il eût pû même apprendre aux Anglois à mourir.
A son dernier moment ce fut l'unique chaine
Dont le cœur attaché se défit avec peine.

(1) *Le Cardinal Mazarin.*

Tout ce qu'on peut trouver de rare en l'univers,
Ce qu'apporte à nos bords le commerce des mers ;
Ce que peuvent tirer les maîtres de la terre
D'une paix florissante & d'une heureuse guerre ;
Plus riche, plus puissant que nos vieux souverains,
  Jule l'avoit entre les mains.
Mais inutile fruit d'une fausse prudence !
Qu'êtes-vous devenuë, orgueilleuse abondance ?
De tout ce vain amas que voit-on demeuré ?
Hortence a tout perdu sans avoir murmuré.
  Condé qui n'eut point de modele,
  Et qui doit en servir toûjours,
Si l'on veut aquerir une gloire immortelle,
Qui des siecles futurs fera tout le discours ;
  Condé, ce grand foudre de guerre
Sera comme Alexandre un jour enseveli,
  Et n'entendra point sous la terre,
Le bruit que fait un nom dont le monde est rempli.
Un héros qui n'est plus, est peu digne d'envie :
Les vivans sont sujets aux troubles de la vie ;
Ils ne séparent point la gloire des malheurs,
Ni l'éclat des vertus des secretes douleurs.
D'une raison tranquille ils ignorent l'usage,
La douceur du repos est un tourment pour eux ;
Et si vivre content est le parti du sage ;
Vivre dans les travaux pour mourir glorieux,
  Du héros est le personnage.

# DIALOGUE. XLIX.

## SAINT-EVREMOND,
### MADAME MAZARIN.

#### SAINT'-EVREMOND.

Demeurez, me difoit Hortence,
Surmontez la tentation.
La furmonter en fa prefence !
Dans le tems que l'impreffion
Doit avoir plus de violence !
On ne peut : la commiffion
Se devoit donner pour l'abfence.
Mais quand j'y fais refléxion,
Son idée a trop de puiffance :
Par elle mon émotion
Auroit eu plus de vehemence.
Quand nature & religion
A mon âge ont fait alliance,
Et qu'il vient de cette union
Remontrance fur remontrance,
Pour l'exacte obfervation
Du précepte de continence ;
Alors l'imagination
Laiffe à nos fens l'obéïffance,
Et vive en fa rebellion
Prend plaifir à l'extravagance
D'une amoureufe paffion.
Telle eft, telle eft, divine Hortence,
D'un abfent la condition,

Qu'il demande vôtre préfence
Pour vaincre la tentation.

## MADAME MAZARIN.

Et j'ai befoin de vôtre abfence
Pour vivre fans affliction.
Le matin contre ma défenfe,
Prendre & lire devant mes yeux
Les livres que j'aime le mieux;
A dîné par un goût de France
La poularde-aux-œufs rejetter;
Bravvn & venaifon détefter;
Vins de Portugal, de Florence,
Pour nous parler toûjours des vins
D'Ay, d'Avenet, & de Reims,
De plus, avoir dans le filence
Un rire fecret & malin;
Puis d'un ridicule affez fin
Dont vous poffedez la fcience
Honorer vos meilleurs amis,
Croire que tout vous eft permis;
Que par une divine Hortence,
Et quelque malheureux écrit,
Vous gouvernerez mon efprit:
C'eft trop, c'eft trop de confiance.
Le plus fage quand il eft vieux
Dans le commerce eft ennuyeux,
Et le plus méchant perfonnage
C'eft d'être vieux fans être fage.
Il faut pourtant vous accorder
Un merite qui m'a fu plaire;
C'eft qu'à mes heures de gronder,
Vous pouviez fouffrir, & vous taire;
Dans la difpute me ceder,
Quand la raifon m'étoit contraire,
Et toûjours vous accommoder

Difcre-

Discretement à ma colere :
J'en cherche un propre à succeder
Dans un emploi si necessaire ;
En attendant il faut s'aider,
Comme on pourra de la doüairiere.

## SAINT-EVREMOND.

Oüi, je veux bien vous l'accorder,
C'est un fort méchant personnage ;
Que d'être vieux sans être sage.
Mais à vos heures de gronder :
Si je puis souffrir, & me taire,
Dans la dispute vous ceder,
Quand la raison vous est contraire ;
On peut justement decider
Que la belle & divine Hortence
Par la secrete autorité,
Que se donne la verité,
Me fait sage sans qu'elle y pense.
Que si je suis au rang des foux,
Ce ne peut être que par elle ;
Conserver sa raison en la voyant si belle,
Seroit une vertu trop au dessus de nous.

## SUR LA MORT DE CHARLES SECOND(1).
### STANCES IRREGULIERES.

N'Attendez pas de moi ces merveilles étranges,
Dont les faiseurs de vers composent leurs loüanges;
On ne me verra point recourir au Soleil
Pour la comparaison d'un Prince sans pareil.

Le dieu Mars est usé dans les discours de guerre;
Jupiter fatigué de lancer le tonnerre,
Doit rompre tout commerce avecque les mortels,
Et quitter leurs écrits comme ils font ses autels.

Le triste & grand sujet de cette poësie
Rejette le secours de nôtre fantaisie,
Toute fable l'offense : erreurs & vanités,
Faites place en mes vers aux pures veritès.

Charles, Charles fut fait pour gouverner les hommes,
Comme un Prince doit l'être en ce siécle où nous sommes;
Doux, clement, équitable, au bien toûjours porté,
Punissant rarement, & par necessité.

Pour des maux à venir, il ne fut jamais craindre,
Pour des maux arrivés moins encore se plaindre,
Facile

---

(1) *Charles II. Roi d'Angleterre mourut à Vvithe-ball le 16. de Février 1685.*

Facile sans foiblesse, & ferme sans effort,
Intrépide en sa vie aussi-bien qu'à sa mort.

Je voudrois oublier ses disgraces passées,
Je voudrois effacer de mes tristes pensées,
Un miserable état mille fois rebatu ;
Mais couvrir ses malheurs d'un éternel silence,
C'est trahir son merite, & faire violence
  Aux interêts de la vertu.

Qui n'a point admiré la grandeur de courage
Qui le porta cent fois au milieu du carnage,
Dont il fut par miracle à la fin garanti ?
Son salut merveilleux, étonne dans l'histoire,
Et lui fit plus d'honneur que ne fit la victoire
  Au chef du funeste parti (1).

Le dégoût des tyrans ; le repentir du crime :
Les droits & les vertus du Prince legitime,
Par des moyens cachés préparoient son retour,
Et de ce grand sucès à tous imperceptible,
Quand les plus pénetrans le croyoient impossible,
  On vit arriver l'heureux jour.

Jour à jamais fameux sur la terre & sur l'onde !
Les peuples à l'envi par des cris éclatans
Benissoient un monarque où leur bonheur se fonde,
La fausse liberté vit achever son tems ;
          Et

---

(1) *Charles II. ayant été défait par Cromwwel à la bataille de Wworcester le 23. de Septembre 1651. ne songea plus qu'à se sauver des mains des parlementaires, qui avoient mis sa tête à prix.* *Il se déguisa en paysan ; & tâchant de gagner au plûtôt la mer pour se retirer en France, il fut obligé de passer une nuit entiere sous un gros chêne toufu, sans quoi il couroit risque d'être découvert.*

Et cette factieuse en desordres feconde
Eût cherché dans la foule en vain deux mécontens.

Vous que le Ciel forma d'une humeur vagabonde,
Chercheurs de raretés, curieux importans,
Bernier, il vous faloit venir du bout du monde,
Pour contempler un Prince & ses sujets contens (1).

Ainsi Charles s'est vû dans le cours de sa vie,
Ou plaint en malheureux ; ou, bien digne d'envie,
  Au gré d'un destin inégal ;
Ainsi fut & disgrace & faveur peu commune,
Pour apprendre à joüir de la bonne fortune,
Et pour se faire un bien du souvenir du mal.

Des maux & des perils l'affreuse violence
N'a jamais essayé d'abattre sa constance,
Que l'on n'ait vû tomber cet inutile effort.
Des pompes, des grandeurs la vanité flateuse,
Des biens & des plaisirs la joüissance heureuse,
N'ont point changé ses mœurs au changement du
  sort.

Un autre parleroit du temple de memoire :
Un autre promettroit de l'immortaliser ;
Mais Charles comme grand sut acquerir la gloire,
Aquise, comme sage il sut la méprifer.

Instruit par ses malheurs à gouverner les hommes,
Il s'est fait avec eux un commun interêt :
Au trône sans orgueil, il sait tout ce qu'il est,
Et de-là sans mépris il voit ce que nous sommes.
Je vais dire beaucoup sans beaucoup discourir ;
S'il eût été sujet, on l'eût choisi pour maître,
Pour le bien des mortels il devoit plûtôt naître,
  Et ne devoit jamais mourir.

SUR

(1) *Mr. Bernier si connu par ses voyages, & par son Abregé de la Philoso-* | *phie de Gassendi vint en Angleterre après la mort de Charles II.*

## SUR LES POEMES DES ANCIENS.

IL n'y a personne qui ait plus d'admiration que j'en ai pour les ouvrages des anciens. J'admire le dessein, l'économie, l'élevation de l'esprit, l'étenduë de la connoissance : mais le changement de la religion, du gouvernement, des mœurs, des manieres, en a fait un si grand dans le monde, qu'il nous faut comme un nouvel art pour entrer dans le goût & dans le génie du siécle où nous sommes.

Et certes mon opinion doit être trouvée raisonnable par tous ceux qui prendront la peine de l'examiner. Car si l'on donne des caractéres tout opposés lors qu'on parle du Dieu des Israëlites & du Dieu des Chrétiens, quoi que ce soit la même divinité : si on parle tout autrement du Dieu des batailles ; de ce Dieu terrible qui commandoit d'exterminer jusqu'au dernier des ennemis ; que de ce Dieu patient, doux, charitable, qui ordonne qu'on les aime : si la création du monde est décrite avec un génie ; la rédemption des hommes avec un autre : si l'on a besoin d'un genre d'éloquence pour prêcher
la

la grandeur du pere qui a tout fait ; & d'un autre pour exprimer l'amour du fils qui a voulu tout souffrir : comment ne faudroit-il pas un nouvel art & un nouvel esprit, pour passer des faux dieux au veritable ; pour passer de Jupiter, de Cybele, de Mercure, de Mars, d'Apollon, à Jesus-Christ, à la Vierge, à nos Anges, & à nos Saints ?

Otez les dieux à l'antiquité, vous lui ôtez tous ses poëmes : la constitution de la fable est en desordre ; l'économie en est renversée. Sans la priere de Thetis à Jupiter, & le songe que Jupiter envoye à Agamemnon ; il n'y a point d'Illiade : sans Minerve ; point d'Odyssée : sans la protection de Jupiter, & l'assistance de Venus ; point d'Eneide. Les dieux assemblés au Ciel deliberoient de ce qui devoit se faire sur la terre : c'étoit eux qui formoient les resolutions, & qui n'étoient pas moins necessaires pour les executer, que pour les prendre. Ces chefs immortels des partis des hommes concertoient tout ; animoient tout ; inspiroient la force & le courage ; combattoient eux-mêmes ; & à la reserve d'Ajax qui ne leur demandoit que de la lumiere, il n'y avoit pas un combattant considerable qui n'eût son dieu sur son chariot, aussi-bien que son écuyer : le dieu pour conduire son javelot ; l'écuyer, pour la conduite de ses chevaux.

Les

Les hommes étoient de pures machines que de secrets ressorts faisoient mouvoir ; & ces ressorts n'étoient autre chose que l'inspiration de leurs déesses, & de leurs dieux.

La divinité que nous servons est plus favorable à la liberté des hommes. Nous sommes entre ses mains, comme le reste de l'univers par la dépendance. Nous sommes entre les nôtres pour déliberer & pour agir. J'avoüe que nous devons toûjours implorer sa protection. Lucrece la demande lui-même ; & dans le livre où il combat la providence de toute la force de son esprit, il prie ; il conjure ce qui nous gouverne, d'avoir la bonté de détourner les malheurs :

*Quod procul à nobis flectat natura gubernans* (1).

Cependant il ne faut pas faire entrer en toutes choses cette majesté redoutable, dont il n'est pas permis de prendre le nom en vain. Que les fausses divinités soient mêlées en toutes sortes de fictions ; ce sont des fables d'elles-mêmes, vains effets de l'imagination des poëtes. Pour les Chrétiens, ils ne donneront que des verités à celui qui est la verité pure ; & ils accommoderont tous leurs discours à sa sagesse & à sa bonté.

Ce

---

(1) *Lucret. Lib. I. Voyez le Dictionnaire de Bayle,* | *à l'article du poëte Lucrece.*

Ce grand changement est suivi de celui des mœurs, qui pour être aujourd'hui civilisées & adoucies, ne peuvent souffrir ce qu'elles avoient de farouche & de sauvage en ce tems-là. C'est ce changement qui nous fait trouver si étrange, les injures feroces & brutales que se disent Achille & Agamemnon (1). C'est par-là qu'Agamemnon nous est odieux, lors qu'il ôte la vie à ce Troyen, à qui Ménélas pour qui se faisoit la guerre, pardonne genereusement. Agamemnon, le Roi des Rois (2), qui devoit des exemples de vertu à tous les Princes & à tous les peuples; le lâche Agamemnon tuë ce miserable de sa propre main. C'est par-là qu'Achille nous devient en horreur, lors qu'il tuë le jeune Lycaon, qui lui demandoit la vie si tendrement. C'est par-là que nous haïssons jusqu'à ses vertus, quand il attache le corps d'Hector à son chariot, & qu'il le traîne inhumainement au camp des Grecs. Je l'aimois vaillant; je l'aimois ami de Patrocle: la cruauté de son action me fait haïr sa valeur & son amitié. C'est tout le contraire pour Hector. Ses bonnes qualitez reviennent dans nôtre esprit: nous le regrettons

---

(1) Dans l'ILIADE Achille appelle Agamemnon, SAC A VIN, YEUX DE CHIEN, & COEUR DE CERF.

(2) C'est ainsi qu'Homere le nomme.

tons davantage : son idée devenuë plus chere, s'attire tous les sentimens de nôtre affection.

Et qu'on ne dise point en faveur d'Achille, qu'Hector a tué son cher Patrocle. Le ressentiment de cette mort ne l'excuse point auprès de nous. Une douleur qui lui permet de suspendre la vengeance, & d'attendre ses armes avant que d'aller combattre ; une douleur si patiente ne le devoit pas pousser à cette barbarie, le combat fini. Mais dégageons l'amitié de nôtre aversion. La plus douce, la plus tendre des vertus ne produit point des effets si contraires à sa nature. Achille les a trouvés dans le fonds de son naturel. Ce n'est point à l'ami de Patrocle, c'est à l'inhumain, à l'inéxorable Achille qu'ils appartiennent.

Tout le monde en demeurera d'accord aisément. Cependant les vices du héros ne retomberont pas sur le poëte. Homere a plus songé à peindre la nature telle qu'il la voyoit, qu'à faire des héros fort accomplis. Il les a dépeints avec plus de passions que de vertus ; les passions étant du fond de la nature, & les vertus n'étant purement établies en nous que par les lumieres d'une raison instruite & enseignée.

La politique n'avoit pas encore lié les hommes par les nœuds d'une societé raisonnable ; elle ne les avoit pas bien tournés

*en cote*

encore pour les autres. La morale ne les avoit pas encore bien formés pour eux-mêmes. Les bonnes qualités n'étoient pas assez nettement dégagées des mauvaises. Ulisse étoit prudent & timide ; précautionné contre les perils ; industrieux pour en sortir ; vaillant quelquefois, lors qu'il y avoit moins de danger à l'être, qu'à ne l'être pas. Achille étoit vaillant & feroce ; & ( ce qu'Horace n'a pas voulu mettre dans le caractere qu'il en a donné ) se relâchant quelquefois à des puerilités fort grandes. Sa nature incertaine & mal reglée, produisoit des mœurs tantôt farouches, tantôt pueriles. Tantôt il traînoit le corps d'Hector en barbare ; tantôt il prioit la déesse sa mere en enfant, de chasser les mouches de celui de Patrocle son cher ami.

Les manieres ne sont pas moins differentes que les mœurs. Deux héros animés pour le combat ne s'amuseroient point aujourd'hui à se conter leur genealogie : mais il est aisé de voir dans l'Iliade, dans l'Odissée, & dans l'Eneide même, que cela se pratiquoit. On discouroit avant que de se battre comme on harangue en Angleterre avant que de mourir.

Pour les comparaisons, la discretion nous en fera moins faire : le bon-sens les rendra justes ; l'invention nouvelles. Le Soleil, la Lune, les Etoiles, les Elemens, ne leur prêteront plus une magnificence usée : les loups, les bergers, les troupeaux, ne nous fourniront plus une simplicité trop connuë.

Il me paroît qu'il y a une infinité de comparaisons qui se ressemblent plus que les choses comparées. Un milan qui fond sur une colombe ; un épervier qui charge de petits oiseaux ; un faucon qui fait sa descente : tous ces oiseaux ont plus de rapport entre eux dans la rapidité de leur vol, qu'ils n'en ont avec l'impetuosité des hommes qu'on leur compare. Otez la différence des noms de milan, d'épervier, de faucon, vous ne verrez que la même chose. La violence d'un tourbillon qui déracine les arbres, ressemble plus à celle d'une tempête qui fait quelque autre desordre, qu'aux objets avec qui on en fait la comparaison. Un lion que la faim chasse de sa caverne ; un lion poursuivi par les chasseurs ; une lionne furieuse & jalouse de ses petits ; un lion contre qui tout un village s'assemble ; & qui ne laisse pas de se retirer fierement avec orgüeil ; c'est un lion diversement representé ; mais toûjours lion qui ne donne pas des idées assez différentes.

Quelquefois les comparaisons nous tirent des objets qui nous occupent le plus, par la vaine image d'un autre objet qui fait mal-
à-

à-propos une diverſion. Je m'attache à conſiderer deux armées qui vont ſe choquer, & je prens l'eſprit d'un homme de guerre, pour obſerver la contenance, l'ordre, la diſpoſition des troupes : tout d'un coup on me tranſporte au bord d'une mer que les vents agitent, & je ſuis plus prêt de voir des vaiſſeaux briſés, que des bataillons rompus. Ces vaſtes penſées que la mer me donne effacent les autres. On me repréſente une montagne toute en feu, & une forêt toute embraſée. Où ne va point l'idée d'un embraſement ? Si je n'étois bien maître de mon eſprit, on me conduiroit inſenſiblement à l'imagination de la fin du monde. De cet embraſement ſi affreux, on me fait paſſer à un éclat terrible de nuës enfermées dans un valon ; & à force de diverſions on me détourne tellement de la premiere image qui m'attachoit, que je perds entierement celle du combat.

Nous croyons embellir les objets, en les comparant à des êtres éternels, immenſes, infinis, & nous les étouffons au lieu de les relever. Dire qu'une femme eſt auſſi belle que Madame Mazarin ; c'eſt la loüer mieux que ſi on la comparoit au Soleil ; car le ſublime & le merveilleux font honneur ; l'impoſſible & le fabuleux détruiſent la loüange qu'on veut donner.

La

La verité n'étoit pas du goût des premiers siécles : un mensonge utile, une fausseté heureuse, faisoit l'interêt des imposteurs, & le plaisir des crédules. C'étoit le secret des grands & des sages, pour gouverner les peuples & les simples. Le vulgaire, qui respectoit des erreurs mysterieuse, eût méprisé des verités toutes nuës : la sagesse étoit de l'abuser. Le discours s'accommodoit à un usage si avantageux : ce n'étoient que fictions, allégorie, paraboles ; rien ne paroissoit comme il est en soi : des dehors spécieux & figurés couvroient le fonds de toutes choses ; de vaines images cachoient les réalités, & des comparaisons trop fréquentes détournoient les hommes de l'application aux vrais objets, par l'amusement des ressemblances.

Le génie de nôtre siécle est tout opposé à cet esprit de fables & de faux mystéres. Nous aimons les verités déclarées : le bon-sens prévaut aux illusions de la fantaisie : rien ne nous contente aujourd'hui que la solidité & la raison. Ajoûtez à ce changement du goût, celui de la connoissance. Nous envisageons la nature autrement que les anciens ne l'ont regardée. Les Cieux, cette demeure éternelle de tant de divinités, ne sont plus qu'un espace immense & fluide. Le même Soleil nous luit encore ; mais nous lui donnons un autre cours : au lieu de s'aller coucher dans la mer, il va éclairer un autre monde. La terre immobile autrefois, dans l'opinion des hommes, tourne aujourd'hui dans la nôtre, & rien n'est égal à la rapidité de son mouvement. Tout est changé ; les dieux, la nature, la politique, les mœurs, le goût, les manieres. Tant de changemens n'en produiroit-ils point dans nos ouvrages ?

Si Homere vivoit presentement, il feroit des poëmes admirables, accommodés au siécle où il écriroit. Nos poëtes en font de mauvais, ajustés à ceux des anciens, & conduits par des regles, qui sont tombées, avec des choses que le tems a fait tomber.

Je sai qu'il y a de certaines regles éternelles, pour être fondées sur un bon-sens, sur une raison ferme & solide, qui subsistera toûjours : mais il en est peu qui portent le caractére de cette raison incorruptible. Celles qui regardoient les mœurs, les affaires, les coûtumes des vieux Grecs, ne nous touchent guére aujourd'hui. On en peut dire ce qu'a dit Horace des mots : Elles ont leur âge & leur durée. Les unes meurent de vieillesse ; *Ita verborum interit ætas*: les autres périssent avec leur nation, aussi-bien que les maximes du gouvernement, lesquelles ne subsistent pas après l'Empire. Il n'y en a donc que bien peu qui ayent

droit

droit de diriger nos esprits dans tous les tems; & il seroit ridicule de vouloir toûjours regler des ouvrages nouveaux, par des loix éteintes. La poësie auroit tort d'exiger de nous ce que la religion & la justice n'en obtiennent pas.

C'est à une imitation servile & trop affectée, qu'est dûë la disgrace de tous nos poëmes. Nos poëtes n'ont pas eu la force de quitter les dieux, ni l'adresse de bien employer ce que nôtre religion leur pouvoit fournir. Attachés au goût de l'antiquité, & necessités à nos sentimens, ils donnent l'air de Mercure à nos Anges, & celui des merveilles fabuleuses des anciens à nos miracles. Ce mélange de l'antique & du moderne leur a fort mal réüssi : & on peut dire qu'ils n'ont sû tirer aucun avantage de leurs fictions, ni faire un bon usage de nos veritez.

Concluons que les poëmes d'Homere seront toûjours des chefs-d'œuvres : non pas en tout des modeles. Ils formeront nôtre jugement; & le jugement reglera la disposition des choses presentes.

## LII. DU MERVEILLEUX

*Qui se trouve dans les poëmes des anciens.*

SI l'on considere le merveilleux des poëmes de l'antiquité, dégagé des beaux sentimens, des fortes passions, des expressions nobles dont les ouvrages des poëtes sont embellis ; si on le considere destitué de tous ornemens, & qu'on vienne à l'examiner purement par lui-même, je suis persuadé que tout homme de bon-sens ne le trouvera guére moins étrange que celui de la chevalerie. Encore le dernier est-il plus discret en ce point, qu'on y fait faire aux diables & aux magiciens toutes les choses pernicieuses, sales, des-honnêtes ; au lieu que les poëtes ont remis ce qu'il y a de plus infame au ministére de leurs déesses & de leurs dieux. Ce qui n'empêche pas toutefois que les poëmes ne soient admirés, & que les livres de chevalerie ne paroissent ridicules. Les uns admirés pour l'esprit & la science qu'on y trouve ; les autres trouvés ridicules pour l'imbecillité dont ils sont remplis. Le merveilleux des poëmes soûtient

tient son extravagance fabuleuse par la beauté du discours, & par une infinité de connoissances exquises qui l'accompagnent. Celui de la chevalerie décredite encore la folle invention de sa fable, par le ridicule du stile dont il semble se revêtir.

Mais quoi qu'il en soit, le fabuleux du poëme a engendré celui de la chevalerie; & il est certain que les diables & les enchanteurs causent moins de mal en celui-ci, que les dieux & leurs ministres en celui-là. La déesse des arts, de la science, de la sagesse, inspire une fureur insensée au plus brave des Grecs (1), & ne lui laisse recouvrer le sens qu'elle lui a ôté, que pour le rendre capable d'une honte qui le porte à se tuer lui-même par désespoir. La plus grande & la plus prude des immortelles favorise de honteuses passions, & facilite de criminelles amours (2). La même déesse employe toute sorte d'artifices pour perdre des innocens, qui ne devroient se ressentir en rien de son courroux. Il ne lui suffit pas d'épuiser son pouvoir & celui des dieux, qu'elle a sollicités pour perdre Enée, elle corrompt le Dieu du sommeil, pour endormir infidelement Palinure, & faire ensorte qu'il pût tomber

dans

_____

(1) *Ajax fils de Telamon.*

(2) *Junon dans l'Eneide.*

dans la mer, comme cette trahison l'y fit tomber, & l'y fit perir.

Il n'y a pas un des dieux, en ces poëmes, qui ne causent aux hommes les plus grands malheurs, ou ne leur inspire les plus grands forfaits. Il n'y a rien de si condamnable ici-bas, qui ne s'exécute par leur ordre, ou ne s'autorise par leur exemple ; & c'est une des choses qui a le plus contribué à former la secte des Epicuriens, & à la maintenir. Epicure, Lucrece, Pétrone, ont mieux aimé faire des dieux oisifs, qui joüissent de leur nature immortelle dans un bienheureux repos, que de les voir agissans & funestement occupés à la ruine de la nôtre. Epicure même a prétendu s'en faire un merite de sainteté envers les dieux ; & de-là est venuë cette sentence que Bacon a tant admirée : *Non deos vulgi negare profanum, sed vulgi opiniones diis applicare profanum* (1).

Or je ne dis pas qu'il faille rejetter les dieux de nos ouvrages ; moins encore de ceux de la poësie, où ils semblent entrer plus

___

(1) Diogene Laërce nous a conservé ce mot d'Epicure. Mr. de Saint-Evremond se sert ici de la traduction de Bacon (SERM. FIDEL. Cap. XVI.) mais en voici une plus litterale : *Impius est, non is qui multitudinis deos tollit ; sed is qui multitudinis opiniones diis adhibet.* Diogen. Laert. Lib. X. §. 123.

plus naturellement que dans les autres :

*Ab Jove principium Musa.*

Je demande autant que personne leur intervention ; mais je veux qu'ils y viennent avec de la sagesse, de la justice, de la bonté, non pas comme on les y fait venir d'ordinaire, en fourbes & en assassins. Je veux qu'ils y viennent avec une conduite à tout regler, non pas avec un déreglement à tout confondre.

Peut-être qu'on fera passer tant d'extravagances pour des fables & des fictions, qui tombent dans les droits de la poësie. Mais quel art, ou quelle science peut avoir un droit pour l'exclusion du bon-sens ? S'il ne faut que faire des vers pour avoir le privilege d'extravaguer, je ne conseillerai jamais à personne d'écrire en prose, où l'on devient ridicule aussi-tôt qu'on s'éloigne de la bienséance & de la raison.

J'admire que les anciens poëtes ayent été si scrupuleux pour la vrai-semblance dans les actions des hommes ; & qu'ils n'en ayent gardé aucune dans celles des dieux. Ceux même qui ont parlé le plus sagement de leur nature, n'ont pû s'empêcher de parler extravagamment de leur conduite. Quand ils établissent leur être & leurs attributs, ils les font immortels, infinis, toutpuissans, tout sages, tout bons : mais du moment qu'ils les font agir, il n'y a foiblesse où ils ne les assujettissent ; il n'y a folie ou méchanceté qu'ils ne leur fassent faire.

On dit communément deux choses qui paroissent opposées, & que je croi toutes deux fort vrai-semblables : l'une, que la poësie est le langage des dieux ; & l'autre qu'il n'y a rien de plus fou que sont les poëtes. La poësie qui exprime fortement les grandes passions des hommes ; la poësie qui dépeint avec une vive expression les merveilles de l'univers, éleve les choses purement naturelles comme au-dessus de la nature, par une sublimité de pensées & une magnificence de discours, qui se peut appeller raisonnablement le langage des dieux. Mas quand les poëtes viennent à quitter ces mouvemens & ces merveilles pour parler des dieux, ils s'abandonnent au caprice de leur imagination, dans une chose qui ne leur est pas assez connuë, & leur chaleur n'étant pas soûtenuë d'une juste idée, au lieu de se rendre, comme on le croit, tout divins, ils se font, les plus extravagans de tous les hommes. On n'aura pas de peine à se le persuader, si on considere que leur espece de théologie fabuleuse & ridicule, est également contraire à tout sentiment de religion, & à toute lumiere du bon-sens. Il y a eu des philosophes qui

qui ont fondé la religion sur la connoissance que les hommes pouvoient avoir de la divinité par leur raison naturelle. Il y a eu des législateurs qui se sont dit les interprétes de la volonté du ciel, pour établir un culte religieux sans aucune entremise de la raison. Mais de faire commes les poëtes, un commerce perpetuel, une société ordinaire, &, si on le peut dire, un mélange des hommes & des dieux, contre la religion & la raison ; c'est assûrément la chose la plus hardie, & peut-être la plus insensée qui fut jamais.

Il reste à savoir si le caractére du poëme à la vertu de rectifier celui de l'impieté & de la folie. Mais je ne pense pas qu'on donne tant de pouvoir à la force secrete d'aucun charme. Ce qui est méchant, est méchant par tout : ce qui est extravagant, ne devient sensé nulle part. Pour la réputation du poëte, elle ne rectifie rien non plus que le caractére du poëme. Le discernement ne se dévoie à personne. Il ne trouvera pas bon dans l'auteur le plus celebre, ce qui effectivement est mauvais. Il ne trouvera pas mauvais dans un écrivain médiocre, ce qui en effet est bon. Parmi cent belles & hautes pensées, un bon juge en démêlera une extravagante, qu'aura poussé le génie dans sa chaleur, & qu'une imagination trop forte aura su maintenir contre des refléxions mal assurées.

rées. Au contraire, dans le cours d'une infinité de choses outrées, ce même juge admirera certaines beautés, où l'esprit malgré son impetuosité s'est permis de la justesse.

L'élevation d'Homere & ses autres belles qualitez, ne m'empêcheront pas de reconnoître le faux caractère de ses dieux ; & cette agréable & judicieuse égalité de Virgile, qui fait plaire à tous les esprits bien faits, ne me cachera pas le peu de mérite de son Enée. Si parmi tant de belles de choses dont je suis touché dans Homere & dans Virgile, je ne laisse pas de connoître ce qu'il y a de défectueux ; parmi celles qui me blessent dans Lucain pour être trop poussées, ou qui m'ennuyent pour être trop étenduës, je ne laisserai pas de me plaire à considerer la juste & veritable grandeur de ses héros. Je m'attâcherai à goûter mot-à-mot toute l'expression des secrets mouvemens de César, quand on lui découvre la tête de Pompée ; & rien ne m'échapera de cet inimitable discours de Labiénus & de Caton, quand il s'agit de consulter, ou de ne consulter pas l'oracle de Jupiter Ammon, sur la destinée de la Republique.

Si tous les poëtes de l'antiquité avoient parlé aussi dignement des oracles de leurs dieux, je les préfererois aux théologiens & aux philosophes de ce tems-là ; & c'est un

*endroit*

endroit à servir d'exemple en cette matiere à tous les poëtes. Vous voyez dans le concours de tant de peuples qui viennent consulter l'oracle d'Ammon, ce que peut l'opinion publique où le zele & la superstition se mêlent ensemble. Vous voyez en Labiénus un homme pieux & sensé, qui unit à la sainteté envers les dieux, la considération qu'on doit avoir pour la veritable vertu des gens-de-bien. Caton est un philosophe religieux, défait de toute opinion vulgaire; qui conçoit des dieux les hauts sentimens qu'une raison pure & une sagesse élevée peuvent former (1). Tout y est poëtique; tout y est sensé, non pas poëtique par le ridicule d'une fiction, ou par l'extravagance d'une hyperbole, mais par la noblesse hardie du langage, & par la belle élevation du discours. C'est ainsi que la poësie est le langage des dieux, & que les poëtes sont sages. Merveille assez grande; & plus grande de de ne l'avoir su trouver dans Homere, ni dans Virgile, pour la rencontrer dans Lucain!

LETTRE

(1) *Lucain*, *au* IX. *Livre de la Pharsale.*

# LETTRE
## A Mr. LE MARECHAL
# DE CREQUI.

LIII.

JE vous envoye, Monseigneur, la lettre que vous m'avez conseillé d'écrire au Roi, & que vous m'avez promis si obligeamment de lui rendre. Vous y verrez un profond respect, & un repentir sincere d'une faute qui ne m'est connuë que par la punition que j'en ressens. Mon châtiment seul me persuade mon crime : si je ne savois que le Roi ne châtie personne qui ne l'ait merité, je serois encore à m'appercevoir que j'ai failli. Les mouvemens du cœur font perdre à l'esprit la netteté de ses lumieres. Le zele que je me sentois pour tout ce qui regarde le Roi, ne me laissoit pas croire que je le pusse offenser. Un peu moins de confiance à mon zele, & plus de précaution m'auroient fait demeurer en France, où j'aurois eu l'honneur de vous voir ; ce qui eût fait le plus grand bonheur de ma vie. Mais il faut s'accommoder à l'état où l'on se trouve, sans chercher une vaine consolation

solation dans le souvenir d'une condition passée. Aprés tout, je ne saurois me dire fort malheureux : si la fortune m'a ôté un peu de bien, elle m'a faire une épreuve glorieuse ; c'est de vôtre amitié, Monseigneur, que je trouve aussi vive & aussi animée après vingt-cinq ans d'absence, qu'elle pourroit l'être si j'avois l'honneur de vous voir à tout moment.

Pour le conseil que vous me donnez de loüer sa Majesté, vous me permettrez de ne le pas suivre. Vôtre affection vous figure que je pourrois donner un tour à ses loüanges, qui ne lui déplairoit pas : mais je sai combien il est dangereux de loüer un Prince, qui a plus de goût & de discernement, que ceux qui le loüent n'ont d'esprit & de génie. La plûpart des loüanges sont grossieres ; & elles dégoûtent ; affectées, elles déplaisent ; recherchées, elles ne conviennent pas assez au sujet : je serois tombé dans quelqu'un de ces inconveniens-là, & j'aime mieux ne loüer point, que de loüer mal. Il y a bien de la vanité à penser faire valoir des choses, qui se font valoir pleinement par elles-mêmes : elles n'ont besoin que d'être nommées, pour faire leur impression sur les esprits. Quand on en parle, je suis le premier à sentir les mouvemens qu'elles inspirent : mais je ne hazarde point des loüanges, qui peut-être leur feroient tort; & je croi faire plus pour elles, en évitant soigneusement de les gâter, que ne font les autres en cherchant curieusement à les embellir.

## LIV. SUR LE GOUVERNEMENT DE JAQUES II.

### STANCES IRREGULIERES.

SAns besoin & sans abondance,
 J'oserois dire sans desirs,
 Je vis ici dans l'innocence,
Et d'un sage repos je fais tous mes plaisirs.

 Non, qu'une triste solitude,
  Le silence, l'obscurité,
 L'attachement à quelque sombre étude,
  Puissent faire ma volupté.

 Je ne veux point cacher ma vie,
Au monde d'elle-même, elle se cache assez;
Par tout est la retraite où cesse la folie
  Des passions & des soins empressés.

Au milieu de la cour mon ame retirée
Laisse le faux éclat d'une pompe adorée,
  Sans negliger les vrais appas,
De la grandeur qui plaît & qui n'ébloüit pas.

  Là, d'un esprit sain & tranquille,

    Je me fais un plaisir utile,
     D'examiner & vices & vertus ;
     Mais par un changement notable,
Pour le mal indulgent, pour le bien équitable,
     Je loüe & ne censure plus.

     Ici je ne voi rien d'austere
      Dont le monde soit rebuté ;
De soi-même important, sans besoin de le faire,
On donne un air facile à son autorité.

     Finesse, artifice, mistere ;
     Détour, vaine subtilité ;
     Politique en chose legere,
     Ménagée avec gravité ;
     Soit à parler, soit à se taire,
     Air de suffisance affecté ;
Tout cela passe ici pour sottise, chimere,
Fausse imitation de la capacité.

Au tems que le travail se trouve necessaire,
Il semble que jamais l'on n'ait connu plaisir ;
Il semble que jamais on n'ait connu d'affaire,
Quand on rentre en commerce aux heures de loisir

Ici l'on ne voit rien de cet art ordinaire,
Qui tient aux autres Cours nôtre espoir en langueur,
Ici l'on ne voit point le ministre en colere,
Au refus que l'on fait ajoûter sa rigueur.

     La parole est inviolable ;
Ce qui sert à la feinte, & composé la fable,
N'est rien que son perdu dans le vague des airs ;
La parole est ici solide & veritable,
    Parmi les vents elle passe les mers,
Et porte son credit au bout de l'univers.

On y manque pourtant, mais c'est dans la menace,
Quand des maux annoncés demeurent sans effets ;
La promesse est fidele à l'égard de la grace,
    On n'y manque jamais.

    On voit de l'ordre & jamais d'avarice ;
    Le bien est fait quand il est merité ;
    Sans rien devoir à l'aveugle caprice,
    Vaine grandeur, molle facilité,
    On voit par tout un esprit de justice,
Et nulle part de la severité.

---

## LV. SUR LE JOUR DE LA NAISSANCE DE LA REINE (1).

### STANCES IRREGULIERES.

Le bonheur le plus grand que goûte une mortelle,
C'est de se voir au trône, & d'être la plus belle ;
Tout ce que la nature a de plus précieux,
Tout ce que la grandeur a de plus glorieux,
    Est pour la Reine un doux partage,
    Comme un éclatant avantage ;
Eh ! pourquoi celebrer une nativité,
Qui marque un an perdu de sa felicité ?

    O triste & fâcheuse pensée,
    Que n'êtes-vous d'ici chassée !

(1) *Marie de Modéne, épouse de Jaques II.*

Que ne fuit-on du tems un infenfible cours
Sans jamais remarquer la fuite de fes jours !

  Dans nôtre plus grande jeuneffe ;
  Dans la fleur de nos plus beaux ans ;
 Tout pas qu'on fait fe font vers la vieilleffe,
 Il n'en eft point qui ne foient importans:
  O trifte, ô fâcheufe penfée,
  Que n'êtes-vous d'ici châffée !
Que ne fuit-on du tems un infenfible cours,
Sans remarquer jamais la fuite de fes jours !

  A ce fameux jour de naiffance,
  Qui donne à la cour tant de foins,
Si la Reine pouvoit avoir un an de moins,
J'exhorterois chacun à la réjoüiffance,
  Et ne voudrois pas être exclus
De montrer un effai de ma magnificence;
Mais puis que ce jour-là fait voir un an de plus,
C'eft à fes ennemis à faire la dépenfe.

  Je haï cette nativité ;
  Helas ! pourquoi nous apprend-elle
Que la Reine à fon tems comme nous limité ?
  Non, je la veux croire éternelle,
  Je vois cette O *Dea certe* (1)
  Qui nous parut plus immortelle
  Que la déeffe de beauté.

 Sortons, Madame la Ducheffe :
Retirons-nous, fendons la preffe ;
Et vous ferez demain à la Reine un difcours
  Qu'on lui peut faire tous les jours.

          COMPLI-

___

(1) *Devife qu'on mit fur les médailles frap-pées pour le couronnement de la Reine.*

## VI. COMPLIMENT
### DE MADAME
## LA DUCHESSE MAZARIN
### A LA REINE.

Les vertus sans appas ont un air trop severe ;
Les appas sans vertus ne sont que vanité :
L'ajustement est difficile à faire,
De l'extrême sagesse à l'extrême beauté.
    Cette merveille est extraordinaire,
    Une si juste égalité,
    Au monde ne se trouve guére ;
On la voit pleinement en vôtre Majesté.
    Une estime pure & sincere
N'entre point dans les droits de vôtre qualité ;
Et peut-être êtes-vous la seule qu'on revére,
    Sans égard à la dignité :
Tout hommage, devoir, service necessaire,
S'éxige par le rang & par l'autorité ;
Tous les cœurs ont pour vous un respect volontaire,
Qu'ils vous rendent plûtôt qu'à vôtre Majesté.

# ECLAIRCISSEMENT LVII.

*Sur ce qu'on a dit de la musique des italiens* (1).

ON m'a rendu de si méchans offices à l'égard des italiens, que je me sens obligé de me justifier auprès des personnes dont je desirerois l'approbation, & appréhenderois la censure. Je déclare donc qu'après avoir écouté Syphace, Ballarini, & Buzzolini avec attention ; qu'après avoir examiné leur chant, avec le peu d'esprit & de connoissance que je puis avoir ; j'ai trouvé qu'ils chantoient divinement bien ; & si je savois des termes qui fussent au-dessus de cette expression, je m'en servirois pour mieux faire valoir leur capacité.

Je ne saurois faire un jugement assûré des françois. Ils remuent trop les passions : ils mettent un si grand desordre en nos mouvemens, que nous en perdons la liberté du discernement, que les autres nous ont laissée pour trouver la sûreté de leur merite dans la justesse de nos approbations.

La premiere institution de la musique a été
faite

---

(1) *Voyez les réfléxions sur les opera. Tom* | *III. Piece XX.*

faite pour tenir nôtre ame dans un doux repos; ou la remettre dans son assiette, si elle en étoit sortie. Ceux-là sont loüables, qui par une connoissance égale des cœurs & du chant, suivent des ordres si utilement établis. Les françois n'ont aucun égard à ces principes: ils inspirent la crainte, la pieté, la douleur; ils inquiétent; ils agitent; ils troublent quand il leur plaît: ils excitent les passions que les autres apaisent: ils gagnent le cœur par un charme qu'on pourroit nommer une espece de séduction. Avez-vous l'ame tendre & sensible? Aimez-vous à être touché? écoutez la Rochoüas, Baumaviel, Duménil, ces maîtres secrets de l'intérieur, qui cherchent encore la grace & la beauté de l'action, pour mettre nos yeux dans leurs interêts. Mais voulez-vous admirer la capacité, la science, la profondeur dans les choses difficiles; la facilité de chanter tout sans étude, l'art d'ajuster la composition à sa voix, au lieu d'accommoder sa voix à l'intention du compositeur: voulez-vous admirer une longueur d'haleine incroyable pour les tenuës; une facilité de gozier surprénante pour les passages? Entendez Syphace, Ballarini, & Buzzolini, qui dédaignant les faux mouvemens du cœur, s'attachent à la plus noble partie de vous-même, & assujettissent les lumieres les plus certaines de vôtre esprit.

## A MADEMOISELLE DE L'ENCLOS.
### SONNET.

Passer quelque heures à lire,
Est mon plus doux amusement;
Je me fais un plaisir d'écrire,
Et non pas un attachement.

Je perds le goût de la satire;
L'art de loüer malignement,
Cede au secret de pouvoir dire
Des verités obligeamment.

Je vis éloigné de la France
Sans besoin & sans abondance,
Content d'un vulgaire destin,

J'aime la vertu sans rudesse,
J'aime le plaisir sans molesse,
J'aime la vie, & n'en crains pas la fin.

## LIX. SUR LES VAINES OCCUPATIONS DES SAVANS ET DES CONTROVERSISTES.

*Stances irrégulieres.*

JE voudrois que l'ignorance,
S'exposât moins hardiment;
Je voudrois que la science,
Se montrât discretement,
Avec moins de suffisance,
Et plus de discernement.

Vieillir crasseux sur un livre,
C'est être mort en vivant;
Pour le tems où tu dois vivre,
Sois plus sage que savant.

Peut'on passer tout son âge
Dans une profession,
Qui met son ambition
A rétablir un passage;
Et souvent gâte l'ouvrage
Par la restitution?

On dispute si Neptune,
A la barbe bleuë, ou brune,
S'il ne seroit pas plus beau,
De la faire couleur d'eau.

Un critique sedentaire,
Occupe tout son loisir
A rendre une chose claire,
Qui ne fait aucun plaisir.

Que Heinsius trop avide,
Pour ses notes sur Ovide,
Ait devoré tout confus,
Huit cens volumes & plus (1).

Du vieil habit de Carthage,
Des philosophes porté,
Si nos moines ont l'usage,
Quel fruit ? quelle utilité ?

O personnes fortunées
Comme on voit Madame Herval,
Que laissent les destinées
Dans un repos sans égal,
N'entendant en cent années,
Ni Perse, ni Juvenal !

Que ces gens ont bonne grace
Qui vont en chaque maison,
Pleins de Terence & d'Horace,
En parler hors de saison !
Ils ne font point de visite
Sans chercher des auditeurs,
Qui leur fassent un merite,
De celui des vieux auteurs.

Un esprit sec & sterile,
Sans fonds & sans agrément,

___

(1) Mr Heinsius a dit à Mr de St Evremond, qu'il avoit lû plus de huit cens volumes, pour faire ses notes sur Ovide.

Sous Homere & sous Virgile,
Se cache fort prudemment.

Mais en quittant leur génie,
Lors qu'au sien il est rendu,
Quand il perd leur compagnie,
Tout son merite est perdu.

Pourquoi lasser une presse,
D'écrits de religion ?
Voit'on de prêche & de Messe,
Finir la division ?

La tradition résiste
Au plus fort controversiste,
Et sans l'emploi du Dragon,
Personne aujourd'hui n'ignore,
Que subsisteroit encore,
L'écriture à Charenton.

De Meaux, Arnaud, & Nicolle,
Par écrit & par parole,
Ne venant à bout de rien ;
On ne voulut plus attendre,
Et Louvois, comme Alexandre,
Coupa le nœud gordien.

La raison honnête & bonne,
Civile à toute personne,
Ne prenoit point de parti ;
L'interêt par son amorce,
Et le pouvoir par la force,
Sans son aide ont converti.

La conscience trompée,
Des droits de ces grands édits.

## DE SAINT-EVREMOND.

Que l'on respectoit jadis
Tomba sous ceux de l'épée.

Par-là nous voyons sa foi,
En d'autres pays errante,
Dans le sien toûjours tremblante,
Aux moindres ordres du Roi.

L'interêt d'une autre vie,
Nous oblige à songer qu'il faut mourir un jour,
Sans défendre à nôtre envie,
Les plaisirs innocens de ce mortel séjour.

Des biens dont la terre abonde,
Qui peut joüir en santé ;
Celui d'une paix profonde,
Qui la douceur a goûté ;
A comme un gage en ce monde,
De l'heureuse éternité.

Quel besoin de joüissance,
En adorant de beaux yeux !
Un amour si précieux,
Lui-même est sa récompense.

Ajoûtons pour être mieux,
Dans cet état d'innocence,
Que des vins délicieux,
Nous sont arrivés de France.

## LX. SUR LA MORT DE MR. LE PRINCE,

### Et sur son CATAFALQUE (1).

### STANCES IRREGULIERES.

Que vous servent, CONDE', ces tableaux
    de batailles ?
    Que vous sert ce pompeux orgüeil
    De pavillons & de murailles ?
Ce Chef-dœuvre nouveau de tristesse & de deüil,
    Tout ce grand art de funerailles,
Condé, que vous sert'il dans le fond du cercüeil ?

Des Fléchiérs, des Condons les Oraisons Funebres,
    Ne perceront point vos tenebres ;
    Les éloges des Bourdalous (2)
    Helas ! n'iront point jusqu'à vous.
    Vous n'êtes qu'une belle idée
    En nos cœurs encore gardée ;
Tout l'être qui vous reste est nôtre propre bien,
    Hors de nous vous n'êtes plus rien.

    O mort, ô funeste puissance,
    Qui pourra résister à ton cruel effort !

---

(1) *Le Prince de Condé mourut le 9 de Decembre 1686.*

(2) *Le Pere Bourdaloüé, Jesuite, Prédicateur ordinaire du Roi, a fait l'Oraison Funebre du Prince de Condé. Il mourut le 13. de May 1704.*

La valeur n'a point de défense ;
  Le sang qu'on respecte si fort :
Ce sang t'oppose en vain l'honneur de la naissance,
  Tout se confond à ton abord ;
  Le sçavoir & l'intelligence
De la stupidité trouvent le même sort.
  O mort ! ô funeste puissance,
Qui pourra résister à ton cruel effort ?

Quand d'une affection aujourd'hui peu commune
  Condé, l'on s'attachoit à toi ;
  Et qu'on se faisoit une loi
De suivre ta vertu plûtôt que sa fortune,
  On trouvoit un charme au devoir;
Et qui servoit le mieux rencontroit son salaire
  Dans l'avantage de bien faire,
  Et dans le plaisir de te voir.

  Quelle est, quelle est ta récompense,
  D'avoir causé la décadence
Du grand & vaste état qui tenoit l'univers
Dépendant de sa grace, ou chargé de ses fers (1)
Quel fruit dans le tombeau d'avoir contre la France
  Qui n'attendoit pas ce revers ;
  Par cent & cent combat divers
Des flamands abbatus, protegé l'impuissance ?

Ne nous engageons point au recit des combats ;
La tristesse & le deüil ne le permettent pas :
D'ailleurs celui qui pût acquerir tant de gloire,
Haïssoit le discours de ses fameux exploits ;
  N'importunons point sa memoire,
Comme on importunoit sa personne autrefois.
Le premier des héros en merveilles étranges (2)
Au bien d'être loüé mit son plus doux espoir :
                                                    Condé

(1) L'Espagne.    |    (2) Alexandre.

Condé, qui merita d'aussi grandes loüanges
  N'en voulut jamais recevoir.

Telle de leurs esprits étoit la ressemblance,
Telle de leurs exploits étoit l'égalité,
Que nature eût perdu sans cette difference
Le plaisir qu'elle prend dans la diversité.
   Son ame finement trompée
D'un tour ingénieux quelquefois se flatoit ;
A peine la loüange étoit dévelopée,
Que l'air de vanité soudain le rebutoit.

Sensible à tout plaisir, ennemi de tout crime,
  Souvent fier ; jamais orgueilleux :
  Charmé du grand & du sublime ;
  Ennemi du faux merveilleux.
La gloire, le repos, la grandeur, l'innocence
Etoient à Chantilly dans un parfait accord ;
Les talens opposés quittant leur répugnance
Commençoient à former entr'eux un doux rapport.

  Toute sorte de connoissance ;
  Tout ouvrage étoit du ressort
  De cette intelligence :
  Mais, helas ! le foible support
  Qu'une si haute suffisance
  Contre l'attaque de la mort !
Tout finit, tout finit : Condé laisse une vie
Des Héros les plus grands, ou l'exemple, ou l'en-
 vie.

## A MADAME LXI.
## LA DUCHESSE
## MAZARIN.

HOrace amoureux de son bois
Et de sa petite campagne,
S'écrioit d'un ton villageois :
O champs, que la paix accompagne,
Quand pourrai-je vous voir & goûter à loisir
D'un séjour innocent le tranquille plaisir !
 Puis que vous m'ordonnez, Hortence,
De vous parler des champs, voici ce que j'en pense.
 Le séjour en est assez bon,
 Lors que l'on trouve compagnie,
 Dans une agréable maison
 De toutes choses bien fournie :
 Et tel est maintenant Vvindsors,
 Où tout me plaît, où tout abonde,
 Où je lis, je bois, mange, dors,
Et vois à mon réveil la plus belle du monde.
 Mais dès que vient le mauvais tems,
 Vvindsor est bien sujet aux vents :
 Déja la nature malade
 Rend le plaisir des champs bien fade,
 Nous voyons les feüilles tomber,
Et le vert à nos yeux prêt à se dérober.
 Pour cette lugubre verdure
 D'Ifs, de lauriers, houx & sapins,
 Dont la couleur tout l'hyver dure,
Que les faux curieux en ornent leurs jardins :
 Je ne veux durant la froidure

Que de grands feux & de bons vins.
Retournons à la bonne ville
En toutes choses si fertile :
Voyons les huîtres arriver,
Voici le mois qu'il faut crever (1).

(1) *Mr. du Fretoir, qui aimoit fort la bonne chere, avoit accoûtumé de dire lorsque le mois de Septembre, approchoit.* Voici le mois qu'il faut crever. *Voyez la Lettre à Madame Mazarin, Tome V. piece XX.*

LXII.
## A LA MESME.

Quand je songe au respect que j'eus toûjours pour vous,
Je ne puis deviner d'où vient vôtre courroux :
Qu'ai-je fait ? qu'ai-je dit ? quel peut être le crime,
Qui contre un serviteur fidele vous anime ?
 Autrefois j'étois caressé,
 Vous me consultiez sur l'étude ;
 Maintenant vôtre esprit blessé
 Vous fait dire d'un ton bien rude,
,, Allez, allez à d'autre gens
,, Porter honnête homme & bon sens,
,, Jargons aux françois ordinaire,
,, Que les savans n'approuvent guére :
,, Allez avec vôtre fausset
,, Chanter les airs du vieux Boisset ;
,, Et lors que vous serez à table
,, Plus dégoûté que délicat,
,, Ne voyez servir aucun plat,
,, Que vous ne trouviez détestable ;
,, Ou dont vous ne mangiez au moins à contre
  cœur.
           ,, Si

,, Si l'on n'en mangeoit pas chez vôtre Commandeur (1).
,, Puissiez-vous conserver pour vôtre penitence
,, Toûjours le goût françois, sans jamais être en France !
Surpris du mauvais traitement,
Je cherchois inutilement
Ce qui m'attiroit tant d'injure ;
Lors qu'à la fin par avanture,
M'étant tourné vers un miroir ;
Où loupe & rides se font voir ;
Où j'ai peine à souffrir, moi-même mon image,
Je me suis dit avec douleur ;
On n'est point innocent avec un vieux visage,
Dont les traits effacés font peur ;
Vieillard, ne cherche pas ton crime davantage.

(1) *Le Commandeur de Souvré.*

---

# DIALOGUE. LX

## SAINT-EVREMOND, MORIN.

### SAINT-EVREMOND.

Tout est perdu, Morin, la maudite Marquise (1)

Si

(1) Mr. de St. Evremond écrivit ce dialogue dans le tems que les Entretiens sur la pluralité des mondes de Mr. de Fontenelle commençoient à paroître. Madame Mazarin étoit charmée de cet ouvrage : elle en faisoit le sujet ordinaire de la conversation

Si Dieu n'y met la main, va vous mettre en che‑
    mise,
On n'oseroit parler de bassete un moment,
Tout est Lune, Soleil, cercle, orbe, firmament.
### MORIN.
Ze n'entens plus que des sornettes :
    Que veut-on avec ces planettes,
Qui vont ruiner la banque ? on verra ce que c'est
De n'avoir plus de banque, & de quel interêt.....
### SAINT-EVREMOND.
Pour moi je n'ai pas vû faire grande fortune
    Dans le commerce de la Lune.
### MORIN.
Cette belle Dussesse à qui l'on fait la cour,
Pourroit bien s'en trouver Madame d'arzencourt.
Quand ze voi préferer tant de folles planettes
    A de bonnes bassetes,
    Z'ai fort messante opinion.....
Ecoutez, ze vous prie, un peu d'attention ;
Ze vais vous raconter une sose plaisante :
Ze me trouvois hier dans mon humeur zoïsante,
Quoi que pourtant mon œil me fit un peu de mal.
Zetons pour de l'arzent, n'est pas un sanze égal :
Ainsi ze ne voulois de zetons, ni de fisses ;
    Ni même zoüer fort long-temps :
Pas long tems, dit Madame, ignorez-vous les
    Fixes, (1)
*Qui n'achevent leur tour qu'en vingt & cinq mille*
    *ans ?*
*Oüi, vingt & cinq mille ans, j'aime telle reprise.*
                                    SAINT-

---

(1) Le sujet ordinaire de la conversation, & affectoit même de se servir de quelques termes d'astro‑ nomie devant Morin, le plus ygnorant de tous les hommes.

### SAINT-EVREMOND.
Lisez une fois la Marquise,
Et rien ne vous étonnera
De tout ce que l'on vous dira.
### MORIN.
Z'ai perdu ma premiere femme,
Z'ai perdu deux fois tout mon bien;
Z'ai perdu quinze fois le valet & la dame;
(Mylord Douvre en étoit, & n'en fait encore rien,)
Malade un mois plus que personne,
Zuzez par là si ze m'étonne.
### SAINT-EVREMOND.
Ces vingt & cinq mille ans vous surprennent un peu.
### MORIN.
Ne connois-ze pas bien que cela n'est qu'un zeu ?
Madame Mazarin aime un conte pour rire :
Ecoutez, la suite est bien pire.
### SAINT-EVREMOND.
Est-ce un fâcheux évenement ?
### MORIN.
Assez fasseux assûrément :
La banque perdoit tout, nos deux sacs étoient vuides ;
Tout est en mouvement, & les cieux sont fluides,
Dit un impertinent, à quatre pas de moi :
Si ze n'avois été dans la Maison du Roi (1),
Ze vous puis assurer que sa liqueur céleste
Me l'eût payé de reste.
### SAINT-EVREMOND.
Vous êtes à ce conte assez maître de vous,
### MORIN,

(1) Vvhite-hall.

Il est des lieux sacrez où l'on fait filer doux.

### MORIN.

Mais cela se faisoit par ordre de Madame.
Ze m'en apperçus bien, & z'enrazois dans l'ame,
D'entendre certains mots de conzuration,
Que l'on donne aux sorciers dans leur communion;
Ellentric, Paralac, d'autres mots effroyables.....
Pour moi ze n'aime pas le commerce des diables.

### SAINT-EVREMOND.

Vous a-t-on point nommé quelques-uns des sorciers ?

### MORIN.

L'on en nomma beaucoup; voici les deux premiers,
Si ze m'en souviens bien ; Siftême & Tolomée :
Z'ai connu le dernier quand on zoüoit Pompée,
 Floridor l'a representé ;
Auffi n'en fus-ze pas beaucoup épouvanté.
Un vilain Copernic, leur seval de bataille,
Venoit à tout moment interrompre la taille :
Les Thrico, les Brahé se metroient sur les rangs;
D'autres par-ci par-là, sorciers moins importans.
Moi ! ze ne suis pas plus escrupuleux qu'un autre,
Manzeur de crucifix, diseur de paté-nôtre ;
Mais nous sommes Chrétiens, & zamais de tels
 noms
Ne devroient, ce me semble, entrer dans nos
 maisons.
Vous riez ; croyez moi, que sur sose pareille
Il seroit assez bon de voir Monsieur d'Aubeille (1);
Z'avoüerai francement que z'étois libertin

Avant

___

(1) *Jesuite, Aumônier de Mr. de Barillon.*

# DE SAINT-EVREMOND.

Avant que d'être époux de Madame Morin:
Auzourd'hui ni Voisin, ni Saze, ni Marquise;
Comme un simple bourzeois ze m'en vais à l'Eglise;
Ze fais avant le zeu le signe de la croix,
Et si ze n'ai zamais pû gagner une fois.
Contre la banque & moi la mazie est bien forte!
Mais cela reviendra; nous perdons, il n'importe,
Ze me suis vû plus mal, ze me suis vû plus bas,
Comme ze vous disois; ze ne m'étonne pas.

## SAINT-EVREMOND.

Monsieur, Monsieur Morin, souffrez que je vous die,
Que ces étranges mots, sont mots d'astronomie.
Madame Mazarin interesse tous
 Dans l'ardeur dont elle est éprise
 Pour cette nouvelle Marquise;
 Et je n'y pers pas moins que vous.
 Vous perdez à toute reprise,
Et je pers du dîner le plaisir le plus doux.
 Pendant que nôtre terre roule;
 Que la Lune est en mouvement;
 Que le Ciel est fluide & coule;
Qu'à l'entour du Soleil tout tourne incessamment,
 Nous ne fessons aucune poule (1),
Et le Doyen se plaint de ce grand changement.

## MORIN.

Personne ici ne s'interesse
Plus que moi pour nôtre Duffesse,
         Belle,

---

(1) *Monsieur Somma-rés, Doyen de Guernezey, & Chanoine de Vvindsor, chez qui Madame Mazarin logeoit, quand la Cour étoit à Vvindsor, avoit accoûtumé de dire lors qu'il avoit bien bû: j'ai bien fessé mes poules aujourd'hui.*

Belle, aimable, de grand esprit,
Que n'en avez-vous pas écrit !
Aussi, faut-il une cuisine,
( Dont ma femme est assez sagrine : )
Faut-il ou pizon, ou lapin ;
A-t-on besoin d'une poularde,
De quelque perdrix qui se larde ?
Qu'on aille vite sez Morin :
Cependant quand on voit Madame,
Madame rit, Madame pâme :
Venez, Messieurs, venez tous voir,
Quel visage a Morin ce soir,
Quel teint ! voyez, ze vous en prie ;
Ma foi c'étoit apoplexie :
Sonzez, Morin, au testament,
J'aime fort qu'un mourant me laisse ;
Dépéchez-vous, car le tems presse,
Morin, vous pourriez bien mourir subitement.
Voilà toute la récompense,
De mes honnêtetés & de ma complaisance,
Qui va souvent zusques au cas
De voir passer sa carte, & ne la prendre pas.
A propos de nôtre mazie.....

### SAINT-EVREMOND.
Ce n'est magie aucunement :
Ce sont termes d'astrologie.

### MORIN.
Vous m'oblizez sensiblement :
L'astrolozie est bonne aux pastres,
Propres à regarder les astres ;
Qu'on n'attende pas de Morin
Pour observer le ciel qu'il se leve matin.
Ze sai gouverner une banque ;
Tenir maison où rien ne manque ;
Au moindre mal avoit sez moi
Trois Medecins comme le Roi ;

Non

Non pas de ces coureurs de province en province ;
Ze voi le docteur Lovver (1), & suis malade en
  Prince.
  La lecture n'est pas mon fait ;
  Un autre en sera satisfait :
 Mais qu'on r'informe, que l'on sasse
De Gautier (2), de Madame Harrasse (3),
  Lequel ils estiment le plus
  De Morin ou de Vossius.

  SAINT-EVREMOND.
De savans aujourd'hui toute la terre abonde,
 Mais il n'est qu'un Morin au monde.

(1) *Fameux Medecin.*   | (3) *Femme d'un orfé-*
(2) *Marchand de vin.*  | *vre françois*

---

# A
# MONSIEUR LULLI.

A Lulli seul le monde est redevable
De l'opera dont on est enchanté ;
Rome n'a rien qui lui soit comparable,
Et tout Venise en est déconcerté.
Il nous reduit à chercher dans la fable
Un demi-dieu dont le charme est vanté ;
Là son Orphée à jamais venerable,
Demande au ciel pour sa felicité,
Que par Lulli ce maître inimitable
Soit son merite & décrit, & chanté.
Si ce qu'on dit d'Orphée est veritable,
Il sut fléchir une divinité
Jusques alors trouvée inéxorable :
A son retour du lieu tant redouté,
Et l'ours affreux & le tigre implacable
Se dépouïlloient de leur ferocité :

      L'arbre

L'Arbre qu'on vit le plus inébranlable,
Perdant alors son immobilité,
Suivoit Orphée ; à son chant lamentable
Il n'étoit plus d'insensibilité.
L'accent plaintif d'un amant miserable,
Par les échos tendrement repeté,
A sa douleur rendoit tout penétrable,
Un deüil lugubre avoit tout infecté ;
L'air du malheur rendu communicable,
De sa noirceur avoit tout attristé ;
Tout s'affligeoit avec l'inconsolable.
  On t'auroit vû bien plus de fermeté
Que n'eut Orphée en son sort déplorable :
Perdre sa femme est une adversité,
Mais ton grand cœur auroit été capable
De supporter cette calamité.
En tout, Lulli, je te tiens préferable ;
Et chaque jour qu'on a repreſenté,
N'as-tu pas fait chose plus incroyable,
Que le miracle en mes vers raconté ?
Lors qu'il te plaît, un rocher pitoyable
Se fond en pleurs malgré sa dureté ;
Le vent te prête un silence agréable,
Des fiers torrens le cours est arrêté :
Lors qu'il te plaît, un sommeil favorable
Donne aux tourmens le repos souhaité ;
Et qui possede une douceur aimable
Est, si tu veux, aussi-tôt agité.
Dans nos perils vient un dieu secourable ;
De nos pechés un autre est irrité ;
Pluton te sert de son gouffre effroïable ;
Les cieux ouverts selon ta volonté
Nous laissent voir le palais adorable,
Où Jupiter regne en sa majesté.
  D'Orphée & de Lulli le merite est semblable,
Je trouve cependant de la diversité
Sur un certain sujet assez considérable :

Si Lulli quelque jour descendoit aux enfers
Avec un plein pouvoir de graces & de peines,
Un jeune criminel sortiroit de ses fers,
Une pauvre Euridice y garderoit ses chaînes.

# LETTRE
## A MADAME LA DUCHESSE
# MAZARIN.

JE suis trop discret, pour vous demander des approbations; & vous êtes trop judicieuse pour m'en donner: mais comme le chagrin de l'humeur se mêle à l'exactitude des jugemens, je vous supplie, Madame, que je ne sois pas censuré generalement sur tout ce que je dis, ni condamné sur tout ce que je fais. Si je parle, je m'explique mal: si je me tais, j'ai une pensée malicieuse: si je refuse de disputer, ignorance: si je dispute, opiniâtreté ou méchante foi: si je conviens de ce qu'on dit, on n'a que faire de ma complaisance: si je suis d'une opinion contraire, on n'a jamais vû d'homme plus contrariant. Quand j'apporte de bonnes raisons, Madame hait les raisonneurs: quand j'allegue des exemples, c'est son aversion; sur le passé je suis un faiseur de vieux contes ; sur le present on me met au nombre des radoteurs ; & un prophete Irlandois (1) seroit plûtôt crû que moi sur l'avenir.

Comme toutes choses ont leur temps, la conversation finit & le jeu commence ; où, si je pers, je suis une dupe ; si je gagne, un trompeur ; si je quitte, un brutal. Veux-je me promener, j'ai l'inquiétude des jeunes gens : le repos est un assoupissement de ma vieillesse. Que la passion m'anime encore, on me traite de vieux fou : que la raison regle mes sentimens, on dit que je n'aime rien, & qu'il n'y eut jamais d'indifference pareille à la mienne. Les contraires me sont également désavantageux : pensant me corriger d'une chose qui vous a déplu, j'en fais une autre opposée, & je ne vous déplais pas moins. Dans la situation où je suis, j'ai appréhension de faillir, je meurs de peur de bien faire : vous ne me pardonnez aucun tort, vous me haïssez quand j'ai raison ; & me trouve assez malheureux pour m'attirer souvent vôtre haine.

Voilà, Madame, les traitemens ordinaires que je reçois : voilà ce qui m'a fait desirer vôtre absence. Mais pour compter trop sur vos chagrins, je n'ai pas songé assez à vos charmes, ni prévû que le plus grand

des

_____
(1) *Voyez Tome II. Piece VI.*

des malheurs devoit être celui de ne vous point voir. J'ai pû vous dire les maux que je souffre auprès de vous : ceux que je sens, lorsque j'en suis éloigné, ne s'expriment point. Ma douleur est au dessus de toute expression :

*Non je ne parle point, Madame, mais je meurs* (1).

J'ai fini ma lettre en mourant ; mais les vers ont un charme pour faire revivre ceux que vous faites mourir. La premiere chose que je fais, Madame, c'est de vous supplier d'avoir un peu moins de rigueur pour moi, dans la nouvelle vie que je vais mener auprès de vous. Partagez la severité de vôtre justice ; qu'il en tombe une partie sur Monsieur de Villiers; que Dominé n'en soit pas exemt; que la bonne Lot n'en sauve pas la regularité de ses égards domestiques ; que les Princes & les Mylords soulagent quelquefois la Noblesse ; & qu'enfin, Madame, je ne sois pas seul à ressentir vos coleres, pour assurer des douceurs & des honnêtetez aux autres :

Revenez cependant, soit douce, soit cruelle,
Vous reviendrez toûjours du monde la plus belle,
Et dûssiez-vous encor contre moi vous aigrir,
　　J'aime mieux vous voir & souffrir.

(1) Corneille.

LXVIII. *Sur la Verdure qu'on met aux cheminées en Angleterre.*

Faut-il avant que la nature
Ait chassé de l'hyver la froide obscurité,
   Mettre au foyer une verdure
Qui tiendroit lieu de glace au milieu de l'été ?
   Frais ornement de cheminée,
   Vous vous précipitez un peu ;
Retournez au marais, herbe où vous êtes née,
Et jusqu'au mois de Juin laissez regner le feu.
Perdre le goût de l'huître & du vin de Champagne,
Pour revoir la lueur d'un debile Soleil,
Et l'humide beauté d'une verte campagne,
N'est pas à mon avis un bonheur sans pareil.
La faveur de la Marne, helas ! est terminée,
   Et nôtre Montagne de Reims
   Qui fournit tant d'excellens vins
A peu favorisé nôtre goût cette année.
   O triste, ô pitoyable sort !
Faut-il avoir recours aux rives de la Loire,
   Ou pour mieux dire au fameux Pott
   Dont Chapelle nous fait l'histoire (1) ?
   Faut-il se contenter de boire
   Comme tous les peuples du Nord ?
   Non, non, quelle heureuse nouvelle !
Monsieur de Bonrepaux arrive, il est ici ;
Le Champagne pour lui toûjours se renouvelle,
Fuyez Loire, Bourdeaux, fuyez Cahors aussi.

DIALOGUE

---

(1) *Voyez le Voyage de Bachaumont & la Chapelle.*

# DIALOGUE LXII

*Sur l'absence de Madame Mazarin, qui étoit partie de Windsor pour aller à Londres avec Monsieur de Bonrepaux.*

## SAINT-EVREMOND, MONSIEUR L'AMBASSADEUR (1).

### SAINT-EVREMOND.

Chacun abandonné purement à lui-même,
Sent un besoin secret qu'il ne peut exprimer.

### Mr. L'AMBASSADEUR.

On a besoin de ce qu'on aime ;
Par ce besoin secret c'est assez la nommer.

### SAINT-EVREMOND.

Elle est partie, elle s'en est allée,
Elle a laissé sa maison désolée.

### Mr. L'AMBASSADEUR.

Objet si cher, si précieux,
Qui vous retient éloigné de nos yeux !

### SAINT-EVREMOND.

Celui qui couvriroit les plaines azurées
De cent & cent vaisseaux divers,

Qui

___
(1) *Mr. de Barillon.*

Qui tient nos côtes assurées,
Et conduit sagement le commerce des mers (1);
Seroit-il devenu pirate,
Ce maître de nos matelots,
Pour enlever d'ici le seul bien qui nous flate,
Et le commettre ensuite à la merci des flots.

### Mr. L'AMBASSADEUR.

Où va de vos soupçons l'injuste extravagance ?
Plus on auroit d'amour on auroit d'innocence ;
Par un excès de zele, à force de servir,
Par cette même violence
Qu'on emporte le ciel, on songe à la ravir.

### SAINT-EVREMOND.

Est-ce que son époux auroit quitté la terre
Pour aller plaider dans les cieux,
Et mettre en jugement le maître du tonnerre,
Afin d'être payé du service pieux
Rendu dans une sainte guerre
Que fit à tout plaisir son esprit ennuyeux ?

### Mr. L'AMBASSADEUR.

„ Je vivrai, dit l'époux, en dépit de l'envie ;
„ La bonne justice, aux dépens
„ De ma femme & de mes enfans,
„ Me rendra des arrêts tout le tems de ma vie :
„ Le procès est de droit divin ,
„ Et l'accommodement vient de l'esprit malin.

### SAINT-EVREMOND.

Ah! que de vains discours ! elle s'en est allée,
Et laisse trop long-tems sa maison désolée.

Mr.

---

(1) *Mr. de Bonrepaux étoit Intendant de la marine.*

#### Mr. L'AMBASSADEUR.

J'y vais le matin & le soir
Sans esperance de la voir,
Ni d'en apprendre des nouvelles;
Mais on remarque en toutes parts
L'impression de ses regards;
En tout luit des rayons qu'elle a laissés chez elle.

#### SAINT-EVREMOND.

Je vais entendre ses oiseaux,
Qui d'un chant douloureux se plaignent de l'absence;
Leur tristesse a remis la douce joüissance,
Et les nids commencés à des printems nouveaux.
Filis (1) en sa petite cage
Se contente de son ramage,
Et garde au bonheur du retour
Son prélude & son air, pour chanter son amour.
La bonne & fidele doüairiere,
Triste d'un mari mort, & d'un époux vivant (2),
Dans ce tems ennuyeux qu'elle n'a rien à faire,
Visite chapelle & convent.
La Signora (3) toute affligée;
Tout en desordre, negligée,
N'a que faire de ses appas,
Dit-elle, où Madame n'est pas.

„ Est-ce

---

(1) *Serin de Madame Mazarin.*

(2) *Femme de chambre de Madame Mazarin qui croyant que son mari étoit mort, se maria en secondes nôces, & dont le premier mari revint après la mort du second.*

(3) *Femme de chambre, Espagnole, nommée Isabelle.*

„ Est-ce donc pour être si belle
„ Que Sara presque en Demoiselle
„ Aujourd'hui suit Madame & par monts & par
   „ vaux ;
„ Et qu'Isabelle abandonnée,
„ Demeure ici comme enchaînée,
„ A prendre soin des chiens, des guenons, des
   „ oiseaux ?
   J'entendis ce petit murmure,
( Jaloux effet de zele & d'amitié : )
Si l'on savoit ce que chacun endure,
   Peut-être en auroit-on pitié.
   Milon affranchi de sa Messe,
   Et du soin d'aller à confesse,
   Passe le dimanche en repos :
   Les autres jours de la semaine
   Le triste aumônier se promene,
   Songeant à dix ou douze mots,
   Qu'au reveil de la souveraine (1)
   Il disoit assez à propos,
   Et qui nous tenoient en haleine,
Attendant Vossius des doctes le héros.
Depuis ce dur départ si funeste à la Chine
Plus de tableaux sans ombre ; adieu cet art divin
Qui rendroit, nous dit-on, d'une humeur bien
   chagrine
Appelle, s'il vivoit, & Raphaël d'Urbin.
   Adieu ce curieux langage,
   Qui de Londres fait un village,
De Rome & de Paris à peine des hameaux ;
   Qui traite de grossier ouvrage
   La structure de nos châteaux,
Voulant faire admirer des maisons d'un étage
Construites à Nanquin de canne & de roseaux.
                                    Fameux

(1) *Mazarin.*

Fameux par mille exploits de sa dent meurtriere,
Chop, qui fut si terrible en sa verte saison,
Qui du François armé (1) sut braver la colere,
Le batave estrayé (2) chassa de la maison ;
    Déchira le bien-aimé frere
Du plus digne héros qui fût sur l'horison (3),
Qui répandit le sang de Chipre originaire (4),
    Qui d'une brillante façon
    D'un brio tout extraordinaire,
    D'un intrépide coraçon
    Attaqua le grand ministere,
    Qui mit l'Espagne à la raison (5)
Chop maintenant déchu de sa premiere,
    Mord à peine un petit garçon,
Et s'il ne vous revoit, sa valeur sanguinaire
Se changera, Madame, en douceur de mouton.
    La cuisine aussi peu salie
    Qu'une chambre de lit polie,
La cuisine autrefois qui fumoit nuit & jour,
Pourroit bien rafraîchir les vins de cette cour.

### Mr. L'AMBASSADEUR.

Mêlez à vôtre amour la cuisine & la table,
Faites du chien qui mord un éloge admirable,
Chacun, à sa maniere, explique ses besoins ;
    Mais une passion plus pure,
    Pour le Chef-d'œuvre de nature,
Auroit dû vous porter à de plus dignes soins.
                            SAINT-

---

(1) Monsieur de Barillon.
(2) Monsieur van Beuning.
(3) Monsieur de Canaples, frere de Monsieur le Maréchal de Crequi.
(4) Le Prince Philippe de Savoye.
(5) Le Comte de Castelmelhor.

Monsieur l'Ambassadeur parlera comme un livre,
 Du mal qui nous fait soûpirer ;
 Mais son cœur jamais ne se livre
 Au tourment qu'il veut figurer :
Un malheureux dont l'esprit est moins libre
 Se tait, & ne sait qu'endurer.

*Fin du quatriéme Tome.*

# TABLE
## ALPHABETIQUE
### DES MATIERES
Contenuës dans ce quatriéme Tome.

### A.

*Ablancour* a mis la langue Françoise dans sa perfection, &c. p. 4.

*Absence* ( sur l' ) de Madame Mazarin le jour de la naissance de la Reine. 204

*Achille* devient en horreur, lorsqu'il tuë le jeune Lycaon. 276

*Achille* appelle Agamemnon sac-à-vin, yeux de chien, & cœur de cerf ; & pourquoy ? 276

*Achille* étoit vaillant & feroce, & se relâchant à de grandes puerilitez. 278

*Adoration* : acte interieur sans la direction de l'esprit & le mouvement du cœur, &c. 125

*Affliction* : quelle est sa signification la plus naturelle. 8.

*Affreux* a bien du raport au vaste, & en quoy ? 5.

*Agesilas* a connu d'autres appas que ceux des dames. 100.

*Ajax*, le plus brave des Grecs, fils de Telamon, se tuë par désespoir. 285

*Alcibiade* a connu d'autres appas que ceux des dames. 100.

*Alexandre* avoit un genie vaste ; qualité attribuée pour loüange aux grands hommes.

*Alexandre* a connu d'autres appas que ceux des dames. 100.

*Alexandre* est élû General des Grecs contre les Perses. 12.

*Alphonse de Crequi* Marquis de Canaple, a été Duc de Lesdiguieres. n. 95

*Amant* (*un*) qui se met aux pieds de sa maîtresse, fait-il un acte d'idolâtrie? 125

*Amazones* (*Reine des*), Mad. Mazarin en avoit l'air, l'habit & l'équipage, &c. 228

*Ambitieux* sacrifie le public, la conscience, la religion à sa fortune. 256.

*Ames douces & tendres* (*les*) se portent à l'amour de Dieu. 72.

*Amitié* contribuë fort à la douceur de la vie : rien qui en trouble plus le repos que les amis, &c. 108

*Amitié* sans amitié : à M. le Comte de Saint Albans. 100.

*Amirante*, imité dans sa bizarrerie par le Comte de Guiche. 31

*Amour* (*l'*) : quand il a sçû regner, il n'y a plus d'autre passion qui subsiste d'elle-même. 262

*Amurat* fait étrangler Roxane & Bajazet : pour quelle occasion ? 46

*Anacreon* : faire l'amour comme luy, il n'y auroit rien de plus ridicule. 84

*Angleterre*, conquise par Cesar. 15

*Angleterre* : on y harangue avant que de mourir. 278

*Antoine* entre dans les interêts de Cesar. 16

*Arcabonne*, fameuse magicienne, sœur de l'enchanteur Arcalaus, dans Amadis de Gaule. 181

*Arioste*, grand-maître en l'art poëtique, est le plus touché de son ouvrage. 93

*Aristote* avoit un genie vaste, qualité attribuée pour loüange, &c. 9

*Aristote* : on se moque de ses songes. 52

*Aristote* : sa poëtique est un ouvrage achevé. Sa politique, regle des legislateurs, consideré comme sage,

## DES MATIERES.

*sage*, prudent, &c. 10
*Arlequin* paroissant yvre, disoit quand il beuvoit ; *Non bevi vino*, &c. 212
*Arlington* ( Mylord ), malade de goutte. 61
*Arnault* ( M. ) combat M. Claude sur la réalité. 124
*Arrest* qui oblige de faire choix d'une religion à sept ans, & pour quel motif ? 129. 130
*Arria*, femme de Petus Cecinna, se poignarde, pour encourager Petus, &c. 137
*Arrie* femme de Petus, avoit l'ame Romaine. 49
*Artemise*, fameuse en regrets, & celebre par ses mausolées. 175
*Asie* ( en ) les familles royales se défont de leurs enfans sur le plus leger soupçon : les enfans se défont de leurs peres par l'impatience de regner. 44. 45
*Asinius Pollio*, homme de grand genie, &c. 2
*Atrée* fait servir à Thyeste ses enfans dans un festin. 45
*Avarice*, préférable à la sagesse des Philosophes, & à la gloire des conquerans. 68
*Audley-End*, maison de campagne du Comte de Suffolck, grande, vaste, & solitaire. 39
*Auguste* se laisse gouverner par Livie, & pour quelle cause ? 104
*Auguste* engage Cinna dans son parti par ses bienfaits, & luy fait changer de resolution, &c. 48
*Aumale* ( Mademoiselle d' ) Reine de Portugal : de freres vivans, deux maris legitimes. 82

## B.

*Babylone* : Alexandre s'y retire, se défiant des dieux & des hommes. 12. 13
*Bacon* a admiré la Sentence de Diogene Laerce, *Non deos vulgi negare prophanum*, &c. 286
*Baron* dit que les hypocrites sont les grands athées. 179
*Bajazet* est étranglé par ordre d'Amurat : pour quelle raison ?

raison ? 46

*Balbus*, inquiet & audacieux, s'attache à César pour la ruine de la republique. 16

*Baleines (les)*, leur nom est, *Vasta & immanes bellua*. 6.

*Balzac* passoit pour un stile majestueux & magnifique : il ruinoit la beauté naturelle des pensées, &c. 3

*Banier*, General de l'armée de Suede, entre dans les interêts de la France par la negociation de Richelieu. 23

*Barillon ( M. de )*, son raisonnement plein de solidité. 69

*Barillon ( M. de )*, Ambassadeur de France en Angleterre. 323

*Baron de Saint-Meat ( le )* a la noblesse de Bigorre à son lever, &c. 239

*Bataille* de Pavie, laisse entre les mains de Charles-Quint le Roy de France prisonnier. 18

*Baumaviel*, musicien de l'Opera, touche & attendrit l'ame, comme maître secret de l'interieur, &c. 300

*Bautru* préféroit Charles-Quint à tout ce qu'il y avoit de plus grand dans l'Europe depuis les Romains. 17

*Bellarini*, de la musique des Italiens, chante bien, & avec capacité. 299

*Ben-Johnson* : on se moque de ses caprices. 52

*Beringhen ( M. de )* premier Ecuyer, a l'inclination naturelle de vivre. n. 62

*Biverwert ( pour Mademoiselle de )*, relation de voyage. 33

*Bezons ( M. de )*, Intendant de Languedoc, joüeur de bassette. 142

*Bizarrin* de l'Amirante, imité par le Comte de Guiche dans sa parure en Hollande. 31

*Boheme (la Reine de )* a traîné une necessité vagabonde de nation en nation. 183

*Boileau* : on se moque de ses fantaisies. 52

*Boisset*

*Boisset* : ses airs charmoient autrefois, furent laissez pour des chansonnettes. 190

*Bonrepos* ( *M. de* ), Intendant de la Marine. 324

*Bourdaloüe* ( *le Pere* ) a fait l'oraison funebre de M. le Prince. 306

*Bourdelot* ( *l'Abbé* ), medecin de la Reine de Suede, & ensuite du Prince de Condé. n. 79

*Brenier* ( *M.* ), Auteur de l'abregé de philosophie de Gassendi, &c. n. 272

*Brille* ( *la* ), Mad. Mazarin s'y embarque pour passer en Angleterre. 229

*Britannicus* est empoisonné par Neron : pour quel sujet ? 45

*Brodequins* : le Comte de Guiche en avoit à ses jambes pour se parer à l'antique. 31

*Brutus*, homme de grand genie. 2

*Buckingham* ( *le Duc de* ), sa comedie ridicule pour le poëte qui l'a composée : point de comedie sans sujet. 53

*Burnet*, Evêque de Salisbury : sa conversation sur la conversion du Duc de Buckingham. 66

*Bury*, petite ville du Comté de Suffolex. n. 34

*Bussy d'Amboise*, Gouverneur d'Anjou, est assassiné. 29.

*Buzzolini*, de la musique des Italiens, chante bien & avec capacité. 299

## C.

*Canaples* ( *M. de* ), frere de M. le Mareschal de Crequi. n. 321

*Cardinal Mazarin*, cité pour exemple des richesses. 265.

*Carlos* ( *Don* ) est fait mourir par Philippe II. son pere, pour un sujet mal éclairci. 46

*Catherine* épouse de Charles II. 204

*Catilina* avoit l'esprit vaste en vice, pardonnable à cause

cause de sa vertu. 9. 10.
Catilina, homme détestable : malheureux dans ses entreprises : bonne mine, courage, &c. 13
Caton, homme qui avoit de bonnes qualitez, appellé par les Romains, *vastis moribus*, &c. 7
Caton : sa probité renduë odieuse par Cesar, & pour quel sujet ? 15
Caton, Philosophe religieux, détaché de toute opinion vulgaire : ce qu'il conçoit des dieux, &c. 291
Caton : son inimitable discours avec Labienus ne se laisse pas échrapper. 290
Catule : ses expressions lascives pour Lesbie en vers plus tendres que ceux de Petrarque pour Laure. 102.
Catulus abandonne les affaires de la republique par le dégoût que Cesar lui en donne. 15
Cesar animé de la conquête du monde en voyant le portrait d'Alexandre. 120
Cesar : habile, industrieux : il renvoye les Suisses, défait & chasse les Allemans, &c. 15
Cesar avoit l'esprit vaste en vice, pardonnable à cause de sa vertu, &c. 9. 10.
Cesar, homme de grand genie, &c. 2
Cesar ne se montra difficile à aucun amour. 100
Cesar : sa perte, qui en est accusé ? 211
Cesar : ses secrets mouvemens quand on lui découvre la tête de Pompée. 290
Charenton conservé, sera un bien : & comment ? 129
Charité & Justice : il n'y a point à se méprendre à en faire les actions. 156
Charles-Quint avoit l'esprit vaste en vice : pardonnable à cause de sa vertu. 10
Charles-Quint se retire à Villach, pour n'être pas surpris par Maurice. 15
Charles-Quint, préferé à tout ce qu'il y avoit de plus grand dans l'Europe depuis les Romains. 17
Charles-Quint a fait faire ses funerailles, & a assisté

à son service deux ans durant. 214

**Charles I.** Roy d'Angleterre : Marie de Médicis étoit sa belle-mere. 184

**Charles II.** Roy d'Angleterre se déguise en païsan après la bataille, pour se sauver. n. 271

**Charleval** : ce qu'on dit à son égard sur l'amour ; tous les autres plaisirs ne valent pas ses peines, &c. 255.

**Chastellerault** : Mademoiselle Crofts en est appellée Duchesse par raillerie : & pour quel sujet ? n. 65

**Chop**, dogue de Mad. Mazarin. 232

**Ciceron** donne au mot de vaste plusieurs significations toutes en mauvaise part ; & comment ? 7

**Ciceron**, homme de grand genie pour l'éloquence, &c. 2

**Ciceron**, banni par Clodius à la persuasion de Cesar ; & pour quel sujet ? 15

**Ciceron** exhorte par ses discours & par ses exemples à suivre la vie la plus tranquille, &c. 112

**Cid** ( le ), le sujet est heureux. 51

**Cieux** ( les ) : images de l'immensité & de la puissance de Dieu, &c. 121

**Cinna** neveu de Pompée, seul reste d'une grande maison perie pour la republique, joint ses ressentimens à ceux d'Emilie. 48

**Claude** ( *Ministre* ) conteste la réalité, & comment ? 124.

**Cleopatre**, sa mechanceté eût passé pour une justice, &c. 40

**Clerembaut** ( *le Mareschal de* ) homme savant : & dans quelle science ? 93. 94

**Clerembaut** ( *le Mareschal de* ) : ce qu'il dit lors du mariage de Mad. Mazarin. 219

**Clevedin**, maison de campagne du Duc de Buckingham près de Windsor. n. 212

**Coëffeteau**, ses metaphores charmoient dans son tems par ses expressions. 3

**Cohen**, celebre prédicateur, & ensuite Evêque de Nismes.

mes. 3

Colbert ( *Monsieur* ) avoit en garde les pierreries de Mad. Mazarin. 28

Comedie : pour en faire une belle, il faut choisir un beau sujet, & le bien suivre. 52

Comedie, fait voir ce que font les hommes. 52

Commentaire philosophique de Bayle : voyez, &c. n. 72.

Compliment de Mad. la Duchesse Mazarin à la Reine. 298.

Concile de Nirée, ordonne la representation & la véneration des images, après que le Paganisme fut aboli, &c. 120. 121.

Condom ( *M. l'Evêque de* ) a fait l'oraison funebre de M. le Prince. 306.

Coné, tailleur de bassette de Mad. Mazarin. 155

Conjuration de Catilina découvre les inclinations de Cesar. 16

Connétable ( *la* ) erre de nation en nation, & la fortune l'a jettée dans un convent à Madrid. 215

Consolation : quelle est la signification qui lui soit plus naturelle ? 8

Conspiration faite par Emilie & Cinna par le souvenir des injures, & par l'interêt du public, &c. 48

Contes de la Fontaine sur Joconde. n. 111

Corneille, on se moque de ses caprices. 52

Corneille : sa deffense de quelques-unes de ses pieces de theâtre. 44

Corneille perdit sa réputation à la representation de la Sophonisbe, une de ses meilleures pieces de theâtre. 190

Couteau pour se tuer, seroit essayé contre le tyran. 49. 50.

Crassus, plus riche que bon citoyen : Cesar se lie avec luy. 16

Creance ne se reçoit pas par la raison : la raison ne nous la fait pas changer, &c. 72. 73

*Crosit*

*Crofts* ( *Mademoiselle* ), nommée Duchesse de Chatellerault par raillerie, & pour quelle raison ? 64
*Crofts* ( *Mylord* ) malade : l'Ambassadeur fait des reflexions sur sa maladie. 38
*Cromvvel* gagne la bataille contre Charles II. 271
*Curion* est gagné par Cesar. 16
*Curion* étoit un homme de grand genie. 2
*Cyclopes* ( *les* ), comment sont-ils nommez ? 6
*Cyrus*, cité pour l'amour dans les romans, & pourquoy ? 106

## D.

*Dames* galantes qui se donnent à Dieu, comment leur devotion se peut-elle nommer ? 149
*Darius* : ses Lieutenans dans la guerre des Perses contre les Grecs, font de fautes, & Darius même. 12
*David* : ses sentimens pour Jonathas, qu'il venoit de perdre. 103
*David* a recommandé aux Israëlites de chanter les loüanges de Dieu avec des instrumens. 122
*Deffense* de Corneille à M. de Barillon. 44
*Dégout* du libertinage fait naître l'envie de devenir dévot. 71
*Dery* ( *Monsieur* ) chante des leçons de Tenebres pour faire pleurer la mort du Seigneur. 177
*Dery*, adouci, aura cent maîtresses pour une : & pourquoy ? 250
*Despreaux* & Racine, Auteurs d'un Sonnet où Madame Mazarin est traitée de vagabonde. n. 206
*Despreaux*, nommé illustre du tems : & pourquoy ? 82.
*Devot* ( *le veritable* ) rompt avec la nature pour se faire une abstinence des plaisirs, &c. 254. 255
*Devotion* est le dernier de nos amours. 259
*Devotion* : la vraye est raisonnable & bienfaisante. 150
*Dialogue* : Saint-Evremond, Mad. Mazarin. 269

*Dialogue* sur l'absence de Mad. Mazarin, qui étoit partie pour Vvindsor, pour aller à Londres avec M. de Bonrepaux. 323
*Dialogue :* Saint-Evremond, Morin. 311. 318
*Didon* a deshonoré l'amour par l'extravagance de ses passions. 175
*Dieu*, dispensateur universel des biens & des maux. 234.
*Dieu :* il est beau de le chercher en esprit & en verité. 119.
*Discours* en vers sur l'état de la vie. 263
*Discours* sur la verité. 71
*Dissertation* sur le mot de *vaste*, à Messieurs de l'Academie Françoise. 1
*Divinité* favorable à la liberté des hommes. 275
*Divinitez (fausses) :* ne les faut pas mêler en toutes sortes de fictions. 275
*Doctrine contestée*, sert de matiere à la dispute dans les religions. 73
*Dolabella* est gagné par Cesar, & entre dans ses interêts. 16
*Doloride*, vient pour dire des nouvelles de l'autre monde. 177
*Don Guichote* interdit : Mad. Mazarin s'en est dégoutée. 133
*Douleur :* quelle est sa signification la plus naturelle ? 8.
*Douvre (Mylord)* joue à la bassette chez Mad. Mazarin. 248
*Duché de Mantoue* tombe par succession au Duc de Nevers : l'Empereur le veut empêcher. 22. 23.
*Dumenil*, musicien de l'Opera, touche & attendrit sensiblement l'ame, comme maître secret de l'interieur, &c. 300
*Dumets (Monsieur)* avoit en garde les pierreries de Mad. Mazarin. 28

*Eclaircissement*

## E.

**E**Claircissement sur ce qu'on a dit de la musique des Italiens. 299

*Electeur* ( l') de Treves est fait prisonnier par les Espagnols : Richelieu en prend occasion de leur déclarer la guerre. 24

*Elephans* ( les ) se nomment : *Vasta & immanes belluæ*. 6.

*Eloquence* : si l'on en a besoin pour prêcher la grandeur du Pere, qui a tout fait, & pour exprimer l'amour du Fils, qui a tout souffert, &c. 273. 274

*Emilie* se promet à Cinna, aux conditions qu'il se donneroit à leurs entreprises. 48

*Emilie*: est-elle coupable d'exposer Cinna aux dangers d'une conspiration ? 47

*Enée* de Virgile est une piece de peu de merite. 290

*Enée* perit par les artifices de la déesse des arts. 285

*Enfans* ( les ) en Angleterre abordent leurs parens à genoux. 125

*Enfer* des femmes, est la vieillesse. 116

*Entendement* ( l' ) ne sçauroit se rendre qu'aux lumieres qu'on lui donne : la volonté doit se soûmettre aux ordres qu'elle reçoit. 73

*Ephestion* : la douleur d'Alexandre le porte à sacrifier aux manes d'Ephestion. 12

*Epicure* avoit des jardins à Athenes où il philosophoit avec ses amis. 65

*Epicure* a recommandé l'usage de la vie plus tranquille & plus heureuse : sur quel fondement ? 112

*Epicure* s'est fait des dieux oisifs, & a formé sa secte dans l'idée de l'oisiveté, &c. 286

*Epicuriens* : leur secte a été formée des visions qui sont dans les poëmes des anciens, qui causent les plus grands malheurs, &c. 286

*Epître* au Roy sur la paix entre le Roy de France & le Roy

Roy d'Espagne, par laquelle le Roy d'Espagne en cedant la Franche-Comté, se vouloit retenir le titre de Duc de Bourgogne. 89. 92

*Epitre* à Mad. la Duchesse Mazarin, sur la bassette. 231. 232. *jusqu'à la p.* 238.

*Epitre* à Madame la Duchesse Mazarin. 209

*Epitre* du Duc de Nevers à M. l'Abbé Bourdelot. 79

*Eriphile* mise en la place d'Iphigenie pour être immolée. 184

*Estrées* ( *le Mareschal d'* ) épousa en troisiémes nôces à 91 ans Gabrielle de Longueval. n. 105

*Estrées* ( *le Mareschal d'* ) a vécu en liaison pendant cinquante ans à la cour avec M. de Senecterre : confidence estimable, &c. 108

*Etoiles* ( *les* ), images de l'immensité & de la puissance de Dieu, &c. 121

*Evangile* ( *Mysteres de l'* ) : les croire, parce que cela est de la derniere importance pour la gloire de Dieu & nôtre salut. n. 258

*Euston*, maison de campagne du Comte d'Arlington dans le Comté de Suffolck. n. 33

*Exposition de la Foy Catholique* ( *l'* ) de M. de Condom est insinuante, &c. 126

## F.

*Fabuleux* du poëme a engendré celui de la Chevalerie. 285

*Fatalité* fait aller Madame Mazarin à Rome : fatalité l'en fait sortir. 225

*Fayette* ( *Madame de la* ) avoit l'esprit sublime. 79

*Femmes* en Asie font empoisonner leurs maris : & pour quel sujet ? 45

*Feversham* ( *Mylord* ) joüe à la bassette chez Madame Mazarin. 248

*Flechier* ( *l'Abbé* ) a fait l'oraison funebre de M. le Prince. 306

*Fleuris*

*Fleuves* trop larges, déplaisent par leurs agitations : les yeux ne peuvent souffrir leur vaste étenduë. 6.

*Floridor*, bon comedien, exposé aux railleries ; & l'influence de ce faux esprit étant passée, il se fit admirer comme auparavant. 193

*Foy* ( la ) pour les biens éternels, rend la possession de tous les autres méprisable, &c. 257

*Fortune* sacrifiée à la religion ; on ne le pardonne de même que de sacrifier la religion à la fortune. 256

*Fortune* éleve en apparence, accable en effet. 219

*Fortune*, en ôtant le bien, fait faire une épreuve glorieuse par l'amitié. 293

*Pretoir* ( M. du ), ce qu'il disoit lorsque le mois de Septembre approchoit. 310

## G.

*Gabrielle d'Estrées*, maîtresse d'Henry IV. 95

*Gassendi* explique les avantages de l'amitié, & dispose ses lecteurs à se les donner. 112

*Gondi* ( Jean-François-Paul de ) Cardinal de Retz, ci-devant Coadjuteur de Paris pendant les guerres civiles, &c. n. 256

*Grace* ( la ) seule peut inspirer la creance. 73

*Grace particuliere*, sans laquelle on est plus inquieté, que persuadé. 254

*Grammont* ( Mademoiselle de ) se fait un bon parti de la cour. 239

*Grand* ( le ) est une perfection dans les esprits. Le vaste est toûjours un vice. 5.

*Grandeur* ( la ) est un supplice : l'abondance une misere. 219

*Grenier* court au bassin : c'est une demoiselle de Madame Mazarin. 210

*Grimace* bannie par Mad. Mazarin ; toute affection, &c. 224

*Grotius* : on se moque de ses reveries. 52

*Guerrier* d'Allemagne, le Comte de Grammont. 237
*Guiche* ( *le Comte de* ) se distingue en habits magnifiques & singuliers étant en Hollande, & pour quel sujet ? 31
*Guichote* ( *Don* ) : la rêverie conduit à l'idée de sa chevalerie. 34

# H.

*Hamet ben Hamet ben Habdou Altur*, Ambassadeur du Roi de Maroc en Angleterre, est reçu à l'audience de Charles II. pieds nuds, &c. 137
*Hamilton* avoit des prétentions sur le Duché de Châtellerault. n. 65
*Harrel* medecin de Madame Mazarin, apporte son levain de fermentation, &c. 210
*Hector* attaché au chariot d'Achille, & traîné au camp des Grecs. 276
*Helene* a fait battre les dieux & les hommes : & pour quel sujet ? 175
*Helicon* ( *Mont* ) : Racine & Boileau en sont les Fermiers generaux, &c. 82
*Henry O-Brian*, Comte de Thomond en Irlande, grand parieur aux combats des coqs. n. 140
*Hensius* : on se moque de ses rêveries. 52
*Hensius* dit avoir lû plus de huit cens volumes pour faire ses notes sur Horace. 303
*Herode* Roy des Juifs, fait mourir sa femme : & pour quelle raison ? 45. 46
*Hevus* ( *Mistris* ) joüe à la bassette chez Mad. Mazarin. 248
*Heywood* ( *Thomas* ), Auteur de la comedie de la Reine Elisabeth, fleurissoit sous le regne de Jacques I. &c. 140
*Hirtius* s'attache à Cesar, & entre dans l'execution de ses desseins. 16
*Histoire* ( *l'* ) critique du vieux Testament du P. Simon,

## DES MATIERES.

mon, défendu à Paris ; & pourquoy ? 113

**Hollande :** Madame Mazarin y va, & demeure à Amsterdam pour en voir les raretez, &c. 229

**Homere** avoit un esprit vaste entre les grandes loüanges qu'on lui donnoit. 9

**Homere**, chassé de la republique de Platon comme un fou. 11

**Homere** nomme Agamemnon Roi des Rois. 276

**Homere :** son élévation n'empêche pas de reconnoistre le faux caractere de ses dieux. 290

**Hommes** ( les ) dont la grosseur & grandeur distinguoient des autres, nommez des Latins, *Vasta corpora.* 7

**Horace :** on se moque avec raison de ses songes. 52

**Horace** ne s'est point moqué de nos sottises ; & pourquoy ? 84

**Horace** a eu des loüanges de Petrone ; & sur quoi ? 3

**Horace** a formé le caractere de la vieillesse : un vieillard est bien dépeint. 194

**Horn** ( *le Mareschal de* ) & Vveimar perdent la bataille de Nortlingue. 23

**Hortence :** beauté de l'ancienne Grece, vertu de la vieille Rome. 216

**Hortensius**, homme de grand genie. &c. 2

**Humanité** ( l' ) mêle aisément ses erreurs en ce qui regarde la creance, & se mécompte peu dans la pratique des vertus, &c. 259

**Hyde** ( *Mylord* ) *Comte de Rochester,* honnête jusques à la confiance. 62

**Hyde** ( *Madame* ) Comtesse de Rochester. 210

## I.

**Jaloux** ( les ), incommodent : ils sont ennemis de tous les conseils qu'ils ne donnent pas. 109

**Jermin** ( *Henry* ), créé Baron de Douvre en 1685. mort en 1703. Chively étoit sa maison de campagne, &c. 38.

*Jeu* est suivi des meilleurs repas, &c. 232
*Illustre* (l') : Mademoiselle de Bevervvert. 237
*Imperieux* (les) tyrannisent : haïr ce qu'ils haïssent, fût-il aimable, &c. 108
*Importuns* (amis) font souhaiter les indifferens agréables. 108
*Indes* : Alexandre voulut les conquerir : son armée le veut abandonner. 12
*Industrie* (l') tient lieu en France du merite : l'art de se faire valoir, donne la réputation, &c. 191
*Inégalitez bizarres* approchent tantôt de la mort, & tantôt rapellent à la vie, 234
*Infaillible* : le Pape ne l'est pas, ni arbitre souverain de nôtre foi, &c. 126. 127
*Innocent II.* vivoit bien autrement, & avoit de l'humilité. 80
*Insbruck*, ville où Charles-Quint faillit à être surpris par Maurice. 18
*Interim* : fait en 1548. par Charles-Quint sur la foy en attendant un Concile. 18
*Jonathas* aimoit David de l'amour d'une femme ; & pourquoy ? 103
*Iphigenie*, comedie composée par M. Racine. 184
*Israëlites* pleuroient leur Jerusalem aux bords de l'Euphrate. 118
*Italie* : Pyrrhus y est vainqueur : nul fruit de la guerre. 13.
*Jule* de qui les biens égaloient la puissance. 265
*Junon* favorise de honteuses passions, & facilite de criminelles amours. 285
*Jupiter Ammon*, étoit consulté sur la destinée de la republique. 290
*Jurisdiction* du Pape : les François ne la doivent pas craindre ; & pour quel sujet ? 127
*Justel* avoit une grande connoissance des livres ; se retira à Londres avec sa famille pour fait de religion, fut bibliothecaire du Roy à Saint James. 118

*Justice*

*Justice & charité*: il n'y a jamais à se méprendre à en faire les actions. 259
*Juvenal* n'a point repris nos vices. 84

## L.

*Labienus*: son inimitable discours avec Caton ne se laisse pas échapper. 290
*Labienus*, pieux & sensé, unit la consideration pour la vertu des gens de bien. 291
*Langueur* fait faire de fâcheuses reflexions sur le tourment qu'on se donne pour un bien opposé aux sens, &c. 71
*Legislateurs*, interpretes de la volonté du ciel pour établir un culte religieux sans entremise de la raison. 289.
*Lesbie* amante de Catule, en estoit aimée par des expressions lascives, en vers plus tendres que ceux de Petrarque pour Laure. 102
*Leti*, Auteur de la vie de Sixte-Quint, vouloit écrire l'histoire de Madame Mazarin. 233
*Lettre* à M. le Comte de Lionne. 93
*Lettre* à Mademoiselle de Beverwert. 41
*Lettre* du Cardinal de Richelieu à M. de Marquemont, Ambassadeur de France à Rome. 20
*Lettre* à M. le Duc de Buckingham. 66
*Lettre* à Mademoiselle de l'Enclos. 116
*Lettre* à Monsieur... qui ne pouvoit souffrir l'amour du Comte de Saint Albans à son âge. 201
*Lettre* au jeune Dery, page de Mad. Mazarin. 249
*Lettre* à Madame Harvey, sœur de Mylord Montaigu. 206.
*Lettre* à M. le Maréchal de Crequi. 292
*Lettre* à M. le Comte de Saint Albans. 61
*Lettre* à M. le Comte de Grammont, qui avoit herité du Comte de Toulongeon son frere. 238
*Lettre* à la même Madame Mazarin. 184

*Lettre* à Mad. la Duchesse Mazarin, contenant des reflexions sur l'esprit de religion. 69
*Lettre* à la même Mad. Mazarin. 180
*Lettre* à Mad. Mazarin pour la détourner du dessein de se retirer dans un convent. 157. jusqu'à 160
*Lettre* à Madame la Duchesse Mazarin. 319
*Lettre* à Madame Mazarin le premier jour de l'an. 152.
*Lettre* à la même Madame Mazarin. 139
*Lettre* à Madame la Duchesse Mazarin sur le dessein de quitter l'Angleterre. 174
*Lettre* à Mad. Mazarin. 196
*Lettre* à Mad. la Duchesse Mazarin. 96
*Lettre* à Mad. la Duchesse Mazarin. 27
*Lettre* à Mad. la Duchesse Mazarin. 55
*Lettre* à Mad. la Duchesse Mazarin. 83
*Liberté* : quelle est sa signification la plus naturelle ? 8
*Libertinage* donne du dégoût qui fait naître l'envie de devenir devot. 71
*Livie* gouverne Auguste, & se rend maîtresse des volontez de ce Prince. 204
*Lot* vous soutient la tête : c'est Mademoiselle de Beververt. 210
*Loüis XIII.* Roy de France étoit fils de Marie de Medicis. 185
*Louvigny* ( *le Comte de* ) va à la promenade de Voorhout ; & pour quel sujet ? 32
*Lucain* a été préferé à Virgile ; & en quoy ? 52
*Lucien* : faire l'amour comme lui, il n'y auroit rien de plus grossier. 84
*Lucrece*, disciple d'Epicure, s'est fait des dieux oisifs ; & pour quel sujet ? 286
*Lucrece* demande la protection divine ; & comment ? 275.
*Lucullus* abandonne les affaires de la republique par le dégoût que Cesar lui en donne. 15
*Luigi* vient d'Italie pour admirer les vers de Boisset. 190.

Luis

*Luis ( Dom ) de Vasconcellos & Sousa*, premier Ministre, & favori du Roy de Portugal, se retire à Turin ; d'où il passe en Angleterre, & retourne à Lisbonne. n. 58
*Luynes ( le Connétable de )* avoit fait la guerre en France durant son ministere. 21

# M.

*Macedoine* : Pyrrhus y est vainqueur ; nul fruit de la guerre n'y est bien établi. 13
*Machiavel* auroit fait une vertu du crime que demandoit Rodogune pour sa sureté. 46
*Madame Mazarin* va en Angleterre ; & dans quel tems ? 229
*Magnanimité* de Charles-Quint l'a rendu plus estimable qu'aucun Prince de son tems. 17
*Malherbe* : sa poësie admirable dans le tour, la justesse, & l'expression. 190
*Malignité ( la )* a ses joyes secretes ; & en quoy ? 196
*Malleville*, Auteur d'un sonnet intitulé : *la belle matineuse*. 230
*Mancheque Normand*, se change en Saint-Evremond. 36.
*Manducation spirituelle* ; qu'est-ce que c'est ? 125
*Mantouë ( le Duché de )* échû par succession au Duc de Nevers : l'Espagne le veut empêcher. 22
*Mantouë ( le Duché de )* échû par succession au Duc de Nevers : la France l'y voulut établir. 22
*Maréchaux* pour les maladies des hommes. 61
*Marfée* près de Sedan : champ de bataille où le Comte de Soissons fut tué. 26
*Maris* en Asie, font tuer leurs femmes ; & pourquoi ? 45.
*Marote* ? jeune devote qui étoit allée en Angleterre avec Mad. de Ruz, portoit le fruit avancé. 179
*Marquemont*, Archevêque de Lyon, Ambassadeur de France

# TABLE

France à Rome, donnoit des impressions aux Ministres de France. 20

*Marquemont* change le plan de sa conduite. 21

*Maurice* tourne contre Charles-Quint les armées, &c. 18.

*Maux* (les) qui viennent, sont des biens que Dieu envoye, &c. 255

*Mayernes* pour les maladies des chevaux de course. 61.

*Mazarin* (le Cardinal) fameux Ministre, adopte le Duc de la Melleraye, &c. n. 80. 81

*Mazarin* (Mad.) : son entretien ne cede en rien au charme de sa beauté. 64

*Mazenot*, un des railleurs de bassette de Mad. Mazarin. 155

*Medicis* (Marie de) avoit une cour fort celebre en amour. 95

*Medicis* (Marie de), mere & belle-mere de trois grands Rois, est morte de faim à Cologne. 183. 184

*Mélange* bizarre de foy & de raison, inexplicable pour les uns, & incompréhensible pour les autres. 125.

*Melos* (Dom Francisco Comte de). Ambassadeur de Portugal en Angleterre. n. 34

*Melos* (le Comte de) est nommé Ambassadeur plenipotentiaire par le Roy de Portugal au Traité de Nimegue. 40

*Melos* (le Comte de) ne murmurera plus à l'ombre. 54

*Melos* (le Comte de) préfere la soumission de l'esprit au raisonnement, &c. 69

*Menteur* (le), bonne comedie. 51

*Menteur* (le) abandonné ; & pourquoy ? 54

*Meré* (le Chevalier de) a des charmes, &c. 79. 80

*Merveilleux* qui se trouve dans les poëmes des anciens. 284

*Milon* (Monsieur). Aumônier de Mad. Mazarin, se laisse percer les oreilles. 253

*Misantropes*

# DES MATIERES.

*Misantropes*, sont formez d'une mélancolie noire, &c. 107.

*Modestie* de M. de Louvigny, insinuë le merite de ses qualitez. 32.

*Mondori*, représente Mariane : fait de grands efforts : en tombe malade, & meurt. n. 207.

*Monfleury* represente le personnage d'Oreste dans l'Andromaque de Racine : en tombe malade, & meurt. n. 206. 207.

*Monfleury*, bon comedien, exposé aux railleries ; & ce faux esprit étant passé, il se fit admirer comme auparavant. 190.

*Montagne* dit que la gloire ne se sacrifie point. 58.

*Montagne* encherit sur Seneque par des expressions plus animées, quand il parle de l'amitié. 112.

*Montagne* a perdu son credit. 133.

*Montagne* : homme qui faisoit bien des reflexions. 182.

*Montmorency* ( *Madame de* ), fameuse en regrets, & celebre par son mausolée. 176.

*Morale d'Aristote*, est entrée dans le cœur de l'homme, &c. 10. 11.

*Morin*, un des tailleurs de bassette de Madame Mazarin. 155.

*Moris* de la Trappe : leurs vies publiées. n. 186.

*Mort* du Pere Bourdaloüe. 306.

*Mort* de l'Abbé Bourdelot. 79.

*Mort* d'Armand de Grammont. 31.

*Mort* du Comte de Melos Ambassadeur de Portugal. n. 44.

*Mort* de Jean-François-Paul de Gondi, Archevêque de Paris. 256.

*Mort* de Loüis de Bourbon Comte de Soissons. 26.

*Mort* de M. le Prince de Condé. 306.

*Mort* du Roy de Suede. 23.

*Mort* de Charles-Emmanuël Duc de Savoye. 217.

*Mort* de Charles II. Roy d'Angleterre. 270.

*Mouvemens du cœur*, font perdre à l'esprit la netteté de ses lumieres. 292.

*Musique* (*la*) des Eglises, éleve l'ame : purifie l'es-

## N.

*Nassau* ( *Charlotte de* ) de Beverwert sœur des Comtesses d'Arlington, & d Osserie. 33. d'Odyck & d'Ouverheck ses freres. n. 33

*Nepotisme*, appellé hydre, est l'abus qu'il y a à Rome: le Pape fait un de ses neveux Cardinal, que l'on nomme Cardinal neveu. 80

*Nevers* ( *le Duc de* ) a le Duché de Mantoüe par succession: la France l'y veut établir. 22

*Nevers* ( *Monsieur de* ) sait penser ce qu'il écrit, & donner son propre tour à l'expression de ses pensées. 85

*Neron*, fait empoisonner Britannicus; & pour quel sujet? 45

*Nervese* a publié des Epîtres morales pleines de phebus & de galimatias. 3

*Newmarket* : M. de Saint-Evremond y reçoit une lettre de M. Jermin. 38

*Nimegue* : ville nommée pour y traiter la paix, &c. 40

*Non leve vino* : expression prise d'une comedie Italienne. 212

*Numa* défend toutes sortes d'images dans les temples Romains; & pourquoy? 120

## O.

*Observations* sur le goût & le discernement des François. 188

*O Dea certe* : devise mise sur les médailles frapées pour le couronnement de la Reine. 297

*Oedipe* doit passer pour un chef-d'œuvre de l'art. 51

*Oppius* s'attache à Cesar pour favoriser ses desseins. 16

*Oraison funebre* de Madame la Duchesse Mazarin. 214

*Oreste* : cité pour la tendresse en amour dans les romans; pour quel sujet? 106

*Oreste* a tué sa mere: il a assassiné Pyrrhus, &c. 106

*Orgon* : ainsi nommé le Duc de la Meilleraye, à qui le Cardinal donne sa niece, à condition qu'il porteroit le nom de Mazarin, &c. 80. 81

*Ormond* (*le Duc d'*) joüe au tric-trac sans avantage. 62

*Palinure*

## P.

*Palinure* endormi infidelement, perit & tombe dans la mer par les enchantements de la déesse des arts. 285. 286

*Pape* : sa puissance à craindre : les libertez de l'Eglise Gallicane en mettent à couvert. 126

*Paris* regretté par Justel aux bords de la Tamise, & pour quel sujet ? 118

*Parlement* soutient les libertez de l'Eglise Gallicane contre le Pape. 126

*Parlementaires* avoient mis la tête du Roy à prix, & pour quel sujet ? n. 272

*Parodie* d'une scene de l'opera de Roland, sur les joüeurs & joüeuses de ballette de la banque de Madame Mazarin. 245

*Patru* a mis la langue Françoise dans sa perfection. 4

*Peinture* (la) nous represente ce que nous devons reverer. 110

*Pensées*, sentimens, maximes sur la santé. 147

*Petards* jettez par le Negre de Madame Mazarin pour la divertir, &c. 252

*Petrone* : loüé pour tourner en ridicule l'eloquence du tems, & a connu le faux jugement de son siecle. 5

*Petrone* a formé sa secte d'Epicurien dans l'idée de l'oisiveté, &c. 286

*Petronius Arbiter* : homme délicat en poësie, en musique, en peinture, &c. 66. 67

*Philippe* (le Prince) de Savoye. 321

*Philippe II.* fait mourir Don Carlos : pour quel sujet ? 46

*Philippe IV.* Roy d'Espagne étoit fils de Marie de Medicis. 184

*Philippe de Savoye* Prince, neveu de Madame Mazarin, perd ses Benefices.

*Philosophe* (vieux) : condition malheureuse : il ne se soucie point de gloire, mais de loüange, &c. 50

*Philosophie* (la) apprend à souffrir les maux : la religion chrétienne en fait joüir. 255

*Philosophie* (la) fait connoitre ce que sont les hommes. 52

*Physique*

*Physique d'Aristote* : ouvrage de ses erreurs dans lequel il s'est perdu dans les principes, &c. 11

*Plaisirs* dereglez, mettent la nature en desordre. 148

*Platon* a chassé Homere de sa republique, comme un fou. 11

*Plutarque* attribuë les conquêtes d'Alexandre à sa vertu plus qu'à son bonheur. *ibid.*

*Plutarque* est grave dans ses discours. 182

*Poëme* : son caractere a-t-il la vertu de rectifier celui de l'impieté & de la folie ? 289

*Poëmes (sur les)* des anciens, dignes d'admiration. 273

*Poësie (la)* est le langage des dieux : ils expriment les grandes passions des hommes. 288

*Poësie (la)* ne doit exiger ce que la religion & la justice n'en obtiennent pas. 283

*Poësie* : langage des dieux, qu'on ne peut trouver dans Homere ni dans Virgile. 291

*Poëtes*, foux, s'abandonnent au caprice de leur imagination dans les choses qui ne leur sont pas connuës. 288

*Poëtes* sont sages : ils parlent le langage des dieux, qu'on n'a pû trouver dans Homere ni dans Virgile. 291.

*Polexandre*, cité pour l'amour dans les romans ; & pour quelle raison ? 106

*Pompée* : sa grandeur devenuë suspecte aux Romains : pour quelle cause ? 15

*Pompée* fut lieutenant de Catilina. 13

*Pompée* eut la tête coupée ; & pourquoy ? 211

*Pompée*, Negre de Madame Mazarin. 250

*Pontife (grand)* : Dieu avoit ordonné ses habits, même jusqu'à la frange. 121

*Porcie*, femme de Brutus, avoit l'ame Romaine. 49

*Portrait* de Madame la Duchesse Mazarin. 74

*Porsmouth (Mad. de)* tient une banque à joüer. 62

*Potages* gommez, précis, ragoûts, hors d'œuvres bannis de la table de santé. 147

*Prêcheurs* offrant le royaume des cieux en public, & sollicitent un benefice en secret, font douter de leur

leur foy. 251
*Pretty*, perroquet de Mad. Mazarin. 145
*Princes* (les) ont autant de droit sur l'exterieur de la religion, que les sujets sur le fond secret de leur conscience. 120
*Protection de Dieu* : nous la devons toûjours implorer pour deliberer & agir, &c. 275
*Protestans* : se sont établis avec audace, vigueur & fermeté, &c. 127
*Prude* (la) & la précieuse : à Madame.... 113
*Prudens* (les) vont au plus sûr sans examiner le plus vrai. 72
*Pylade*, cité pour la tendresse en amour dans les comedies & romans ; pour quel sujet ? 106
*Pyrrhus* : sa conversation avec Cineas témoigne son esprit vaste, &c. 13
*Pyrrhus* a eu l'esprit vaste en vice, pardonnable en consideration de sa vertu. 9. 10
*Pyrrhus*, assassiné par Oreste ; & pour quel sujet ? 106

## Q.

*Quakers* (les) n'ôtent leur chapeau ni aux Princes ni aux Magistrats, pour ne communiquer à la créature la gloire qui n'est dûë qu'au Créateur. 126
*Quevedo* : on lui impute toutes les qualitez contraires, &c. 53

## R.

*Racine & Despreaux*, Auteurs d'un sonnet où Madame Mazarin est traité de vagabonde. n. 106
*Racine*, nommé illustre du tems ; & pourquoi ? 22
*Racine* est préferé à Corneille ; & les caracteres l'emportent sur les sujets. 54
*Racine*, Auteur de la comedie d'Iphigenie. 184
*Raison* (la) conseilla le repos à Madame Mazarin, un esprit de retraite la conduit à Chambery. 215
*Raison* (la) n'a pas été comptée entre les apas des femmes, &c. 70
*Rapin* : on se moque de ses fantaisies. 91
*Real* (l'Abbé de Saint-) écrit les memoires de ma-

moires pour Mad. Mazarin. 117
*Reflexions* sur la religion. 254
*Reglement* fait par Charles sur les articles de foy en Allemagne. 18
*Reine* ( la ) mere d'Espagne fut exilée par arrest signé par son fils. 81
*Religion* sacrifiée à la fortune : on ne le pardonne pas plus que de sacrifier la fortune à la religion. 256
*Religion* ( la ) contraint & n'assujettit pas assez ; & pour quel motif ? 254
*Repos :* assoupissement de la vieillesse. 320
*Retractation* de M. de Saint-Evremond sur le mot de vaste. 1.
*Retraite* que meditoit Madame la Duchesse Mazarin. 170 & suiv.
*Retz* ( le Cardinal de ) s'est fait Cardinal par des intrigues, des factions, qu'en disoit-on ? 256
*Reverie* fait passer à une autre : fait croire les choses vrayes. 34
*Rhetorique d'Aristote :* est entrée dans le cœur de l'homme comme penetrant, &c. 10. 11
*Richelieu* reduisit le parti huguenot, qui étoit fort puissant en France. 21
*Richelieu* envoye une armée joindre celle du Prince d'Orange dans le Brabant, &c. 24
*Richelieu* ( le Cardinal de ) avoit l'esprit vaste en vice, pardonnable à cause de sa vertu. 10
*Richelieu* ( le Cardinal de ) premier Ministre, gouvernoit le Royaume, &c. 218
*Richelieu* ( le Cardinal de ), grand genie : il apporta de grands avantages à nôtre Etat. 19
*Ridicule frivolité*, qui tient lieu de prudence, ruinée par Madame Mazarin. 114
*Rivieres* ( les ) de juste grandeur font voir des bords agreables, & inspirent la douceur de leur cours paisible. 6
*Roche* ( la ) Guilhen : demoiselle, Auteur de quelques traductions & de plusieurs romans, étoit auprès de Mademoiselle du Comte d'Arlington. 56

*Rochefoucault*

*Rochefoucault* ( *le Duc de la* ) dit que l'enfer des femmes est la vieillesse. 116

*Rochelle*: l'ame du parti des huguenots. 21

*Rochester* ( *la Comtesse de* ): c'est Mabile qui joue à la bassette. 245

*Rochoüas*, musicienne de l'opera, touche sensiblement l'ame, & l'attendrit. 300

*Rodogune* veut inspirer à ses amans de faire mourir leur mere; & pour quel sujet? 44

*Rodogune* veut venger la mort de son époux sur Cleopatre. 45. La peut-on bannir du theâtre, & y recevoir Electre? *ibid.*

*Rome* n'a eu de si beaux esprits que sur la fin de la republique. 2

*Rome*: sa prise laisse un Pape prisonnier entre les mains de Charles-Quint. 18

*Roxane* est étranglée par ordre d'Amurat; & pour quel sujet? 46

*Roy* ( *le* ) de Suede entre en Allemagne, & y gagne des batailles; prend des villes, &c. 23

*Roy* ( *le* ) *de la Grande Bretagne* fait demander Hortence en mariage. 216

*Ruvigny* ( *M. de* ) a l'inclination naturelle de vivre. 62.

*Ruz* ( *Madame de* ) est envoyée à Londres par Monsieur Mazarin; & pour quel sujet? 177

### S.

*SAba* ( *la Reine de* ) quitte son royaume pour voir un sage, & lui apporte de l'or. 103

*Sage* a fait la plus ordinaire occupation de sa vie auprès des femmes en amour. 101

*Sagesse* de Salomon employée pour se faire aimer. 103

*Sagesse*: c'est de respecter en tous païs la religion du Prince. 128

*Sagesse* consiste plus à faire vivre tranquillement, qu'à nous faire mourir avec confiance. 151

*Sagesse élevée*, offense une commune raison. 257

*Salomon*: son Temple si somptueux que l'or & l'argent y auroient pû servir de pierre à la structure. 112.

*Salomon* s'attacha aux femmes, & fut insensible à tous autres charmes que les leurs. 101

*Salomon* aima les femmes toute sa vie selon les tems differens. 102

*Saluste*, homme de grand genie, &c. 2.

*Samuël* : comment se peut évoquer son ame ? 181

*Sapho* : faire l'amour comme lui, il n'y auroit rien de plus ridicule. 84

*Savoye* (le Duc de) avoit accordé sa protection à Madame la Connétable dans Turin : elle en sort. 182

*Savoye* (Madame de) crut que le Duc de Savoye avoit de l'amour pour Madame Mazarin. 227

*Scipion*, loüé d'une continence qui ne fut autre chose que le peu de sentiment qu'il eut pour les dames. 100.

*Scythes* : guerre extravagante contr'eux par Alexandre. 12

*Seditieux*, punis, inquiets, assujettis par Alexandre. 12

*Senecterre* (M. de) pere du Mareschal de la Ferté, se laissoit aller mollement à l'amitié d'une jeune femme, &c. 105

*Senecterre* (M. de) a vécu en confidence égale à la cour pendant cinquante ans avec le Maréchal d'Estrées. 108

*Seneque* n'a pas dû traiter Alexandre de temeraire : il devoit sa grandeur à sa fortune. 12

*Seneque* a été préferé à Ciceron ; & en quoi ? 2

*Seneque* rigide & austere, devient doux & tendre, quand il parle de l'amtié. 112

*Seneque* disoit des sentences en parlant en public. 182

*Services* : en faire souvenir, est une injure à ceux qui les ont mal reconnus. 197

*Shakespear*, Auteur de la comedie de Henry VIII. 140.

*Sicile* : Pyrrhus y est vainqueur, & n'y est bien établi. 13.

*Siege* de la Rochelle : elle est prise. 22

*Simon* (le Pere) veut envoyer à Justel son histoire critique du vieux Testament pour l'imprimer. 133

*Soleil*

## DES MATIERES.

*Soleil* ( le ), image de l'immensité & de la puissance de Dieu, &c. 121

*Sonnet* où Madame Mazarin est traitée de vagabonde. n. 206

*Sonnet* à Mademoiselle de l'Enclos sur l'usage de la vie. 301

*Sophonisbe* soûmet Syphas à ses volontez ; & pour quelle cause ?. 104

*Spinola* meurt de regret de n'avoir pas pris Casal. 23

*Stances* sur la retraite que meditoit Madame Mazarin. 170 & suiv.

*Stances* imitées de l'épigramme de Maynard au Cardinal de Richelieu. 153

*Stances irregulieres* sur les vaines occupations des savans. 302. jusqu'à 305.

*Stances irregulieres* sur la retraite du Prince de Condé à Chantilly. 251

*Stances irregulieres* sur la mort de Charles II. 270

*Stances irregulieres* sur le gouvernement de Jacques II. 294.

*Stances irregulieres* sur le jour de la naissance de la Reine, épouse de Jacques II. 296

*Stances irregulieres* sur la mort de M. le Prince, & sur son catafalque. 306

*Stourton*, page de Madame Mazarin. 250

*Stramford* ( Mistris ) jouë à la bassette chez Madame Mazarin. 248

*Stuart* ( Elisabeth ) Reine de Boheme, a traîné une necessité vagabonde de nation en nation. 183

*Suffolck* : y vivre en philosophe, c'est se rendre obscur, plûtôt que sage. 65

*Sunderland* ( Mylord ) : sa politesse, &c. 63

*Superieure* d'un Convent, partage son tems entre les exercices de pieté, & ses leçons amoureuses, &c. 178. 179.

*Suze* ( le pas de ) forcé par les François. 23

*Sylla* avoit pour Lieutenant Catilina. 13

*Sympathie*, a de la peine à fournir les consolations de l'ennui qu'elle fait naître. 107. 108

Syphace,

Syphace, musicien de la musique des Italiens, chante bien. 299
Syphax s'abandonne aux volontez de Sophonisbe ; & pourquoy ? 104

## T.

Tage ( le Chevalier du ) devient l'Ambassadeur de Portugal. 36
Talbot ( M. ) homme enjoüé, en faire un bon hermite. 178.
Tartuffe : ainsi nommé M. le Duc Mazarin, à cause de son hipocrisie, &c. 81
Taulade ( le Baron de ) : un jour viendra qu'il perdra sans chagrin. 54
Telamon pere d'Ajax qui se tuë par désespoir par une fureur insensée inspirée par la déesse des arts, &c. 285.
Tempête furieuse & longue, qui fit perdre resolution aux matelots, &c. 229
Temple de Salomon : bâtiment somptueux où l'or & l'argent auroient pû servir de pierre à sa structure. 122
Temple abatu, ne fait pas une injure. 129
Terence : faire l'amour comme lui, il n'y auroit rien de plus bourgeois. 84
Theophile admiré dans ses ouvrages, malgré les irrégularitez & ses negligences, &c. 189. 190.
Thisbés a deshonoré l'amour par l'extravagance de ses passions. 175
Thyeste est servie de ses propres enfans par Astrée dans un festin, &c. 45
Tonvunsend ( Milord ) portoit un bonnet rabattu, & pour quelle raison ? 35
Tragedie sur Don Carlos en Angleterre, composée par M. Octvvay. 46
Trape ( la ) : les Religieux y vivent fort austérement : ils imitent les Macaires 81
Treves ( l'Electeur de ) est fait prisonnier par les Espagnols : Richelieu en prend prétexte de leur déclarer la guerre. 23
Turenne ( le Mareschal de ) : ce qu'il dit du Cardinal de

de Richelieu, & du Cardinal Mazarin. 16

*Turenne* ( *M. le Mareschal de* ) a donné sa confiance à M. de Ruvigny pendant quarante ans, &c. 108

## V.

*Valliere* ( *M de la* ) étant en Hollande, se distingue en habits magnifiques & singuliers : à quel dessein ? 31

*Van-Brunine* ( *M.* ), Ambassadeur des Etats generaux en Angleterre auprès du Roy Charles II. 83

*Vaste* ( *esprit* ) se prend en bonne ou mauvaise part, selon les choses qui s'y trouvent. 5

*Vastus* ; que signifie-t-il en françois dans tous les sens ? 8.

*Vaugelas* a mis la langue françoise dans sa perfection, &c. 4

*Verité* bannie du commerce comme une fâcheuse & cachée au fonds d'un puits comme seditieuse, &c. 70

*Verneüil* (le Duc de) Gouverneur de Languedoc, joüeur de bassette, &c. 42

*Vers* à Mademoiselle de Beverwert sous le nom de Caliste. 43

*Vers* sur le retour de l'homme. 59. 60

*Vers* de M. de Nevers sur le hazard. 85

*Vers* de M. de Nevers sur les nouvelles parures. 85

*Vers* du Pompée de Corneille que Madame Mazarin recitoit souvent. n. 101

*Vers* de Corneille : *Non je ne parle point, Madame, mais je meurs.* 321

*Vers* sur la beauté d'Hortence, & sur son beau visage. 215.

*Vers* imitez d'un sonnet de Malleville, intitulé : *la belle Matineuse.* 230

*Vers* pour Hortence. 207

*Vers* sur la verdure qu'on met aux cheminées en Angleterre. 322

*Vers* d'Emilie à sa confidente dans le Cinna. n. 49

*Vers* à Madame la Duchesse Mazarin. 309

*Vers* à Madame la Duchesse Mazarin. 187, 205, 235, 244, 252, 309, 310, 311.

*Vice ;*

*Vice*: les personnes de bon goût ne l'aiment pas, &c. 69
*Villeroy* ( *le Mareschal de* ) a l'inclination naturelle de vivre. 62
*Vins* : la diversité agréable, jamais utile, &c. 147
*Virgile* a eu des loüanges de Petrone ; & sur quoy ? 3
*Virgile* fait plaire à tous les esprits bien faits dans ses ouvrages. 290
*Ulisse*, prudent, timide : précautionné contre les perils : industrieux pour en sortir, &c. 278
*Voisin* ( *la* ) brûlée à Paris pour sortilege. 144
*Voiture* : ses expressions pour Belise étoient fort galantes. 102
*Volupté* : quelle est sa signification la plus naturelle ? 8
*Voorhout* : lieu de la promenade à la Haye : le Comte de Guiche & la Valliere s'y promenent dans leur parure bizarre ; & pourquoy ? 32
*Vossius* : apportoit un traité de la Chine : il étoit prévenu en faveur de la Chine, &c. 132
*Vveymar* & le Mareschal de Horn, perdent la bataille de Nortlingue. 23
*Vvhitehal* : Mad. Mazarin y paroît ; & pourquoi ? 230
*Vvurts*, General des troupes Hollandoises pendant la guerre de 1672. ce qu'il disoit du christianisme. n. 72.

## X.

*Ymenes* ( *le Cardinal* ) Regent d'Espagne : les Espagnols se revoltent contre lui. 17

## Y.

*Yorck* ( *la Duchesse d'* ) : s'approcher d'elle, ou s'éloigner de Mad. de Savoye, fut une même resolution. 227

*Fin de la Table du IV. Tome.*

www.ingramcontent.com/pod-product-compliance
Lightning Source LLC
Chambersburg PA
CBHW050301170426
43202CB00011B/1770